体能训练方向研究生教材（北京市高精尖项目资助项目）

Shenti Yundong Gongneng Xunlian Gailun

身体运动功能训练 概论

尹军　袁守龙　主编

中央民族大学出版社
China Minzu University Press

图书在版编目（CIP）数据

身体运动功能训练概论 / 尹军，袁守龙主编 . —北京：
中央民族大学出版社，2024.1

ISBN 978-7-5660-2084-0

Ⅰ.①身…　Ⅱ.①尹…　②袁…　Ⅲ.①运动训练—
教材　Ⅳ.① G808

中国版本图书馆 CIP 数据核字（2022）第 057026 号

身体运动功能训练概论

主　　编	尹　军　袁守龙	
策划编辑	赵秀琴	
责任编辑	于秋颖	
封面设计	舒刚卫	
出版发行	中央民族大学出版社	
	北京市海淀区中关村南大街 27 号	邮编：100081
	电话：（010）68472815（发行部）	传真：（010）68933757（发行部）
	（010）68932218（总编室）	（010）68932447（办公室）
经 销 者	全国各地新华书店	
印 刷 厂	北京鑫宇图源印刷科技有限公司	
开　　本	787×1092　1/16　印张：25.5	
字　　数	323 千字	
版　　次	2024 年 1 月第 1 版　2024 年 1 月第 1 次印刷	
书　　号	ISBN 978-7-5660-2084-0	
定　　价	108.00 元	

编写人员名单

主　编　尹　军　博士　首都体育学院体育教育训练学院院长、教授、博士生导师
　　　　　袁守龙　博士　国家体育总局奥运备战办副主任、体操中心副主任

副主编　赵杰修　博士　国家体育总局体科所副所长、研究员、博士生导师
　　　　　高炳宏　博士　上海体育大学教授、博士生导师、上海体育大学竞技运动学院院长
　　　　　孙　璞　博士　北京师范大学体育与健康学院教授、博士生导师
　　　　　周爱国　博士　北京体育大学体能训练学院教授、博士生导师

编写人员名单（按姓氏笔画排序）

代俊龙　国家花样滑冰队体能训练助理教练
邢相鑫　首都体育学院体育教育训练学院讲师
吕晨曦　山东医科大学讲师
刘　凯　国家蹦床队、花样滑冰队体能训练教练
闫　琪　国家体育总局体科所研究员
许　辉　国家射箭队体能训练助理教练
李志恒　国家游泳队体能训练教练
吴　尽　北京联合大学博士
武文强　北京体育大学田径学院院长、教授、研究生导师
郑玉凌　冬奥项目国家队体能训练助理教练
钟红燕　首都体育学院博士、副教授
徐旻霄　首都体育学院足球教研室博士、讲师
高炳宏　上海体育大学竞技运动学院院长、教授、博士生导师
郭　丞　首都体育学院副教授、博士
龚炳南　首都体育学院足球教研室博士、讲师
崔运坤　山东泰安学院体育学院副院长、教授、硕士生导师
康　钧　北京建筑大学教授、体育部主任
赫忠慧　北京大学教授、北京体能训练协会秘书长

前　言

　　《身体运动功能训练概论》是为体能训练方向的研究生专门编写的一本专业性学习用书，该书从运动康复学、运动技能学、运动训练学、运动生理学、运动解剖学、运动生物力学等多学科交叉研究视角出发，将国内外最新的功能训练、动作模式训练、肌筋膜训练、再生与恢复训练等方面研究成果进行了统合与分析，全面系统地介绍了有关功能性动作测试、选择性功能动作测试、身体素质测试和疲劳与机能测试等方法，目的是为体能训练方向的研究生进一步深入开展科学研究提供理论依据和方法指导。

　　本教材由尹军和袁守龙担任主编，尹军审定，核心作者来自国家体育总局体科所、北京体育大学、上海体育大学、首都体育学院、北京大学、北京师范大学、北京建筑大学、山东泰安学院、河北省体育局体科所等单位，23位作者中大多数成员具有在国家队从事体能训练的经历且具备较强的科研能力。教材共分12章，各章的章目及撰稿人分别为：第一章概论（尹军）、第二章功能性动作测试与评价研究（高炳宏）、第三章力量素质训练理论研究（闫琪、吴尽）、第四章速度素质训练研究（崔运坤、吕晨曦、许辉）、第五章耐力素质训练研究（武文强、李志恒）、第六章柔韧素质训练研究（赫忠慧、代俊龙）、第七章灵敏素质训练研究（康钧、龚炳南）、第八章平衡能力训练研究（周爱国、邢相鑫）、第九章协调能力训练研究（钟红燕、郑玉凌）、第十章疲劳与机能监控的研究（赵杰修、徐旻霄）、第十一章筋膜训练理论与方法（孙璞、郭丞）、第十二章动力链训练理论与方法（袁守龙、刘凯）。

本教材为了方便读者学习和延伸阅读，在每章开头设置了"本章导语"，章末尾设置了"思考题"，以便读者检测自身对该章节内容的学习情况。

可能对于大部分读者来说，本书只是体能训练方向研究生课程学习所要求的教材。但是我们希望本书内容能够引导读者继续关注体能训练领域新知识、新方法和新技术的变化，至少能够进一步理解不同学科视角对身体运动功能训练存在着不同的理解和阐释，不同的训练方法针对不同运动项目所产生的效果也存在着一定的差异。本书提供的内容不仅对研究生、体育教师和体育科研工作者具有一定的学术参考价值，而且对那些追求活力、健康生活的体育爱好者也具有一定的实践指导价值。

在教材出版之际，真诚地感谢中央民族大学出版社给予的大力支持与帮助，他们为本教材的编辑和出版付出了艰辛努力，同时也期待着广大师生和读者多提出宝贵意见。

尹　军

目　录

第一章　概论

[**本章导语**] 身体运动功能训练是伴随着职业体育发展而兴起的一门学科，它与传统的体能训练和运动康复存在着本质差异，身体运动功能训练是以动作模式训练为主体，以提高神经对肌肉的控制为核心，在遵循健康第一和无疼痛原则基础上，采用多种神经与肌肉协同的运动方法，不断提升动作质量和精准化，在训练负荷上追求的是动作质量而不是数量。本章从身体运动功能训练理念、训练科学原理2个方面，系统阐述身体运动功能训练基本原理和应用途径，使读者能更加清晰地掌握身体运动功能训练内涵与运动人体科学原理，更好地运用身体运动功能训练理论与方法。

第一节　身体运动功能训练理念

一、身体运动功能训练概念的界定

对于身体运动功能训练概念的界定，不同国家和学科背景的学者或教练员表达了不同的观点，美国国家运动医学会（National Academy of

Sports Medicine，NASM）认为：所有功能训练形式都包含运动链和运动三维平面中的加速、稳定和减速动作。该定义主要从运动生物力学角度指出了身体运动功能训练的动作特点和要素，阐明了动作衔接的加速度、功能平衡状态和多维度特点。美国著名身体训练专家加里·格雷（Gary Gray）认为，身体运动功能训练是为发展身体而设计动作。该定义从解剖学角度阐释了身体结构以及人体运动应该能够完成的动作，人体的各种复杂运动（包括竞技动作）都是人体功能性动作的组合。身体运动功能训练是将动作模式训练建立在人体解剖结构基础上的专项技术动作训练。美国著名体能训练专家迈克·鲍伊尔（Michael Boyle）则将身体运动功能训练解释为动作训练。该定义运用人体生理学中的神经肌肉控制理论，强调通过强化运动程序使动作达到自动化状态，强调采用多种刺激方式全面提高运动技能，使身体运动功能训练的比赛指向性更强。

　　本教材在国内外文献基础上，结合国内多位长期指导国家队进行身体训练教练员们的实践总结经验，将身体运动功能训练界定为：人体在不同运动负荷刺激条件下，完成多关节、多维度且具有本体感受性的动作训练。该定义揭示了动作是运动技术的最小单位，任何一项运动技术都是由若干个单一动作组成的，不同单一动作的组合可以形成不同的运动技术。身体运动功能训练专注于将功能性力量应用到运动技能中（如多个肌群的相互协调），而不是运动技能本身。例如，在瑞士球上练习单腿臀桥抗阻动作可以提高伸髋能力，从而提高跑的速度，而不是腿上戴着弹力带真的在跑道上进行跑步练习。同样，使用弹力带进行推举练习可以提高做排球拦网动作时所需的肩带、上肢和手指力量，而不需要真的进行排球拦网动作练习。又例如，使用液压气动阻力训练器进行下砍、下劈、上提等动作，可以发展躯干和髋关节的力量和旋转爆发力，这对于提高网球和羽毛球的挥拍速度十分必要。这也说明把功能性力量应用到运动技能中不仅能提高成绩，还不需要练习者实际做出某个具体的专项动作。从人体本体感受性角度来看，该定义又进一步阐明了动作训练应是无轨迹、无序的，因为比赛场上对手的动作就是无轨迹、无序的，只有日常训练中练到了这些动作才能在比赛中表现出来。因此，动作训练一定要与专项比赛时所需的动作模式相一致，尤其要在动作轨迹、动作结构、肌肉用力顺序、用力方向等方面与比赛动作相吻合。在神经对肌肉的控制方面，要关注神经与肌肉的协调与统一，不能追求某一个具体动作中肢体力量的过分发展。大量的事实也证明，有些人的肌肉虽然很发达，身体外形也很壮，但在运动场上则表现为跑不快、跳不高、变向不灵活、动作不协调，因此只有从神经与肌肉的协同运动角度，采用专门的动作模式训练来提高神经对肌肉的控制能力，才能使人体在运动场上想停就能停得下来，想跳就能跳得起来，想变向就能变得过去，切实提高运动表现能力。从损伤预防角度来看，身体运动功能训练非常重视发展深层的小肌肉群力量，强调大肌肉带动小肌肉用力，强调胸椎和髋关节等灵活关节的活动度，强调肩胛、腰椎和膝关节等稳定关节周围肌肉的力量均衡发展，以此来降低运动损伤的发生概率。

由此可见，通过各种与比赛场上动作相一致的动作模式训练，使运动神经系统向肌肉发出最强的冲动信号，同时这种强刺激又诱发肌肉群剧烈收缩产生巨大能量。反过来，肌肉的剧烈收缩又促使运动神经系统更灵敏，进而发出更强烈的神经冲动，从而进一步提高人体的运动能力和动作表现能力。

二、身体运动功能训练的理念与特点

理念是行动的方向，原则是行动时必须遵守的准则。身体运动功能训练是汇集运动解剖学、运动生理学、运动生物力学、动作技能学、运动训练学等多个学科为一体的综合性学科，其内容包括物理治疗（Physical Therapy）和运动表现训练（Performance Coaching）两个方面。其中，物理治疗主要用于运动员开始训练之前的运动功能障碍诊断，以及根据诊断结果有针对性地进行的运动功能障碍矫正，其主要目的是通过系统的矫正训练来消除运动功能障碍和动作代偿，为下一步实施运动功能训练奠定物质基础。运动表现训练主要是通过专门的功能性动作模式训练来提高运动能力和动作表现能力的，也是身体运动功能训练的主体内容。

（一）身体运动功能训练理念与传统体能训练理念的比较

传统的体能概念包含了身体素质、身体机能和身体形态3个方面，长期以来体能训练一直是围绕身体素质中的力量、速度、耐力、柔韧、灵敏、协调和平衡等素质展开训练的，这也是后天训练可以得到较大幅度提升的主体内容；而身体机能和身体形态由于受先天影响程度较大，因此通过后天的艰苦训练也很难产生显著性提升。由此可见，体能训练基本上是围绕身体素质展开的单方向、单关节、实效性较低而有序的训练过程。

与之相区别，身体运动功能训练理念则是为练习者提供最优质的服务，整合各种资源，预防运动损伤，提高运动能力以及运动成绩。尤其是对于高水平运动员而言，在提高运动成绩的同时，还要帮助运动员尽可能地延长运动寿命并制定实现目标的策略，见表1-1。

表 1-1 传统体能训练理念与身体运动功能训练理念差异

传统体能训练理念	身体运动功能训练理念
1.多即好	1.强调动作质量，追求训练的效果好才是真的好
2.大运动量、大强度 ——过度训练 ——运动损伤（70%）	2.系统解决方案 ——较小运动量，高质量 ——减少运动损伤70%

续表

传统体能训练理念	身体运动功能训练理念
3.缩短了运动寿命	3.更长的运动生涯
4.一般化、非针对性训练 ——方法来自举重、田径等	4.个性化 ——方法来自专项"动作模式"
5.通过比赛进行检测	5.定期进行测试和评价
6.自我恢复	6.能量再生与恢复
7.大—中—小周期训练计划	7.每天都完美——一日计划

如表1-1所示，身体运动功能训练理念强调围绕多维度、多关节、无轨迹、无序的赛场上所需的动作来设计专门的动作模式，它强调动作质量训练而不是肌肉力量训练，目的是在比赛时能够有效地展现运动技能。

在训练系统的设计方面，身体运动功能训练理念体现出整合集成的思想，强调将哲学、方法学、战术训练等融合在一起，以整体的视角在各个子训练系统内实现了整合与协调，其训练方法涵盖了训练的程序、步骤、技能和训练思路。

从运动解剖学和运动生理学角度来看，身体运动功能训练理念强调躯干部位和各关节周围肌肉力量的均衡训练，对人体的生理刺激效应方面十分重视稳定性和平衡能力的训练，强调辅助肌群的固定作用和拮抗肌的适宜对抗作用，突出强调神经对肌肉的支配能力。

从方法学角度来看，身体运动功能训练理念强调的力量属于"柔性力量"，它并不直接提高单块肌肉的收缩速度或力值，而是通过加强肢体稳定性，提高主动肌与辅助肌、拮抗肌之间的协作能力，改善神经-肌肉的支配能力，提高一个动作不同环节之间的衔接，动作与动作之间的配合，以及整套技术动作的节奏感和流畅程度，最终实现动员多块肌肉参与完成整体力量的训练目标，见表1-2。

表1-2　传统力量训练与身体运动功能训练之间的动作比较

传统力量训练的方式与特点	身体运动功能训练的方式与特点

重量训练和次数 单关节单轨迹的练习动作 经常用稳定的外部支撑	重量减轻（关节减速） 多关节多维化的练习动作 募集全身更多控制稳定和平衡的肌肉 参与运动

（二）身体运动功能训练的特点

身体运动功能训练定义的抽象性和不同体育项目特征的差异性，使得拥有不同训练经历和背景的人，对于身体运动功能训练概念、内涵和内容的理解存在一定的差异。例如，跳远或跳高运动员在做半蹲跳时产生的功率要比坐姿蹬伸产生的功率大，其原因在于半蹲跳动作是跳跃时缓冲－蹬伸技术中的一个组成部分，而坐姿蹬伸动作则对参与跳远或跳高蹬伸动作时的肌肉刺激很小。由此可见，身体运动功能训练不只是肌肉训练那么简单，还涉及人体的整个运动系统。身体运动功能训练的特点突出体现在以下几个方面：

1.重视多角度及多关节运动链在各个平面的协调练习

人体的肌肉骨骼系统是一个"张拉整体结构"（tension integrity），该词的含义是指结构能保持完整性是因为其内部交织的总张力与相对应的总收缩力达到平衡。张拉整体结构的特点就是局部压力周围是持续的张力。从动力学角度来看，人体运动只有两种力来支撑——拉力或收缩力，没有一种结构完全只基于其中之一，所有的结构都是在不同时间点以多种方法混合匹配。张力与收缩力之间总是呈90°。例如，拉紧绳索，则其周围会出现压缩的力量；而使一个圆柱承重，其圆周会试图以张力形式向四周扩张。把这两个基本的向心力和离心力混叠起来，就会形成复杂的模式，如弯曲、剪切、扭转等。人体的肌筋膜和胶原网构成了连续不断的网络，该网络可以限制并调整骨骼与软骨周围的张力，还可以调节器官和肌肉，也会向外对抗该限制性张力膜。从运动解剖学角度来看，人体的大多数肌群是纵向排列的，只有少量肌群是斜向排列的，如腹外斜肌和腰方肌。这种排列复杂的肌肉结构使得躯干能够产生屈伸、侧屈和扭转运动的动力，而人体的各种复杂动作都是由功能性动作组成的，无论这些动作是推、拉、劈、砍、提、旋转、弓步、下蹲、体前屈，还是更为复杂的空翻转体动作，都是在两个或两个以上的平面内完成的。

2.重视提升躯干支柱稳定性

身体运动功能训练中的躯干支柱力量、快速伸缩复合力量、最大力量与旋转爆发力等训练板块，都把发展躯干支柱稳定性作为重要内容。其原因在于，根据物理学关于转动力矩在封闭的个体中保持恒定的原理，当下肢产生一个向前的转动力矩时，必然会使人体的其他部位产生一个相反方向的转动力矩，以维持身体平衡。这就要求躯干支柱在此运动过程中必须发挥稳定身体重心、促进环节发力和向四肢传导动量等作用，躯干支柱的稳定性对上下肢的协同运动及全身整合用力起到承上启下的枢纽作用，而且四肢运动的各种姿态控制都源于躯干支柱的肌群。运动员拥有强大的躯干支柱力量，躯干部位的能量泄露就会减少，四肢的应力也就随之减少，肢体就能够更加轻松有效地完成技术动作。

3.强调动作一体化和可控制的动态平衡训练

人体可分为头、躯干、上臂、前臂、手、大腿、小腿和脚等多个环节，各个环节依次运动就构成了人体运动链。当力作用在人体运动链上时，人体的各个环节会发生相应变化。对于不同体育项目的身体运动功能训练而言，如何将不同环节的运动和肌肉收缩整合起来，形成符合专项力学规律的肌肉"运动链"，为四肢末端发力创造最佳条件，是所有体育项目面临的问题。

以掷标枪为例，如果不考虑标枪出手角度、空气阻力和浮力等外在因素，根据人体运动力学原理，只有充分利用人体大肌肉群的运动，使身体各部位的动作和力量协调一致地传递到标枪纵轴上，标枪才可能获得最大力，即获得最大加速度。高水平标枪运动员在最后用力阶段的投掷技术动作并不完全相同，但他们都充分利用了脚、腿、髋、腰、胸、肩、大臂、前臂、手腕、手指的协调运动链，使力量最大限度地传递到标枪纵轴上。有研究认为，在标枪运动员的挥臂投掷动作中，髋关节和躯干的力量占整个投掷力量的 70% 以上。身体运动功能训练可以使肌肉在神经的支配下，把人体各个运动环节由内及外，由近端环节到远端环节，节节贯穿，形成浑然一体的弹性体，其动能由内及外，通过运动链逐级加大，直至使末端环节获得最大加速度。

三、身体运动功能训练的基础

（一）人体运动的四大支柱

功能的基本含义是指一个人或事物的具体用途或一种事物存在的目的。人体运动功能划分为四大类，即位移、水平改变、推和拉、旋转，四支柱模型组成了人体所需的基本运动。人体运动时所动用的肌肉见表1-3。

表 1-3 躯干支柱肌群前面和背面肌肉

前面肌肉	非垂直	垂直	背面肌肉	非垂直	垂直
胸大肌			斜方肌	√	
胸小肌	√		菱形肌	√	
前锯肌	√		背阔肌	√	
腹外斜肌	√		后锯肌	√	
腹内斜肌	√		竖脊肌		√
腹直肌		√	腰方肌	√	
腹横肌	√		臀大肌	√	
腰大肌	√		臀中肌	√	
髂肌	√		阔筋膜张肌		√
缝匠肌	√		髋关节外旋肌	√	
股直肌		√			
内收肌	√				
耻骨肌	√				
骨薄肌	√				

1.位移

位移是人体运动的第一大支柱，位移的两个主要特点就是单腿稳定性和旋转，当位移发生在一条腿上时，会创造出一种将力量从地面转移到身体其他部位的结构，这就是所谓的"7型框架"。旋转功能是位移的重要组成部分，它对于消除上体和下体之间的旋转力非常必要，这就是说人体为了有效地进行跑步，全身就需要协调一致且保持平衡。

位移是重要的运动技能，因为它整合了四大支柱。例如，人每走一步身体重心会同时水平和垂直移动（即支柱2水平改变），位移涉及上体的对侧推和拉动作（即支柱3推和拉），这对于消除下体产生的旋转力非常重要。上体和下体之间的对侧运动产生了线性移动的旋转因素（即支柱4旋转），这是人体有效向前运动的基础。

2.水平改变

人体运动的第二大支柱涉及一个人身体重心的水平改变，水平改变的特征是躯干或下肢运动，或者两者结合向下或向上移动身体重心。水平改变涉及很多非移动的动作，如俯身捡东西、下蹲、挺举、跳起扣球或拦网等。这些动作都会用到下体动作，通过屈膝、屈踝、屈髋做各种蹲起、箭步蹲、弓步或踏上起跳板，从而完成水平改变。下体产生力量的主要方法可以说是三重伸展机制，即伸髋、伸膝、伸踝，躯干部位也能通过伸展脊柱帮助人体垂直地改变重心。大多数情况下，人体都是通过躯干和下肢结合弯曲的形式来执行功能性水平改变，如网球中的低位接球，摔跤中的后拉抱、摔倒后爬起等。需要指出的是，不是肌肉系统的屈肌链而是重力在承担水平改变中的下降，即全身弯曲。伸肌链是控制弯曲程度和速度的，因此水平改变时的受伤部位通常集中在身体结构的后半部分，如腘绳肌、跟腱和下腰背。

3.推和拉

人体运动的第三大支柱推和拉，这些动作涉及上体并且能转移组合的身体重心。推和拉是人体反射及生物力学系统的一部分，例如，人体运动是神经交叉连接的，一个神经反射导致一侧肢体弯曲，同时对侧的肢体则伸展，这种现象可以在投掷、跳远、短跑、短距离游泳等爆发力项目的动作中看到。例如，投掷运动员最后用力阶段是左侧肘部弯曲，同时右侧手臂伸展完成出手动作，这一动作就是通过缩短力臂使身体产生更大的旋转速度，花样滑冰运动员也是手臂靠近身体躯干时旋转得更快。在跑步时这种神经反射表现为上体和下体之间的匹配力臂，当左臂后摆时，肘部弯曲（短力臂），右腿屈膝前摆（短力臂），同时右侧手臂更加伸展，左腿蹬伸幅度更大，用力更充分。

4. 旋转

人体运动的第四大支柱是旋转，它负责运动时最常见的动作。旋转是最重要的支柱，因为运动时很多动作都是爆发性的并且涉及横截面，即旋转动作发生的运动平面。从人体肌肉系统来看，除了腹直肌外，几乎所有的肌肉都是按照斜向排列的，这是人体旋转运动的物质基础，肌肉交叉连接提供旋转力，其原理可以在麦金尼完成的"塞拉普效应"中得到清晰解释，即一个人站在镜子前面，穿上宽松的T恤，做一个投掷动作或者原地高抬腿做踏步动作，并在最高点停住，观察T恤如何起褶皱，这时就会清晰地看见躯干核心区肌肉对于四肢之间存在着斜对角线。

（二）人体运动的四大技能

运动中最主要的四大技能是位移、重心水平改变、推和拉（投掷、推开和抓住物体）、旋转（方向改变），它们是大多数地面运动的核心所在（即站姿完成的运动）。对应的具体动作和专项运动见表1-4。

表 1-4　四大运动技能的动作和专项运动

运动技能	基本动作	专项运动
位移	从A点移动到B点	走、慢跑、快跑、挪动、跳跃、单脚跳
重心水平改变	下肢关节屈伸，抬高或降低身体重心高度，举起重物	降低身体重心接地滚球、网球中的击打低截球、摔倒后爬起、减速时降低重心
推和拉	一只手做动作时，另一只手要向相反方向运动。推开和抓住物体可能需要1~2个肢体部位协调运动	推铅球、掷标枪、举重、发球、扣球、杀球
旋转	一腿不动或旋转髋部和肩部动作，包括摆动动作	运动时改变移动方向，如挥拍、高尔夫、投掷链球、掷铁饼、游泳、蹦床和跳水的旋转

四大支柱阐释了人体运动的生物力学功能，没有一个体育项目可以脱离这四大支柱。四大技能是四大支柱的具体表现，即位移是人们从A点移动到B点的方式；身体重心水平改变是跳跃（跳高、跳远、撑竿跳高）运动改变重心位置的加载机制；推和拉是人体运动时最常发生的自然动作；旋转是改变运动方向最常见的动作，旋转爆发力是最重要的身体素质之一。

第二节　身体运动功能训练的科学原理

从训练内容体系来看，身体运动功能训练涵盖了功能性动作测试、选择性功能动作测试、动作准备、最大速度与多方向加速、最大力量与旋转爆发力、能量系统发展、再生与恢复等方面。在训练目标设置方面，身体运动功能训练强调的是动作模式训练而不是肌肉训练，即通过训练提高的是完成专项技术所需要的专门动作质量和竞技表现能力，而不是提高肌肉的力量。

在方法学支撑方面，身体运动功能训练将运动解剖学、运动生物力学、运动生理学、运动医学和运动技能学等学科融为一体，工作人员也由不同学科背景的专业人士组成。在动作规格要求方面，身体运动功能训练不仅从生理学角度强调神经对肌肉的支配作用，以及动作的稳定性和关节运动的灵活性，而且从解剖学角度，强调通过大肌群率先发力带动小肌群的用力，即发挥大肌群的发动机作用。更为重要的是，它从运动力学角度强调躯干支柱的作用，强调动力链的传递速度和功率。其核心思想是把身体训练由重视低端要素（肌肉训练—不断提高肌肉力量）向高端要素（肌

肉 — 神经系统协同训练 — 不断提高动作质量与控制）进行转变。

一、身体运动功能训练的内容体系

身体运动功能训练的内容体系包括：（1）功能性动作测评体系（FMS测试、SFMA测试、Y-Balance测试、基础性身体素质测试等）；（2）心理诱导方法体系；（3）肌肉动员与神经系统激活体系；（4）动态拉伸与动作整合体系；（5）躯干支柱力量训练体系；（6）快速伸缩复合训练体系；（7）最大速度与多方向移动训练体系；（8）最大力量与旋转爆发力训练体系；（9）能量系统发展（发展无氧耐力功率）体系；（10）再生与恢复体系。具体内容将在本书的后续各个章节中详细阐述。

从身体运动功能训练内容组合结构的逻辑性来看，它是按照提出问题（测试）— 分析问题（找准薄弱环节）— 制定对策（训练计划）— 实施解决方案（训练过程监控）— 评价训练效果（再测试）的顺序组织训练。

从训练课的训练内容来看，其主线是按照如下流程进行的，即激发训练动机（心理诱导）— 软组织唤醒 — 肌肉动员 — 神经激活 — 动作模式 — 支撑动作质量所需的素质（快速伸缩复合力量、速度力量、无氧耐力功率等）— 能量补充与恢复。

从训练内容的分层、分类设计方面来看，身体运动功能训练按照解剖学的关节运动面，将训练内容划分为不同种类。其基本思路是按照如下步骤设计的：

第一步：根据主要运动关节进行动作模式的分类和设计；

第二步：将各类动作模式进行优化组合，分别形成上肢、躯干及下肢动作模式；

第三步：将上肢、躯干、下肢动作进行高层次、高难度的组合，设计上肢躯干组合动作，下肢躯干组合动作及上肢下肢组合动作；

第四步：将上肢、躯干、下肢进行更高层次的整合，设计全身动作模式。

在训练计划安排方面，力量训练基本上是按照上肢推与下肢拉（或上肢拉与下肢推）的组合在同一天进行训练，避免力量训练造成局部肌肉的过度刺激。见表1-5。

表 1-5　小周期力量训练安排

星期一	星期二	星期四	星期五
下肢：推 ——双腿下蹲 3组、8次	上肢：拉 ——单臂、单腿哑铃直腿硬拉 3组、8次	下体：推 ——单腿下蹲 3组、8次	上肢：拉 ——双臂杠铃拉 3组、8次

（注：周三和周六进行调整训练）

身体运动功能训练是在严密的科学逻辑基础上提出的动作准备和动作模式训练体系，并通过运动功能动作测试与评估，来设计各类专门的动作模式。例如，力量训练动作模式按照肌肉收缩形式（离心收缩和向心收缩）分为拉和推两类；按照关节解剖的矢状面、额状面、水平面分为向前向后的推或拉、垂直方向的推或拉、水平方向的推或拉；按照练习部位又划分为上体（肚脐以上部位）的推或拉、下体（肚脐以下部位）的屈或伸、全身性的力量运动（前后运动、上下运动或对角线运动）。

例如，按照人体运动面将上肢动作划分为不同的动作模式，见图1-1。

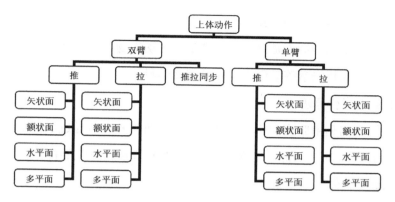

图1-1 上体动作模式

又例如，速度训练类型按照运动方向分为线性速度、多方向移动或加速的动作模式。按照动作结构和速度的差异，速度类训练又划分为起动速度、加速度、最大速度、速度耐力训练等。

综上所述，身体运动功能训练的动作模式就是按照上下肢、不同方向和不同难度，采用进阶方式来设计各种简单或复杂的动作体系，这些动作经过反复训练起到不断地刺激、强化和提高神经系统对肌肉的控制和协调水平的目的。反过来，动作质量的提高又促进了专项技术水平的持续提高或保持在较高的应激水平，也很好地保持了运动能力和竞技状态。

二、身体运动功能训练的科学原理

身体运动功能训练理论来自实践总结和相关学科研究成果，其训练方法的应用与创新依赖于人体生物科学、动力学等多个学科的研究成果与应用。要全面掌握身体运动功能训练原理，就需要掌握基本的人体解剖学知识、生理学知识、运动力学知识、心理学知识和运动训练学知识等。

（一）神经与肌肉协同原理

身体运动功能训练是集运动解剖学、运动生物力学、运动生理学、运动医学和运动技能学等学科为一体的交叉学科。

1. 肌肉工作原理

单块肌肉是由肌腹和肌腱两部分组成，肌腹收缩时通过肌腱牵动骨骼而产生各种运动。因此，对肌肉工作的观察和分析一般都将其视为"肌肉－肌腱复合体"一个整体来看待。

（1）肌肉的神经控制

人体产生运动是通过肌肉收缩实现的，而神经调节则是实现肌肉收缩的先决条件。当肌肉接到来自神经末梢传来的神经冲动时，将引起神经末梢释放"让肌肉收缩"的信息物质，兴奋信息的到达将引起粗细肌丝相互滑动，使肌肉产生牵拉力量。

神经对肌肉的调节主要靠运动单位的募集。一个运动神经细胞的神经纤维可分出很多分支与肌纤维接触。一个神经细胞与其连接的所有肌纤维共同组成了肌肉活动的基本单位，称为运动单位。运动单位所含肌纤维数在各肌肉之间差别很大。凡是进行精细动作的肌肉的运动单位都较小，而产生较大力量的肌肉的运动单位都较大。在同块肌肉中，一般由大运动神经细胞支配的快肌纤维称为快运动单位，由小运动神经细胞支配的慢肌纤维称为慢运动单位。慢（小）运动单位的兴奋阈低，很轻微的刺激就可引起其工作；快运动单位（大）的兴奋阈高，需要较大的刺激才能引起其工作。在肌肉收缩时，小的慢肌运动单位总是最先被动员，然后再逐渐动员有力的快运动单位，最高阈值的大运动单位总是最后被动员的；当更多更大的运动单位被动员起来时肌肉收缩力量达到最大。

（2）肌肉的弹性成分

肌肉中除了具有收缩功能的肌组织外，还有可以在力的作用下伸展、力撤除后弹性回缩的结缔组织，它们构成了肌肉的弹性成分。主要包括肌肉两端的肌腱和肌肉内部的肌内膜、肌束膜、肌外膜及肌节中的Z线以及肌肉中血管壁上的结缔组织等。

在肌肉工作中，弹性成分的功能主要靠肌腱来起作用。肌肉产生的力必须通过肌腱传递到骨骼，关节角度和角速度的改变取决于肌肉－肌腱复合体的长度和弹性。

由于肌肉和肌腱呈串联关系，它们受到同样的力，其能量贮存的分布取决于两者的刚度（弹性成分抵抗变形的能力）。一根肌腱的刚度是常量，而一块肌肉的刚度则是变量，取决于其不同的工作状态，静息的肌肉是柔性的，它很容易被拉长；收缩的肌肉则具有了刚性，必须用力拉才能拉长它。肌张力越大，其刚度越大，它抵抗拉长的强度越强。优秀运动员的肌张力可以动员到很大，其肌张力所产生的刚度往往会超过它们肌腱的刚度，容易使肌腱拉长。因此优秀运动员的弹性势能都贮存在肌腱，而不是肌肉中。这一点非常重要，因为肌腱的持续拉长，不仅为肌腱贮存弹性势能提供更大的空间，更重要的是由于肌腱经常被牵拉，可降低肌腱中腱梭的敏感度，当肌张力进一步增加时，腱梭将推迟兴奋的时间，从而让肌张力的发展更加接近肌肉力量的极限。

（3）弹性成分对肌肉工作的影响

人体运动大多数不是通过单纯的肌肉缩短牵拉骨骼而产生的，而是以肌肉－肌腱复合体的形式，进行离心收缩和向心收缩相交迭，形成一种牵拉－缩短的环式运动。

在肌肉收缩产生的张力传递到骨骼之前，肌肉的弹性成分首先被迫拉长。由于弹性成分的这种伸展特性可吸收一部分力，它的拉长使肌肉张力的传递出现延迟，从而使收缩时产生的张力变化趋于缓和，在完成跳跃、跑步、投掷等激烈运动时起保护作用，防止肌肉损伤。

增加关节周围肌肉的伸展性不仅能提高关节的灵活性，而且还能增加肌肉力量。这是因为肌肉弹性和张力的改善，可使肌肉能更好地利用弹力能量。国外有专家对举重运动员进行了一项实验，实验组在完成力量训练课后用10~15分钟进行柔韧性练习，而对照组在进行正常力量训练后未进行任何柔韧性练习，结果实验组在8周后柔韧性平均提高31.1%，最大推举（卧推）重量提高5.4%；对照组运动员柔韧性和卧推能力没有显著提高。

（4）运动对弹性成分的影响

运动训练可提高肌腱抗张应力，特别是肌腱与骨骼结合区的结合能力和抗断力量，从而提高肌肉–肌腱复合体传递力的效能，预防运动创伤。肌肉超负荷训练后，在引起肌肉肥大的同时，肌肉中的结缔组织也相应增生，为弹性势能的储存提供更大的空间。当然，结缔组织的增生也会影响柔韧素质的发展。因此，要合理安排肌肉抗阻练习和肌肉伸展练习。

（5）肌肉的弹性成分与力量练习的辩证关系

长期的力量练习会对肌肉弹性成分造成附加的紧张与牵拉，使之产生适应性粗厚而坚实，具体表现为肌纤维膜变厚，肌腱和韧带组织增粗，从而使其抗拉力增大，也为肌肉弹性势能的储存提供更大的空间。

大量的研究证实，跑步机上的跑步者，屈体前伸测试成绩与步频成反比关系，无论男女，那些肌肉和韧带最紧的人反而拥有最快的步频。据推测，很有可能在每跨一步时，紧绷的肌肉不仅能促使更多的弹性势能储存和使用，更重要的是其肌梭更敏感，更容易激发牵张反射带动肌肉工作。

国外有人对马拉松选手进行研究后发现，在所有定期拉伸肌肉的男性马拉松选手中，有47%在一年内会受伤，而在不进行拉伸肌肉的男性马拉松选手中，只有33%的人会受伤。另外，研究还发现在训练之前的热身时拉伸肌肉的马拉松选手的受伤概率更高，而训练之后拉伸的运动员受伤概率会降低。据推测，过分地拉伸肌肉，容易使被拉伸肌肉激发牵张反射的阈值升高（肌梭的敏感性下降），使跑步时每一次"落地缓冲再蹬地"的超等长式收缩利用牵张反射的增力因素减弱。尤其是静力拉伸后，肌肉很难兴奋起来以达到跑步过程中的状态。以上两点都证实，在跑步前的准备活动中，如果过多地进行专门的柔韧性练习，对接下来的正式运动可能是不利的。

需要注意的是，单纯的抗阻训练也会降低柔韧性，因为过度抗阻训练会导致关节保护性地变厚变硬，僵硬是肌肉疲劳和拉伤的祸根；而单纯的柔韧性训练又会影响关节的稳固性。因此，两种训练要有机地结合起来，操作起来应该是抗阻练习在前，柔韧练习在后。研究表明，抗阻训练后的静止性牵拉肌肉的练习不仅可以消除因抗阻练习而引发的延迟性疼痛，还可避免结缔组织增厚对关节柔韧性的影响。更重要的是，通过柔韧练习改善了关节周围肌肉组织的弹性回缩力，提高了肌肉的收缩效果。

（二）动力链传递原理

1.脊髓与神经冲动

运动时大多数动作的完成都是无意识的，它是一系列脊髓反射作用的结果。反过来，这种反射作用又为运动的预判断提供了必要的保证。脊髓是所有活动的运行中心，运动系统的传入神经直入脊髓，经所有传出神经控制肌肉，身体姿态、身体姿势和动作都是由脊髓控制。

运动系统中的肌肉链是动力链传递的核心，肌筋膜结构对人体所有功能都产生影响。运动损伤通常是肌筋膜链某些部分功能异常的结果。

2.运动系统与机体的自主调节

从人体运动需求来看，肌肉和骨骼组成的运动系统需要同时具备两种功能，一是要提供人体移动时所需的稳定性，二是要保证人体移动所需的灵活性。为了进行协调的运动，需要肌肉的稳定支撑、协调运动的中心器官（神经系统）以及能量供应系统（新陈代谢）。神经系统负责这些活动的调节，它按需进行主动肌和拮抗剂的抑制，以实现精准、协调的运动。科学研究证明，自主神经系统中的交感神经和副交感神经两个部分不产生拮抗效应，而是互补关系，其中副交感神经部分有助于机体的再生，并且能够进行长期持续的调节；而交感神经部分使机体系统的功能可以适应即时需求。

3.肌筋膜链

物理治疗都是从筋膜着手的。肌筋膜组织属于结缔组织，包括皮下和深部筋膜以及皮肤、肌肉、肌腱和韧带，筋膜系统是一个将所有组织相互连接的网络。肌筋膜链实质上是一种肌筋膜纵向连接的系统理论，它强调的是相互关系，而不是线性的因果关系。

"肌筋膜连接"一词是指在结构网中连接两个纵向毗邻区和相邻线性结构的部分。例如，在前锯肌和腹外斜肌之间就有一个"肌筋膜连接"结构。"肌筋膜经线"是指一连串肌腱与肌肉的连接线，即肌筋膜连接是肌筋膜经线的一个组成部分。例如，前锯肌和腹外斜肌就是绕行躯干的肌筋膜上螺旋线的一部分。

由此可见，筋膜连接不是随机或无序的，而是为了适应某种功能。脊柱的特殊作用在于，它是所有筋膜连接的附着点，相当于船的桅杆，只要绳索紧绷，桅杆牢固，船帆就会正常发挥作用。

从肌肉连接结构来看，肌肉要发挥最佳作用就必然需要稳固的支持，这个支持只能由其他肌肉来提供，这就构成了人体肌肉链。另外，增加人体运动稳定性主要是依靠身体各个平面内双纽线排列的肌肉提供的，人体除腹直肌外，其他肌肉都或多或少地呈斜向或交叉排布，使得肌肉形成的肌肉链构成了环路，协调地通过各个平面。肌肉的双纽线排列结构可以使所有平面内的平滑运动变得十分省力，并能够把一些势能转化为动能，由此产生了螺旋或弹簧效应，而且这种结构还能降低血管、胸部和腹部的压力。值得注意的是，人体每一侧只有两个肌肉链，即屈链和伸链，外旋和外展与屈曲是对应的，而内旋和内收则是与伸展对应的。

从关节运动来看，脊柱和上肢及下肢的屈 — 伸是交替进行的。所谓的屈就是弓形物两端的聚拢，而伸则是弓形物两端的远离。脊柱包括 3 个弓，其中 2 个弓是后凸（即颈椎和腰椎的屈为后屈），1 个弓是前凸（即胸椎的屈为前屈），而且头部的屈与脊柱 3 个弓的伸是对应的。

4. 运动生物力学机制

（1）重力的利用

运动时最重要也最持久的构成要素是重力，重力影响着人体运动效果。首先，重力的下拉作用影响了肌肉系统。例如，我们在跳跃时就会下意识地屈髋、屈膝，借助重力迅速完成屈身动作以便完成肌肉的离心收缩，同时活动伸肌更好地完成向心收缩，使人体更有力地跳起。由于重力的下拉作用，屈髋屈膝缓冲时弯曲身体动作并不耗费任何能量，而且在一些快速伸缩复合练习中，重力下拉身体甚至可以引发肌肉的牵张反射，如跳深练习。

重力还可以使人体在三个维度内同时对关节加以负重，如投掷项目的最后用力阶段，人体在超越器械姿态下，重力作用于右侧髋部，髋部在矢状面弯曲，在额状面内收，在横截面向内承重。髋部的三维重力给投掷者在蹬、转、推、拨过程中提供了强大爆发力。由此可见，三维负重有利于身体处于产生爆发力的最佳力学位置上，进而产生动量。身体运动功能训练就是要教授练习者如何利用重力给肌肉施加压力，并引发牵张反射，练习时可以采用各种跳深、双脚跳、单脚跳、转体投掷实心球、旋转练习等。

（2）动量的利用

动量被用来加载肌肉和通过大范围的动作进行有效移动。如在快速伸缩复合练习中运用动量更好地提升肌肉收缩水平。

动量与物体的质量和速度有关，物体移动速度越快或质量越大，其可能产生的动量越多，通常情况下质量是恒定的，人体的体重、球拍、球手套和球棍的重量不变，在此情况下要增加动量只能依靠增加速度，这也是为什么有些项目被称之为速度技能的原因。相反，动量的减少就会出现减速现象，减速也是急停和变向所必须具有的能力，它与加速同样重要，两者都属于动态因素，都涉及力量和速度。身体运动功能训练就是要引导练习者学会合理利用动量，可以通过跳跃、投掷实心球、滑雪步等练习掌握如何操控力量和速度这些构成动量的因素。

（3）地面反作用力的利用

大多数运动条件下，人体的力量产生于地面，无论是挥拍、起跳，还是在格斗中防御对手，或者球场上移动防守拦截，动作产生的力量是由个体能力决定的，并通过脚底接触地面获得地面的反作用力，推动人体移动或向地面传递力量。牛顿第三定律揭示了作用力与反作用力之间是方向相反、力值均等的。跑步时脚对地面传递作用力，地面反作用推动髋部和人体向前移动。

（4）三维动作的利用

大部分体育项目的动作都是在多维条件下进行的，只有在训练中多使用一些三维平面的动作，这些训练才有价值。如动作的360°特性使肌肉能够同时在动作的三个维度加载负荷，有益于保证身体三个维度的稳定，即三维稳定性。

5.力量传递原理

人体通过肌肉系统为身体移动产生爆发力通道，身体运动功能训练就是按照八边形训练模型展开多方向移动训练的，其移动方向分为向前、向后、向左、向右、左上方、右上方、左下方、右下方。

从动作模式训练来看，身体就像一张弓，为了给弓加载负荷，首先要弯弓，此时弓的中心是最紧绷的。例如，排球扣球、羽毛球杀球、网球发球、跳高背弓、投掷最后用力等动作，都要向后弯曲为身体的前部（肩关节）加载负荷，人体就形成了一个反弓姿势，发力时躯干向上肢快速传递力量，手从身体中心再把力量传递到器械上，使扣球、杀球、收腹和投掷器械速度更快、更有力。同理，身体弯曲时对背部进行施力，背部可以负担和提供所有身体重心改变所需的力，如跳跃、蹬地起跑、游泳起跳入水、摔跤手抱摔对手等。

从运动力学角度来看，人体运动的对角线特征又可以称为前部"毛毯披肩"和后部"毛毯披肩"现象。其中，前部"毛毯披肩"是沿着身体前侧连接右侧肩膀和左腿，另一侧连接左侧肩膀与右腿，而且每侧肩膀通过肩胛骨与脊柱连接。与之相反，后部"毛毯披肩"是沿着身体后侧，右侧肩膀与左腿连接，同时左侧肩膀与右腿连接，而且每侧肩膀的前端通过胸大肌与胸骨连接。前部和后部的"毛毯披肩"通过相辅相成的动力传递模式，使得前部"毛毯披肩"能够发挥加速作用，而后部"毛毯披肩"则发挥减速作用。

人们也可以看到在投掷标枪时，右手投枪的运动员在交叉步形成反弓姿势的最后一步时，后部"毛毯披肩"部位首先加速，即右侧腿至左侧肩的肌肉链在用力；在最后用力阶段的屈腕和加速挥臂时则是前部"毛毯披肩"部位的肌肉在用力，即从左侧腿至右侧肩的斜对角线交叉链，涉及的肌肉有左侧髋部屈肌和内收肌、左侧腹内斜肌、右侧腹外斜肌和右侧前锯肌。标枪投出后是后部"毛毯披肩"肌肉发挥减速作用，即从左侧腿至右侧肩的斜对角线交叉，涉及的肌肉有左侧小腿肌、左侧腓肠肌、左侧腘绳肌、左侧臀大肌和右侧背阔肌。

理解了上述肌肉链和力量传递原理，针对性身体运动功能训练就会变得简单，设计训练计划可以参考以下模型。见表1-6。

表1-6 八边形对角链训练模型

序号	运动方向	设计的肌肉	运动技能	练习方法
1	低至高	腘绳肌、臀大肌、脊柱旁的肌肉	向前和向上的双腿跳、从地面爬起	下蹲、斜方向上提、硬拉、弓步走、臀桥、壶铃摆、负重体前屈等
2	低右至左高	右侧腘绳肌、右侧臀大肌、左背阔肌	左侧反手、右侧正手、右腿固定向左切步、左手投掷减速	右腿侧弓步、低至左高斜方向上提
3	右至左（组合动作——低右至左高和高右至低左）	同第2、4项		右至左轮摆实心球或挥拍，右至左旋转投掷实心球，左侧滑雪步蹬收
4	高右至低左	右侧前锯肌、右侧腹外斜肌、左侧腹内斜肌、左侧髋屈肌和内收肌	右手投掷或发球、杀球或扣球、左踢腿	高右至低左下劈或下砸，右手至左腿交叉卷腹或V形举腿，左侧腿交叉抬膝，两腿交错站立右手推举
5	高至低	双侧髋部屈肌、腹肌	团身抱膝跳、拳击防御躲避	仰卧起坐、卷腹、V形举腿、团身屈膝
6	高左至低右	左侧前锯肌、左侧腹外斜肌、右侧腹内斜肌、右侧髋屈肌和内收肌	左手投掷或发球、右踢腿	高左至低右下劈或下砸，左手至右腿交叉卷腹或V形举腿，右侧腿交叉抬膝，两腿交错站立左臂推举

续表

序号	运动方向	设计的肌肉	运动技能	练习方法
7	左至右（组合动作——低左至高右和高左至低右）	同第6、8项	左手挥拍击球、左腿固定交叉步跑、右手减速挥拍击球	左至右侧旋转投掷、右侧滑雪步蹬收
8	低左至高右	左侧腘绳肌、左侧臀大肌、背阔肌	右手反手、左手正手、左腿固定向右切步，右手投掷减速	右手交叉低位划船姿势屈伸，左腿屈膝、手臂前伸，左腿侧弓步，低左至高右斜方向上提或砍削，两腿交错站立、右手划船姿势拉伸

掌握了上述内容和力量传递原理，有利于全面深入地理解身体运动功能训练理念和方法，学会如何有效评估和设计合理的训练计划。

（三）动作技能形成原理

在身体运动功能训练中必然会涉及学习和训练新的动作，只有了解动作技能的发生、发展及其变化规律，才能够正确处理身体运动功能训练的实际问题。所以，"动作技能形成的生物学规律"也是身体运动功能教练员必修的内容之一。

（1）人体运动的条件反射本质

巴甫洛夫认为动作技能是在脑和神经系统参与下实现的随意运动。其本质是建立在条件反射的基础上，学习和训练运动技能，即是建立运动条件反射的过程。

例如，跑跳的动作都是由一系列单个动作组成的。学习这些动作时首先要做模仿练习。在练习时，许多感官参与运动技能的形成，如视觉判断跑道上的标记、位觉感知用力过程中髋轴和肩轴相互变化的空间方位、触觉感觉地面硬度、本体感觉感知肌肉用力大小和姿势等。这些传入冲动按一定的时间、顺序传到大脑皮层相应感应区，并经过反复强化，使各有关感觉中枢与运动区域的神经细胞发生暂时联系，即形成了运动技能。

（2）动作技能的动力定型

脑和神经系统对外界的一系列固定形式的刺激，形成一整套固定形式的反应。也就是说，脑和神经系统内支配相关肌肉活动的神经元在机能上进行了排列组合，兴奋和抑制在运动中枢内有序地、有规律地、有严格时间间隔地交替发生，形成了一个系统，使条件反射系统化。神经网络的这种自主重构系统化就称之为运动动力定型。

运动动力定型达到非常稳定的状态后，大脑皮层为了减少不必要刺激的干扰就退居了"二线"，很少参与对动作的具体控制。尤其是那些速度较快、动作较复杂的动作更是如此，如跳水、体操、武术等动作的肢体感觉信息来不及传递到大脑皮层，千百次的动作练习，使这些神经活动程序在大脑皮层以下建立并储存起来，形成"运动技巧的记忆痕迹"。

一旦运动技巧的记忆痕迹形成，这些记忆是很难遗忘的，当动作的某一环节出现了问题，想纠正错误动作也是很困难的。

（3）动作技能形成过程

动作技能形成过程是一个连续、渐进的过程，在这一过程的不同阶段有着不同的特点。通常将动作技能形成过程分为泛化、分化、巩固和自动化4个时相。

第一，泛化过程。在学习一个新动作的起始阶段，通常会表现出动作僵硬、不协调、有多余动作、动作不连贯、能量消耗多等问题。这是由于大脑皮层内有关中枢的神经元强烈兴奋，同时大脑皮层内抑制尚未建立起来，导致泛化现象出现。在此阶段，教练应通过正确的示范和形象的讲解使运动员建立正确的动作概念，要注意突出重点，强调掌握动作的主要环节，不宜过多要求动作的细节。

第二，分化过程。分化是指经过不断练习，能比较顺利、连贯地完成完整动作的阶段。但这时易受新异或强烈刺激的干扰，如旁人的议论或在观摩训练课上做动作时，动作不协调、多余动作等现象又会重现。所以，进入分化阶段时要特别注意错误动作的纠正，强调对动作细节的要求，加强对动作的分析和思考，以促进分化抑制的进一步完善。

第三，巩固过程。在这一阶段，当环境条件改变和其他干扰刺激出现时，动作也不易受到破坏。此时脑和神经系统的兴奋和抑制过程在时间和空间上更加集中和精确，所学运动技能的突触功能矩阵排列轨迹已非常稳定，形成运动动力定型。运动技能进入巩固时相后，如停止或减少练习，巩固了的运动技能会出现消退，技术越复杂、难度越大的运动技能消退速度越快。因此，一定要强调练习的频率和精细度。

第四，自动化过程。随着动作技能的巩固和发展，动作会更加熟练自如，可在"低意识控制"下完成运动技能，即出现自动化。当达到动作自动化后，如果环境变化使自动化过程受到阻碍，动作将重新在意识的指导下进行，工作效率提高，出现"能量节省化"。因此，在动作自动化后仍应坚持练习，不断检查动作质量，以使动作精益求精。

【思考题】

1.结合实际，谈谈你就身体运动功能训练需要进行哪些方面的科学研究？

2.身体运动功能训练与传统体能训练的显著区别有哪些？

3.通过阅读身体运动功能训练的相关学科知识和理论，谈谈你自己的看法。

4.结合身体运动功能训练的特点，谈谈自己的学术观点。

第二章　功能性动作测试与评价研究

[**本章导语**]功能性动作测试与评价是设计身体运动功能训练计划的前提和基础，只有找准个体存在的运动功能障碍，才能选择和设计具有针对性的训练方法和手段，才能取得预期的训练效果。本章重点介绍功能性动作筛查的方法和评价标准，以及选择性功能动作测试方法，以便读者清晰准确地掌握两种测试方法、测试流程和测试标准，更好地确定运动功能障碍。

第一节　功能性动作测试与评价

功能动作筛查（Functional Movement Screen，FMS）的最初目的是采用简单易用的评分体系描述受试者完成动作的质量，而非测量和诊断某单一关节的运动功能。人体构造非常复杂，如果仅针对某一动作进行评估会影响整体评价效果，特别是在筛查初期不应该太过看重独立的动作评分结果。

一、功能性动作筛查简介

FMS由7个测试动作组成，要求受试者达到灵活性和稳定性的平衡状态。7个动作所采用的动作模式均为基本的可测量动作，要求体现受试者的灵活性和稳定性。通过让受试者完成这些动作，体能训练师或物理治疗师可以发现受试者的弱点，如不平衡、不对称和动作局限等。FMS所采用的动作与体育动作相似仅是巧合，因为FMS不是训练手段，更不是竞技手段，只是一种用于动作评分和评级的工具。

虽然许多人可以完成各种不同的动作，体现出较强的运动能力，但却存在不能有效完成本筛查中动作的情况。这些人在FMS中评分较低，因为他们通过代偿性方式完成动作。如果代偿性动作长期持续，那么他们的非标准的运动模式就会被强化，身体不能均衡发展，并可能因此造成伤害。

二、功能性动作筛查方法

（一）基础知识

正确执行功能性运动筛查必须熟知以下骨骼结构或体表标志：

1.胫骨粗隆：在膝关节下方皮下隆起处，可触及，屈膝时更明显。

2.髂前上棘：指髂嵴的前端。

3.外踝和内踝：外踝指腓骨下端向外的骨突；内踝指胫骨下端向内的骨突。

4.远侧腕褶痕：自手指向身体方向最远的腕部褶痕。

5.膝关节中线：髌骨上缘和髌尖的中线。

（二）设备器材

可以购买FMS测试套装，或自制测试工具。但需要符合以下要求：

1.一支四英尺（约1.2米）长杆。

2.两支短杆。

3.测试板2英尺宽×6英尺（约0.6米×1.8米）长。

4.一条弹力绳。

（三）筛查人员位置

筛查期间观察受试者动作时应当注意距离和位置。做好这两点有助于观察到筛查过程中的所有细节。

1.距离

需距离受试者足够远才能看清整体。大多数情况下，测试人员对站位无所适从的原因是离受试者太近或太注意测试的某个区域。站得离受试者足够远才能看清整个动作过程，准确地判断动作是否符合测试标准。

2.位置

受试者有三次机会完成每项测试，测试人员可以在测试中四处移动。根据测试内容，最适合的观察角度可能是在受试者的侧面，也可能是在受试者的正面。如果从一个视角无法清楚地评分，应当充分利用三次机会，适当地转换视角，变换位置。

（四）功能性运动筛查的执行顺序

功能性运动筛查的执行顺序如下：

深蹲，栏架步，直线弓箭步，肩部灵活性、肩部碰撞测试，主动直膝抬腿，躯干稳定俯卧撑、伏地起身测试，躯干旋转稳定性、跪姿下腰测试。

三、深蹲

（一）测试目的

深蹲模式是许多运动动作的组成部分，它充分体现了下肢灵活性、躯干稳定性，以及在对称姿势下髋和肩关节的功能。把深蹲作为运动筛查中的基本动作，是因为深蹲动作模式可以非常全面地展示受试者的下肢灵活性、姿势控制能力、骨盆和核心稳定性。正确完成深蹲动作要求受试者发挥良好的神经肌肉控制。深蹲可用于测试髋、膝、踝两侧对称的功能灵活性和稳定性；横杆举过头顶的动作可以测试肩关节、肩胛胸壁关节、胸椎的灵活性和稳定性。

（二）测试说明

首先让受试者保持双脚间距离与肩部同宽站立。双脚保持平行对称，脚尖不得朝外。受试者将横杆置于头顶上，调整双手位置，使肘与杆呈90°角。接着，让受试者双臂伸直。指示受试者慢慢下蹲至尽可能低的姿势，保持双侧脚后跟着地，身体面向前方抬头挺胸，横杆尽可能高地举过顶。双膝与双脚在同一垂直面内，双膝不得外翻。可重复做3次该动作，但如果第一次完成动作即达到3分标准，则无须重复。在使用测试板的情况下，未能达到2分标准，则评分为1分。

（三）测试口令

1.完成以下动作的过程中如果感到疼痛请告诉我。

2.双脚与肩同宽，脚尖向前，挺胸站立。

3.双手握住横杆将横杆平举过头顶，使肩肘呈90°角。

4.将横杆举至头顶正上方。

5.上身挺直，双膝姿势和举横杆的姿势保持不变，尽量往下蹲。

6.蹲到最后保持一秒，然后回到原来的姿势站立。

7.您是否听明白这些指令了？

（四）测试要点

1.如有需要，受试者有3次机会完成动作。

2.如受试者未能达到3分，则将测试板垫在受试者脚跟下，让受试者再重复上述指令。

3.从正面和侧面观察受试者。

4.用FMS测试板或大小相同的板垫高脚跟进行测试时，包括双脚姿势在内的所有姿势必须保持与上述测试内容一致。

（五）评分标准（见图2-1）

1.3分

躯干与胫骨平行或趋于与地面垂直；股骨位于水平面以下；双膝与双脚呈一直线；横杆在双脚正上方保持水平。

2.2分

躯干与胫骨平行或趋于与地面垂直；股骨位于水平面以下；双膝与双脚呈一直线；横杆在双脚正上方保持水平；脚跟抬高。

3.1分

胫骨和上躯干不平行；股骨不在水平面以下；双膝与双脚不能呈一直线；横杆不在双脚正上方。

4.0分

测试过程中出现疼痛则受试者该项测试评分为0分。疼痛区域应当由专业医疗人员进行全面评估。

（a）起始动作

（b）　3分动作

（c）　2分动作

（d）　1分动作

图2-1

四、跨栏架步

（一）测试目的

跨栏架步动作是位移动作和加速动作必不可少的基本构成元素。虽然在大多数运动中人们不需要如此跨步，但这个动作可以暴露人体单腿站立跨步过程中运动功能是否存在补偿或不对称情况。这项测试可以对受试者的稳定性和控制力进行评价。

灵活性、稳定性、平衡性、姿势良好且运动功能良好时，不会出现上身过度移动，如果运动中出现上身过度移动可视为补偿性运动。跨栏架步可以测试髋部两侧、双膝、双踝的灵活性和稳定性。这一测试还便于测试人员观察人体运动功能的对称性，因此也可以测试骨盆和核心的稳定性和控制力。

（二）测试说明

首先测量受试者胫骨长度。由于很难确定胫骨与股骨的确切节点，因此将胫骨粗隆中点作为测量标志点。让受试者右脚外侧靠在栏架底部，右腿与栏架的一条竖杆平齐，以此调节栏架高度。将栏架的弹力绳滑至胫骨粗隆中点所在高度，然后调节栏架另一短杆的弹力绳至相同刻度，使两支竖杆的弹力绳位于相同的刻度上。另一种度量方法是用横杆测量地面至胫骨结节骨的高度，再将弹力绳移至相同高度。

让受试者站在栏架中心的正后方，双脚并拢站立，脚尖平齐并轻触栏架底部。将横杆水平置于肩后，颈部下方。要求受试者腰背挺直跨过栏架，脚跟着地，再回到起始姿势。要求受试者在完成跨栏步动作时应该缓慢、受控。若受试者的动作有任何一方面未达3分标准，则评分为2分；若受试者的动作有任何一方面未达2分标准，则评为1分。

（三）测试口令

1.完成以下动作的过程中如果感到疼痛请告诉我。

2.双脚并拢站直，双脚脚尖轻触测试工具。

3.双手握住横杆，把横杆水平放在后颈，贴在肩上。

4.保持上身挺直，抬起右腿，跨过栏架，右脚向上抬起，保持右脚与右踝、右膝、右髋呈一条直线。

5.右脚脚跟着地，然后保持右脚与右踝、右膝、右髋呈一条直线，再将右脚移回原位。

6.您是否听明白这些指令了？

（四）测试要点

1.确保弹力绳与水平面平齐。

2.开始测试时要求受试者尽可能挺直站立。

3.为执行动作的腿评分。

4.左右两侧的动作均测试。如有必要，受试者左右两侧的测试最多各有3次机会。

5.观察躯干是否稳定。

6.从正面和侧面观察。

7.确保站立腿的脚尖在动作过程中和完成后始终与栏架接触。

（五）评分标准（见图2-2）

1. 3分

髋、膝、踝在矢状面上保持平齐；腰椎保持不动；横杆和栏架保持平行。

2. 2分

髋、膝、踝在矢状面上不能保持平齐；腰椎移动；横杆和栏架未保持平行。

3.1分

脚碰到横杆；身体失去平衡。

4.0分

测试过程中出现疼痛则受试者该项测试评分为0分。疼痛区域应当由专业医疗人员进行全面评估。

（a）3分动作

（b）2分动作

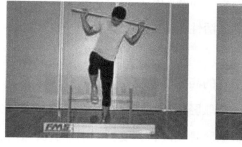

（c）1分动作

图2-2

五、直线弓箭步

（一）测试目的

直线弓箭步动作是日常活动、体育运动和运动训练中常见的减速、转向的一个动作构成，但直线弓箭步所要求的灵活性、稳定性和控制力比许多日常活动要高。通过模拟旋转、减速和侧向运动时身体姿势变化产生的压力和扭转力矩，直线弓箭步动作可以对左/右躯干及下肢运动功能进行快速评估。

测试过程中，双脚距离狭窄，要求受测者从一开始就要有足够的稳定性，并能在髋部不对称的姿势下使髋部两侧平均受力，持续有力地控制骨盆和核心。直线弓箭步动作下肢处于前后分开姿势，同时保持上肢呈相反姿势。这种动作模式既符合脊柱的运动力学特点，还与运动过程中上下肢摆动力矩的自然平衡关系一致。此外，该测试还考验髋、踝和足的灵活性和稳定性，同时考验背阔肌和股直肌等多关节肌的灵活性。

真正的弓步动作是由一个跨步动作和一个下压动作组成。直线弓箭步测试仅观察下压动作和恢复动作；对于一个简单的动作筛查来说，跨步动作会带来太多的变量和不确定因素，而两脚窄距离弓步和上肢相反的姿势足以发现弓步动作模式中存在的灵活性和稳定性问题。

（二）测试说明

测量地面至胫骨粗隆顶端中点的高度以确定受试者的胫骨长度，或通过跨栏步测试时栏架竖杆的刻度获取胫骨长度。告知受试者将后脚脚尖放在测试板刻度线的起始线上。根据胫骨长度，将受试者的前脚脚跟放在测试板刻度线相应刻度上。多数情况下，让受试者摆好脚部姿势再握横杆会比较容易一些。

将横杆竖置于后背部，轻触头、胸背脊椎和骶骨。受试者与前脚不同侧的手应在颈椎后处握住横杆。另一只手则在腰椎后处握住横杆。横杆在测试的整个下压和恢复过程中必须保持与地面垂直。受试者须降低后膝触碰前脚脚跟后方的板，然后恢复到起始姿势，才算完成直线弓箭步动作。若受试者的动作未达3分标准，则评为2分；未达2分标准，则评为1分。

（三）测试口令

1.完成以下动作的过程中如果感到疼痛请告诉我。

2.右脚平踩在测试板上，脚尖与零刻度对齐。

3.左脚脚跟根据胫骨长度踩在相应刻度上。

4.双脚平放，脚尖朝前。

5.沿脊柱放置横杆，使横杆轻触脑后、背部、臀部中央。

6.握住横杆时，右手贴在后颈上，左手贴在腰后。

7.保持身体挺直，让横杆始终触碰头、上背、臀部，然后重心下沉呈弓步姿势，右膝摆在左脚脚跟后方并接触测试板。

8.恢复到起始姿势。

9.您是否听明白这些指令了？

（四）测试要点

1.评分中的左、右侧依前腿左、右而定。

2.动作过程中横杆始终保持垂直，并与头、胸背、骶骨接触。

3.前脚脚跟保持平放在板上，恢复到起始姿势时，后脚脚跟与板接触，观察是否失去平衡。

4.与受试者保持较近的距离，以防受试者完全失去平衡。

5.左右两侧的动作均须测试。

6.如有必要，受试者左右两侧的测试最多各有三次机会。

（五）评分标准（见图2-3）

1. 3分

横杆始终与身体接触；横杆保持与地面垂直；躯干未动；横杆与双脚保持在同一矢状面；后膝触碰前脚脚跟后方的板。

2. 2分

横杆未能始终与身体接触；横杆未能与地面保持垂直；躯干运动；横

杆和双脚未能保持在同一矢状面；后膝未触碰前脚脚跟。

3.1分

身体失去平衡；无法完成该动作模式。

4.0分

测试过程中出现疼痛则受试者该项测试评分为0分。疼痛区域应当由专业医疗人员进行全面评估。

（a）起始动作

（b）3分动作

（c）2分动作

（d） 1分动作

图2-3

六、肩部灵活性

（一）测试目的

肩部灵活性动作可以检测肩关节区域、胸椎、胸廓在上肢相对的肩部运动中是否保持自然对称的运动功能。尽管生活中很难见到与测试动作完全一致的动作，但通过该动作测试可以观察到颈椎及胸椎的代偿动作，排查肩关节存在的疼痛症。

（二）测试说明

首先，测量受试者腕褶痕远端与最长手指尖端的长度，即受试者的手长。受试者双脚并拢站立，双手握拳，拇指在四指内。然后让受试者将一拳伸到后颈处，同时另一拳伸到后背处，一边肩膀尽可能地向外张、收拢，另一边肩膀尽可能地向内扭转、收拢。测试期间，手必须保持握拳，动作连贯。测量受试者两手相距最近两点之间的距离，此距离即反映受试者肩关节灵活度的大小。受试者左右手互换姿势各有最多三次机会完成肩部灵活性测试。受试者的动作有任何一方面未达3分标准，则评为2分；有任何一方面未达2分标准，则评为1分。

（三）测试口令

1.完成以下动作的过程中如果感到疼痛请告诉我。

2.双脚并拢站直，两臂自然下垂。

3.双手握拳，四指包住大拇指。

4.将右拳举过头顶，然后沿着背部尽可能地压低，同时将左拳沿着背后部尽可能地往上提，动作要连贯，一气呵成。

5.双手一次到位后不得再"移动"以靠得更近。

6.您是否听明白这些指令了？

（四）测试要点

1.评分中的左、右侧依据举在肩上的左臂或右臂而定。

2.确保受试者双拳一次到位后没有再尽力让双手靠近。

3.重复测试并对两侧均进行排除性测试。

4.如有必要，受试者左右两侧的测试最多各有三次机会。

（五）评分标准（见图2-4）

1. 3分

双拳距离不超过一个手长。

2. 2分

双拳距离不超过一个半手长。

3. 1分

双拳距离超过一个半手长。

4. 0分

测试过程中出现疼痛则受试者该项测试评分为0分。疼痛区域应当由专业医疗人员进行全面评估。

（六）排除性测试1：肩部碰撞测试

肩部灵活性测试中含有一个排除性测试。该测试不计入评分，用于

观察肩部疼痛症状。如果受试者感觉到疼痛，则在评分单上记录为阳性
（+），并将整个肩部灵活性测试的评分计为0分。受试者两侧均要进行肩
部碰撞测试。

（七）排除性测试要点

双脚并拢站直，双臂自然下垂；右手手掌放在左肩前部；保持手掌位
置不动，将右肘尽可能向上抬起，观察受试者是否存在疼痛；然后换至对
侧进行测试。

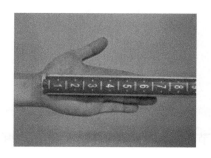 

（a）起始动作

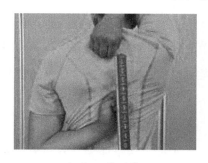 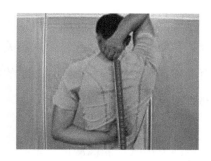

（b）3分动作　　　　　　　　（c）2分动作

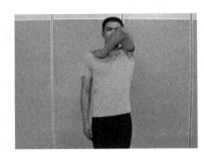

（d）1分动作　　　　　　　（e）排除性测试动作

图2-4

七、主动直膝抬腿

（一）测试目的

主动直膝抬腿不仅可以识别髋关节屈曲的主动灵活性，还可以判断运动中核心的初始稳定性和持续稳定性，以及另一侧髋关节的灵活性。必须充分发挥多关节肌群良好的运动功能才能完成这个动作。臀大肌、髂胫束复合体和腘绳肌腱是最容易限制髋关节屈伸的人体结构。完成该动作时一方面考察腘绳肌肌腱和小腿三头肌的柔韧度，另一方面还可观察髂腰肌和腰部肌群对骨盆的稳定性。

（二）测试说明

受试者仰卧，两臂侧放，手掌朝上，头部平放于地面。双膝下放置测试板。双脚呈中立位，脚掌与地面垂直。将横杆放置在髂前上棘（ASIS）和膝关节中线中间，与地面垂直。接着，让受试者抬起测试一侧腿，同时保持该侧下肢的踝、膝初始姿势不变。

活动腿上抬到最高位时，非活动腿保持中立位不移动。若活动腿踝骨垂直线超过横杆，则记录为3分；若活动腿踝骨垂直线未超过横杆，则像移动铅锤线一样移动横杆，观察活动腿踝关节垂直线是否超过非活动腿膝关节中线，超过则记录为2分；若活动腿踝骨垂直线未超过非活动腿膝关节中线，则记为1分。两侧均须完成主动直膝抬腿测试，每侧最多三次机会。若受试者的动作未达3分标准，则评为2分；若受试者未达2分标准，则评为1分。

（三）测试口令

1.完成以下动作的过程中如果感到疼痛请告诉我。

2.平躺，双膝后部压在测试板上，脚趾朝上。

3.双臂放在身体两边，手掌朝上。

4.双脚呈中立位并拢姿势。

5.受试腿保持平直，另一侧的膝盖保持与测试板接触，然后尽可能高地抬起受试腿。

6.您是否听明白这些指令了？

（四）测试要点

1.评分中的左、右侧依抬起腿而定。

2.如果膝关节中线难以辨认，则通过屈曲、伸直膝部加以确定。

3.确保非活动的下肢保持中立位。

4.左右两侧的动作均须测试。

5.如有必要，受试者左右两侧的测试最多各有三次机会。

（五）评分标准（见图2-5）

1. 3分

踝骨垂线落在大腿中部和髂前上棘（ASIS）之间；非活动下肢保持中立位。

2. 2分

踝骨垂线落在大腿中部和关节线之间；非活动下肢保持中立位。

3.1分

踝骨垂线落在膝关节线以下；非活动下肢保持中立位。

4.0分

测试过程中出现疼痛则受试者该项测试评分为0分。疼痛区域应当由专业医疗人员进行全面评估。

（a）起始动作

（b）3分动作

（c）2分动作

（d）1分动作

图2-5

八、躯干稳定俯卧撑

（一）测试目的

躯干稳定俯卧撑是一种特殊的单次俯卧撑练习，主要反映核心稳定性。其目的并非用来评价受试者上肢力量的大小。良好的躯干稳定俯卧撑动作要求受试者不借助脊柱和髋部运动来独立完成该动作。在该项测试中，常出现伸展和旋转等代偿动作。这些代偿动作会揭示受试者在完成俯卧撑时上肢及躯干的发力顺序。躯干稳定俯卧撑动作测试受试者在上身闭合运动链中，脊柱是否具有稳定在同一矢状面的能力。

（二）测试说明

受试者俯卧，两臂伸展过头顶。男性受试者和女性受试者的初始姿势不同。男性受试者双手拇指放在上额位置，而女性受试者双手拇指放在下颌位置。然后根据评分标准，将拇指下移到下颌或肩膀位置。双膝完全伸展，双脚呈中立位，脚掌与地面垂直。

要求受试者以此姿势完成一次俯卧撑。身体应当整体被推起，测试过程中脊柱不得左右摆动。若受试者不能以此姿势完成一个俯卧撑，则让受试者将双手下移，换至更轻松的姿势。

躯干稳定俯卧撑最多有三次测试机会。若受试者的动作有任何一方面未达3分标准，则让受试者将双手移至更轻松姿势，测试受试者能否达到2分标准；若受试者未达2分标准，则评为1分。

（三）测试口令

1.完成以下动作的过程中如果感到疼痛请告诉我。

2.面部朝下俯卧，双臂伸过头顶，双手与肩同宽（拇指末端与肩锁关节平齐）。

3.双手下移，使拇指与额头（男性）或下颌（女性）平齐。

4.双腿并拢，勾脚尖，双膝和肘抬离地面。

5.保持躯干稳固，将身体整体推起做俯卧撑动作。

6.您是否听明白这些指令了？

（四）测试要点

1. 受试者须将身体整体撑起。

2. 确保受试者每次完成动作时手部姿势不变，准备撑起时双手没有向下移动。

3. 确保胸部和腹部同时离地。

4. 如有需要，受试者有三次机会完成动作。

5. 如有需要，让受试者双手摆放在恰当位置，然后重复上述指令。

（五）评分标准（见图2-6）

1. 3分

男性受试者完成拇指与头顶平齐姿势的一次动作；女性受试者完成拇指与下颌平齐姿势的一次动作。受试者将身体整体撑起，脊柱未弯曲。

2. 2分

男性受试者完成拇指与下颌平齐姿势的一次动作；女性受试者完成拇指与锁骨平齐姿势的一次动作。受试者将身体整体撑起，脊柱未弯曲。

3. 1分

男性受试者无法完成拇指与下颌平齐姿势的一次动作；女性受试者无法完成拇指与锁骨平齐姿势的一次动作。

4. 0分

测试过程中出现疼痛则受试者该项测试评分为0分。疼痛区域应当由专业医疗人员进行全面评估。

（六）排除性测试2：伏地起身测试

观察受试者疼痛反应，如受试者感到疼痛则记录为阳性（+），同时将整个躯干稳定俯卧撑测试评分记为0分，并执行更为全面的评估或推荐受试者前往医疗机构。

（七）排除性测试要点

腹部贴地俯卧，双手置于肩膀下，手掌朝下；身体下部不动，双肘慢慢挺直，尽力使胸部远离地面；询问受试者是否有疼痛感。

（a） 3分动作

（b） 2分动作

（c） 1分动作　　　　　（d） 排除性测试动作

图2-6

九、躯干旋转稳定性

（一）测试目的

躯干旋转稳定性动作要求受试者通过上下肢协同运动检查骨盆、身体核心及肩带稳定性。这是一个综合的动作，需要保持良好的躯干能量传递能力以及神经控制肌肉的能力，该动作源于我们从婴儿期开始学习运动时的匍匐动作。

该测试有两个意义。它能展示冠状面和矢状面上的躯干稳定性能力，并反映基本攀爬动作中躯干灵活性和稳定性的协调作用。

（二）测试说明

受试者四肢着地，在受试者的双膝与双手之间放置测试板。脊柱与板平行，双侧肩、髋关节与躯干呈90°角，双脚勾脚尖，脚掌与地面垂直。在开始运动前，双手张开，双手拇指、双膝、双脚均与板接触。受试者收肩，同时伸展同侧肘和膝关节，然后将肘关节与膝关节相互触碰，并保持身体与板平行。允许受试者将肘关节和膝关节靠拢时脊柱弯曲。

两侧肢体均须测试，如有需要，两侧最多有三次机会。成功完成一次动作后无须再重复。

若受试者未能达到3分标准，则要求受试者完成一次异侧模式测试，即使用对侧的肩和膝触碰完成上述动作。在异侧模式中，肘关节与膝关节伸直时与地面平行，触碰时应在测试板上方。

（三）测试口令

1.完成以下动作的过程中如果感到疼痛请告诉我。

2.双手双脚横跨测试板，双手置于双肩正下方，双膝置于髋正下方。

3.双手拇指、双膝、双脚脚趾必须与测试板侧面接触，勾脚尖。

4.同时将右手向前伸展，将右腿向后伸展，感觉自己正在飞行。

5.右侧肢体不要着地，将右手肘与右膝直接放在测试板上。

6.恢复伸展姿势。

7.恢复到初始姿势。

8.您是否听明白这些指令了？

（四）测试要点

1.若受试者无法完成同侧肢体动作，则指示受试者完成一个异侧模式，以便观察是否达到2分标准。

2.测试评分中的左、右依活动上肢左、右侧而定。

3.确保同侧肢体保持在板上方则评分为3分。

4.异侧膝关节和肘关节必须在板上方触碰才可评分为2分。

5.确保动作开始时脊柱平坦，髋、肩与躯干呈90°。

6.左右两侧的动作均须测试。

（五）评分标准（见图2-7）

1.3分

正确完成一次同侧动作；同侧肢体保持在板上方。

2.2分

正确完成一次异侧动作；异侧膝关节和肘关节于板上方触碰。

3.1分

无法完成异侧动作。

4.0分

测试过程中出现疼痛则受试者该项测试评分为0分。疼痛区域应当由专业医疗人员进行全面评估。

（六）排除性测试3：跪姿下腰伸展测试

跪姿下腰伸展测试用来检查脊柱的弯曲程度。观察受试者的疼痛反应，如受试者感到疼痛则记录为阳性（＋），同时将整个旋转稳定性测试评分记为0分，并执行更为全面的评估或推荐受试者前往医疗机构。

（七）排除性测试要点

四肢着地，将髋部向脚跟移动；胸部缓慢下沉尽量贴近大腿，双手尽可能向身体前方伸展；问询受试者是否感觉到疼痛。

（a）起始动作

（b）3分动作

（c）2分动作

（d）　1分动作

（e）　排除性测试动作

图2-7

十、功能动作筛查评分

（一）测试结果评分标准

测试前只需简单介绍测试动作，不必将评分细节告知受试者；如进行左、右分开测试，则该项测试最终评分计左、右侧得分最低一项分数；对于测试4、6和7的测试动作，该动作测试完毕后须进行排除性测试，如有疼痛，则该动作记为0分；当最终得分小于或等于13时，应建议受试者进行物理治疗或医学检查；对结果进行评价给出得分，再设计解决方案。

（二）优先等级问题排序

1.评分优先等级排序

根据下面列出的得分等级对FMS所测动作进行由低分到高分的排序。0分是最先考虑解决的问题，独立动作或双侧动作3分是最后要考虑解决的问题。优先解决问题得分排序按照最急需解决的问题至最不重要的顺序自上而下排序。

0分（疼痛）

得分不对称，得1分（如左1右3或右1左3）

得分不对称，得1分（如左1右2或右1左2）

独立动作，得1分

得分对称，得1分（深蹲、躯干稳定性俯卧撑）

得分不对称，得2分（如左2右3或右2左3）

独立动作，得2分

得分对称，得2分（深蹲、躯干稳定性俯卧撑）

得3分（独立动作及双侧动作）

2.动作优先等级排序

在得分等级的基础上运用动作等级对测试结果进行二次排序。在已有的优先等级排序基础上，按照动作难易度进行二次排序。由最先关注的动作功能障碍至最不重要的动作功能障碍排序如下：

主动直膝抬腿 — 肩部灵活性 — 躯干旋转稳定性 — 躯干稳定性（俯卧撑）— 跨栏架步 — 直线弓箭步 — 深蹲。

通过得分等级排序以及动作等级排序，可以得到个人FMS测试动作模式问题最终的等级清单（1~7）。然后根据优先等级选出最重要的三个问题，并设计相应的解决方案修正错误动作模式。

3.评分及评价分析原则

得0分的项应当首先评估并处理；灵活性居首 —— 直膝主动抬腿和肩部灵活性；基本动作其次 —— 躯干旋转稳定性和躯干稳定俯卧撑；不对称性必须优先；最后是功能重新塑造。

（三）功能动作筛查测试记录表

功能动作筛查测试记录表

姓名：＿＿＿＿＿＿＿出生年月：＿＿＿＿＿＿＿＿测试日期：＿＿＿＿＿＿

身高：＿＿＿＿＿体重：＿＿＿＿＿年龄：＿＿＿＿＿性别：＿＿＿＿＿

主要活动：＿＿＿＿＿＿＿＿＿主要目标：＿＿＿＿＿＿＿＿

惯用手/腿：＿＿＿＿＿＿＿＿先前测试评分：＿＿＿＿＿＿＿＿＿

运动项目：＿＿＿＿＿＿＿＿＿既往病史：＿＿＿＿＿＿＿＿

序号	测试项目	原始评分		最终评分	评述
测试1	深蹲				
测试2	跨栏架步 胫骨长　厘米	左			
		右			
测试3	直线弓箭步 胫骨长　厘米	左			
		右			
测试4	肩部灵活性 手掌长　厘米	左			
		右			
排除性测试1	肩部撞击测试	左	+/-		
		右	+/-		
测试5	主动直膝抬腿	左			
		右			

续表

序号	测试项目	原始评分	最终评分	评述
测试6	躯干稳定俯卧撑			
排除性测试2	伏地起身测试	+/–		
测试7	躯干旋转稳定性	左		
		右		
排除性测试3	跪姿下腰伸展测试	+/–		
总评分	七项主测试评分相加			

第二节　选择性功能动作测试与评价

一、选择性功能动作评估介绍

选择性功能动作评估（Selected Functional Movement Assessment，SFMA）是一个评估系统，它可帮助医务或康复从业人员在对受试者进行肌肉骨骼系统检查时，建立一个动作模式基准线，并进一步指导手法治疗及运动康复治疗。

SFMA可以帮助临床医生识别出每一个动作模式障碍，了解到不同受试者在完成相同动作时疼痛发生的地点和方式也不一样。例如，三个下腰痛受试者会表现出三种动作方式，每个人都根据自身的灵活性和稳定性问题展现了不同的动作能力。同样，三个全膝关节置换手术的病人在被要求完成单腿站立、体前屈、后展、旋转等动作时也会展现出三种不同的动作能力。所以，如果想制定出最佳的运动干预方式，使得肌肉骨骼系统的治疗能够产生最好的效果，只关注受试者的身体结构或医学诊断结果是远远不够的。

SFMA就提供了这样一个机会，同时也提供了一个"再评价"的机会。当治疗了身体具体部位的问题，处理了具体的损伤之后，可以马上看到这个"干预"是否只是改变了局部的动作能力，还是对身体完成整体动作模式也产生了积极的影响。临床医生在肌肉骨骼系统康复过程中可以采用这个新方法来了解受试者的具体动作能力。同时还提供了简便易用的一览表，方便检查并记录动作。

二、选择性功能动作评价的标准

与功能性动作筛查相比，选择性功能动作评估信息的分级和排序方式是完全不同的。前者按照筛查结果进行3、2、1、0分动作质量评分，而后者是根据疼痛和动作质量两个变量之间的相互作用方式来进行评估，每个SFMA评估记录一定是下面四个选项之一：

（1）FN —— 功能正常或正常动作模式，无痛。

（2）FP —— 功能正常或正常动作模式，疼痛。

（3）DP —— 功能不良或动作模式受限，疼痛。

（4）DN —— 功能不良或动作模式受限，无痛。

"功能正常（Functional）"一词说明任何动作不受限制或约束。然而，在一个动作被认为是"功能正常"之前，受试者必须在动作模式的末端范围，完成一个呼吸周期。如果呼吸吃力或呼吸造成受试者改变了动作模式，动作就应该被认为是功能不良。

"功能不良（Dysfunctional）"说明动作存在限制或束缚，表明在一个特定动作中缺乏灵活性、稳定性或对称性。如果排除性检查有所帮助，可使用诸如"显著，或最小程度地感觉自由"的限定词，在任何时候功能出现问题，都可把它视为功能不良。

"疼痛（Painful）"表示在一个选择性功能动作中产生或增加了一些主要症状，又或引起了一些次要症状。

在每次按照这种方式为一个功能动作分级时，可使用边注来说明被记录下来异常状态的原因和严重性。这种确认是检查过程的第一步，它使人们把注意力放在了适合于受试者需要的各种评价测试和措施上面。

在受试者强调疼痛时，临床医生则必须把注意力焦点放在各种线索和发现受试者一贯使用的各个动作模式上面，来帮助说明疼痛和功能不良的原因和行为。重要的是，需要理解并不是每个疼痛的动作模式都是功能不良的动作模式，也不是每个功能不良的动作都会引发疼痛。临床医生有责任识别这两种情况。

三、颈椎动作模式

（一）测试目的

第一个颈椎动作模式评估，下颌触胸，可评价颈椎屈曲能够达到的程度，还包括枕骨–寰椎联合的灵活性。

第二个颈椎动作模式评估，面部与天花板平行，可评价颈部脊柱伸展能够达到的程度。

第三个颈椎动作模式评估，下颌接触左侧和右侧锁骨中点，可评价颈椎转动和侧屈能够达到的程度。它是一种包括了侧屈和旋转的结合性动作模式。

（二）测试说明

执行第一个动作模式：起始动作要求受试者双脚并拢站直，脚尖指向前。然后要求受试者试图用下颌接触胸骨，在动作过程中保持躯干竖直。见图2-8（a）。

执行第二个动作模式：起始动作要求双脚并拢站直，脚尖朝前。然后要求受试者抬头向上看，尽量让面部与地面平行。见图2-8（b）。

执行第三个动作模式：起始动作要求双脚并拢站直，脚尖朝前。然后要求受试者向右转头到最大幅度，然后再向左转头到最大幅度。使鼻子（下巴中点）与锁骨中点呈一条直线。为了进一步确认，患者可以先转头到最大幅度然后低头，让下巴去碰触锁骨。注意肩胛骨不能上提或前伸。见图2-8（c）。

（a）

（b）

（c）

图2-8

（三）注意事项

1.从正面和侧面来观察动作。

2.测试时不得教授动作，需要的话可以重复动作要求。

3.在完成动作时不能张嘴。

4.是否出现疼痛。

5.能否做出动作。如果不能，进展至一个适宜的突破点。

（四）正常结果

1.在完成第一个模式时，受试者应该可以碰到胸骨且动作无痛。

2.在完成第二个模式时，受试者面部与水平面夹角应该小于10°。

3.在完成第三个模式时，正常的范围是鼻子能分别与双边锁骨中点呈一条垂直线且动作无痛。

4.在完成这三个动作模式时都应该没有用力过度和/或明显不对称或缺乏运动控制的情况出现。

四、上肢动作模式

（一）测试目的

上肢动作模式评价测试的是肩部的全部运动范围。

第一个动作模式评价肩部的内旋、伸展和内收能力。

第二个动作模式评价肩部的外旋、屈曲和外展能力。

（二）测试说明

执行第一个动作模式：起始动作要求双脚并拢站直，脚尖朝前。然后要求受试者右臂后伸屈肘，贴着后背向上尽量去碰触左侧肩胛骨下角。测试人员将一根手指放在受试者指尖碰到后背的这个点上，比较这个点的左臂测试结果。如果活动度不够，请注意受试者手指到肩胛骨之间的距离。见图2-9（a）。

执行第二个动作模式：起始动作要求双脚并拢站直，脚尖朝前。受试者右臂抬过头顶屈肘向后伸，让指尖尽量能够碰到左侧肩胛冈。测试人员将一根手指放在受试者指尖碰到背部的这个点上，比较这个点的左臂测试结果。如果活动度不够，请注意受试者手指到肩胛冈之间的距离。见图2-9（b）。

（a）

（b）

图2-9

（三）注意事项

1.从正面和侧面来观察动作。

2.测试时不得教授动作，需要的话可以重复动作要求。

3.是否出现疼痛。

4.能否做出动作。如果不能，进展到一个适宜的突破点。

（四）正常结果

1.在完成第一个模式时，应该可以碰到肩胛骨下角；正常用力，动作对称，运动控制正常。

2.在完成第二个模式时，应该可以碰到肩胛冈；正常用力，动作对称，运动控制正常。

五、多部位屈曲

（一）测试目的

多部位屈曲评价测试的是髋和脊柱正常的屈曲能力。

（二）测试说明

起始动作要求双脚并拢站直，脚尖朝前。然后要求受试者屈髋完成体前屈动作，手往脚尖方向伸，在不弯曲膝关节的前提下尽量碰到脚尖。见图2-10。

图2-10

（三）注意事项

1.从前面和侧面观察受试者动作。

2.测试时不得教授动作，需要的话可以重复动作要求。

3.在完成动作过程中脚的位置应该保持不变。

4.双膝应该保持伸直。

5.是否有疼痛。

6.动作能否按要求完成。如果不能，继续下一步的分解测试。

（四）正常结果

1.碰到脚尖。

2.重心后移。

3.脊柱呈一条平滑曲线。

4.骶骨角度大于70°。

5.没有用力过度和/或明显不对称或缺乏运动控制的情况出现。

六、多部位伸展

（一）测试目的

多部位伸展评价测试的是双肩、双髋和脊柱正常的伸展能力。

（二）测试说明

起始动作要求双脚并拢站直，脚尖朝前。然后要求受试者把双手举到头顶，双臂伸直，肘部和耳朵在一条直线上。要求受试者整个身体尽量向后伸展，在双臂后伸的同时髋向前顶。见图2-11。

图2-11

（三）注意事项

1. 从前面和侧面观察受试者动作。

2. 测试时不得教授动作，需要的话可以重复动作要求。

3. 在全部动作过程中，脚部姿势应该保持不变。

4. 肩胛冈向后应该越过双脚的脚跟，肩胛骨处于双脚的脚跟之后。

5. 在向后伸展时，手部的中线应该越过肩部，双肘保持伸展，并与双耳在一条直线上。

6. 骨盆停留在脚趾之前。

7. 是否出现疼痛。

8.能否做出动作。如果不能，进展到一个适宜的突破点。

（四）正常结果

1.上肢能够达到并保持屈曲170°。

2.髂前上棘向前超过脚尖。

3.肩胛冈向后超过脚跟。

4.脊柱呈一条平滑曲线。

5.没有用力过度和/或明显不对称或缺乏运动控制的情况出现。

七、多部位旋转

（一）测试目的

多部位旋转评价测试的是颈部、躯干、骨盆、双髋、双膝和双足的正常旋转能力。

（二）测试说明

起始动作要求双脚并拢站直，脚尖朝前，手臂在身体两侧微微伸展开，手掌与髋同高。然后要求受试者整个身体向右侧旋转，头尽量向后看，肩和髋也一同旋转，但脚不能移动位置。之后受试者回到起始位置，然后再向左边旋转。见图2–12。

图2–12

（三）注意事项

1.从后面和侧面观察受试者动作。

2.在全部动作过程中，脚部姿势应该保持不变。

3.身体的下四分之一部分，至少双向转动50°角。

4.身体胸部以上的部分，至少双向转动50°角。

（四）正常结果

1.骨盆旋转大于50°。

2.肩部旋转大于50°。

3.脊柱/骨盆没有侧倾。

4.膝关节没有过度屈曲。

5.没有用力过度和/或明显不对称或缺乏运动控制的情况出现。

（五）附加说明

由于左右两边同时进行测试，双脚并拢外旋的那一侧髋同时也在伸展，这可能会限制旋转。仔细观察身体的每一个部分，尤其是髋、躯干和头。一个部分过度灵活的原因可能是由于相邻关节活动受限。

八、单腿站立

（一）测试目的

单腿站立评估测试的是抬起一侧腿，用另外一侧腿单独支撑并保持稳定姿态的能力。

（二）测试说明

起始动作要求双脚并拢站直，脚尖朝前，双臂伸直放在身体两侧。让受试者抬起右腿，使屈髋和屈膝都达到90°。受试者需要保持这个姿势至少10秒，闭上眼睛再重复10秒。之后抬起左腿也完成同样的测试。见图2-13。

图 2-13

（三）注意事项

1. 从前面和侧面观察受试者动作。

2. 在全部动作过程中，脚部姿势应该保持不变。

3. 在由双腿变成单腿支撑时，观察高重心姿势或高度的丧失。

4. 观察双臂的摆动。

（四）正常结果

1. 睁眼保持稳定大于 10 秒。

2. 闭眼保持稳定大于 10 秒。

3. 抬腿时身体高度不降低。

4. 没有用力过度和/或明显不对称或缺乏运动控制的情况出现。

（五）附加说明

在测试之前先让受试者站直。如果受试者不能保持姿势，支撑脚移动了位置，另外一只脚碰到地面，或者晃动手臂，则宣告测试结束。这个动作需要良好的本体感受、肌肉稳定性和髋踝运动策略。受试者必须能够完成双侧睁眼 10 秒和双侧闭眼 10 秒的单腿站立动作，这个动作模式才能够被评为是 FN。

九、高举深蹲

（一）测试目的

高举深蹲评估测试的是髋、膝、踝的双侧对称灵活性。当结合双手高举过头时，这个测试还评估了肩部的双侧对称灵活性和胸椎的伸展能力。

（二）测试说明

起始动作要求双脚左右开立，脚的内侧应该与腋窝形成一条直线。双脚应在矢状面，脚尖不能向外旋。接着受试者把双臂伸到头顶，肩部前屈外展，肘部充分伸展。要求受试者慢慢下蹲，深蹲到最低点。下蹲过程中脚跟不能离开地面，头部和前胸朝前，手臂尽量举在头顶上。膝应该在脚上方的平行线内，没有膝外翻。见图2-14。

图2-14

（三）注意事项

1.从前面和侧面观察：

（1）双手间的距离在受试者深蹲时不应该增加。

（2）为了保证重复测试的准确性，受试者应该保持相对一致的两手间宽度。推荐两种测试策略：①受试者双手握住长杆，放置头顶，调整双手的距离，让双侧肘关节呈90°。然后把长杆举到头上，肩前屈并外展，肘关节充分伸展。②在起始动作时就让受试者屈肘90°（肩外展90°，外旋90°），然后要求受试者将双臂举过头顶，保持双手间的距离不变。

2.测试时不要指导教授动作，需要的话可以重复动作要求。

3.是否有疼痛。

（四）正常结果

1.上肢起始姿势能够保持。

2.胫骨和躯干平行或更加趋于挺直。

3.大腿低于水平面。

4.矢状面关节对线对位。

5.没有用力过度、重心移动或缺乏运动控制的问题出现。

SFMA 测试评分表

选择性功能筛查

姓名：　　　　测试日期：　　　　　　　　总得分：

1.颈部动作测试一

□疼痛

□下腭不能碰到锁骨

□过度用力，表情痛苦或身体失去控制

2.颈部动作测试二

□疼痛

□倾斜角小于10°

□过度用力，表情痛苦或身体失去控制

注：在做颈部后仰测试时，要观察受试者是否利用胸部代偿做功。

3.颈部动作测试三

□向左转疼痛　□向右转疼痛

□左　□右　　　　　　　　鼻尖没过锁骨中央

□左　□右　　　　　　　　过度用力，表情痛苦或身体失去控制

注：在做颈部旋转测试时，受试者不能利用肩部的转动带动颈部的转动，颈部转动到胸锁关节和肩锁关节的中间位置，即正常。

4.上肢动作测试一

□左侧疼痛　□右侧疼痛

□左　□右　　　　　　　　不能摸到肩胛内侧

□左　□右　　　　　　　　过度用力，表情痛苦或身体失去控制

注：该测试，受试者肩外旋手指能触摸到对侧肩胛骨下角的位置，即正常。

---

5. 上肢动作测试二

□左侧疼痛 □右侧疼痛

□左　□右　　　　　　　不能碰到肩胛冈

□左　□右　　　　　　　过度用力，表情痛苦或身体失去控制

注：该测试，受试者肩外旋手指能触摸到对侧肩胛骨上缘的位置，即正常。

6. 多部位屈曲

□疼痛

□无法碰到脚尖

□骶骨角度小于70°

□非正常的脊椎弯曲度

□失去重心

□过度用力，表情痛苦或身体失去控制

注：该测试，受试者需双脚并拢，手指摸到脚尖即可。

7. 多部位伸展

□疼痛

□无法达到或保持躯干170°

□髂前上棘没超过脚尖

□脊柱曲线不平滑

□左　□右　　　　　　　过度用力，表情痛苦或身体失去控制

8. 多部位旋转

□左侧疼痛 □右侧疼痛

□左　□右　　　　　　　旋转角度小于50°

□左　□右　　　　　　　肩转角度小于50°

□左　□右　　　　　　　脊柱侧弯

□左　□右　　　　　　　屈膝

□左　□右　　　　　　　过度用力，表情痛苦或身体失去控制

注：受试者双手自然放在体侧，先转动头部，再带动身体转动。在髋转动50°基础上，肩仍需转动50°，也可站在运动员身体的后方，受试者在转动时，以能否看到对侧的肩为评判标准。

9. 单腿站立

□左侧疼痛　□右侧疼痛

□左　□右　　　　　　　睁眼站立不到10秒

□左　□右　　　　　　　闭眼站立不到10秒

□左　□右　　　　　　　无法直立

□左　□右　　　　　　　过度用力，表情痛苦或身体失去控制

注：单腿支撑稳定性测试包括睁眼和闭眼两个测试，在进行闭眼测试时，先抬腿，再闭眼，容许受试者身体出现轻微的晃动。

10. 高举深蹲

□疼痛

□偏离起始站立位置

□躯干或手臂弯曲

□大腿角度高于水平面
□左　□右　　　　　　　身体向一侧偏移
□左　□右　　　　　　　过度用力，表情痛苦或身体失去控制
注：该测试，受试者在下蹲到最低处时要保持1秒钟再起。

第三节　平衡测试与评价

Y-balance最初是由"星形测试"演变过来的，经实验数据研究分析发现仅"Y"字这3个方向与运动损伤有关，另一个"倒Y字"器械则被证明与运动损伤无关。因此，逐渐将"星形测试"简化，形成了现在的Y-balance测试。

一、测试方法

（一）上肢测试

受试者呈俯卧撑姿势，双脚与肩同宽。一侧手置于Y-balance测试板上，手指并拢，拇指不超过红色标志线。开始时，受试者用另一只手按顺序依次分别推碰外侧方向、下侧和上外侧方向滑块的红色部分外沿至最远距离，并记录该距离，测试需进行三次，记录最高值，每次之间可以有间歇，一旦在测试中受试者碰触到红色区域以外的区域或者不能支撑则需重新测试，直到按要求完成。见图2-15。

图 2-15

（二）下肢测试

受试者单腿站立在测试板上，脚的拇指垂直正对红色标志线。开始时，另一侧腿按顺序依次向前、斜后侧和后中部方向触碰测试滑块红色部分外沿至最远距离，并记录该距离，测试需进行三次，记录最高值，每次之间可以有间歇，一旦在测试中受试者碰触到红色区域以外的区域或者另一侧脚落地则需重新测试，直到按要求完成。见图 2-16。

图2-16

二、评价标准

由于受试者年龄、身高、性别和所从事运动项目的不同，因而很多时候Y-balance测试的结果是与自身做对照，关注左右侧的差距和阶段训练前后的差距以及三个方向上的差距。

上肢的测试中，三个测试方向上，左右侧手测试结果差距不应该超过4厘米。

下肢的测试中，在向前侧方向伸出时，左右腿伸出距离对比，最大差不应超过4厘米。在向后中侧与后外侧方向伸出时，左右腿伸出距离的对比，最大差不应超过6厘米。

三、Y-balance测试注意事项

第一，可选择在测试前或者测试后测上下肢长度。测上肢长度时，从手臂抬起外展90°时测定第七颈椎棘突（颈部下方的骨性突起）到第三手指末端的距离。下肢长度起始位置为髂前上棘，终止位置为内侧踝下部。

第二，每个方向最多测试6次，分3种情况：运动员在测试时测试上

限次数为6次；运动员的前三次测试都有成绩，且第三次比第二次测试成绩有所降低，则可终止测试，以3次中的最好成绩计算；运动员在测试时出现4次测试失败，则结果直接计算成0。

第三，如果单腿站立，异侧腿进行移动推出测试板，则测试腿为站立腿；同时计算方向时则以站立腿为基准，如右腿、前侧、后内侧、后外侧。

【思考题】

1.功能性动作测试与评价可以发现哪些运动功能障碍？

2.选择性功能动作测试可以发现哪些运动功能障碍？

3.平衡测试可以发现哪些运动功能障碍？

4.如何从整体性和系统性来分析运动功能测试结果？

第三章　力量素质训练理论研究

[**本章导语**] 力量素质是运动项目的基础，是身体运动功能训练的重要内容和组成部分，其主要包括最大力量、爆发力、力量耐力等。力量素质是指人体神经肌肉系统在工作时克服或对抗阻力的能力。本章从最大力量训练研究、爆发力训练研究和力量耐力训练研究3个方面，系统地阐述了相关力量素质训练的基本原理和训练方法，使读者能够更加清晰地掌握相关力量素质训练原理和实操方法，便于读者日后组织实施相关力量素质的测试、训练和在此基础上开创新的测试、训练方法。

第一节　最大力量训练研究

一、最大力量的概念与影响因素

（一）最大力量的概念

最大力量是指人体肌肉在随意收缩中所能表现出来的最高力值。其力值只有在抵抗超过肌肉最大能力的阻力过程中才能准确地测到。最大力量可以通过增加训练负荷，在提高肌肉收缩能力的过程中培养。高于80%的训练负荷会增加肌肉的紧张度，并调动有力的快缩运动单元。因此，通过增加肌球蛋白丝的厚度，可以使肌肉中的蛋白质含量更高。由于运动单元按大小顺序调动，从慢缩开始，然后是快缩，因此需要大于80%的负荷才可以调动有力的快缩运动单元。

（二）最大力量的影响因素

影响运动员最大力量的因素有很多，除年龄和性别外，还包括"肌源性"因素和"神经源"因素。"肌源性"因素包括肌肉的生理横断面积、肌纤维类型、肌肉收缩时的初长度等，"神经源"因素包括中枢激活水平、中枢神经对肌肉的协调和控制能力、神经系统的兴奋状态等方面。在发展最大力量时最主要的影响因素在很大程度上取决于以下三个因素。

1.肌肉的直径或横截面积。更具体地说，这是指肌球蛋白丝的直径，包括它们的横桥。虽然肌肉尺寸增长在很大程度上取决于H阶段的持续时间，但肌球蛋白丝的直径特别依赖于MxS阶段的训练量和持续时间，这是因为MxS训练负责增加肌肉的蛋白质含量。

2.调动快缩肌纤维的能力。这种能力很大程度上取决于训练内容。使用最大负荷，加上大量的运用阻力的练习，这是充分调动有力的快缩运动原单元的唯一训练类型。

3.成功同步参与动作的所有肌肉的能力。这是随着时间的推移而发展的一个学习功能，以使用重负荷执行相同练习的多次重复为基础。大多数北美的健美运动员仅使用健美（即肥大）方法来增大肌肉，他们往往会忽视刺激快缩肌纤维调动的训练方法。这些方法可以建立高密度肌肉、紧实的肌肉、令人印象深刻的肌肉分离度和更明显的肌肉条纹。虽然北美的健美运动员确实增大了肌肉，但这种增大通常不是长期的：这种生长主要是由于肌肉内的体液位移，而不是肌肉纤维的增厚。

二、最大力量的训练方法

（一）最大力量训练的基本要求和原则

1.最大力量训练的基本要求

（1）注意不同肌肉力量的对应发展。

（2）选择有效的训练手段。

（3）处理好负荷与恢复的关系。

（4）注意激发练习的兴趣。

（5）注意儿童少年力量训练应注意的事项。

2.最大力量训练的主要原则

（1）大负荷原则。

（2）专门性原则和练习顺序原则。

（3）适时恢复与超量恢复原则。

（二）最大力量负荷的确定

1.基本训练方法负荷量度的确定

（1）负荷强度

负荷强度的确定，应有利于改善运动员肌肉收缩时内协调的能力，即提高神经系统的指挥能力；有利于增大运动员肌肉的体积。发展运动员最大力量的训练强度一般可控制在75%左右。在此要说明两点：

第一，力量训练必须有一个准备性的渐进过程，如对儿少训练，要先从40%左右的负荷强度开始，然后再逐渐加大负荷强度。

第二，每周应穿插一些更大强度，如90%~95%负荷强度的训练。

（2）负荷数量（次数与组数）

练习的重复次数与负荷的强度有很大关系，通常以50%的负荷强度做20次为宜，每减少5%的强度，重复次数可增加两次；每增加5%的强度，重复次数则要减少两次。

用25%的负荷强度训练时，开始可连续重复做8次，随着力量的增长，练习可达到的重复次数也必定能增加，当增加到12次后，即应及时提高负荷的强度。

（3）组间间歇时间

间歇时间的长短取决于练习的持续时间和负荷强度的大小，持续时间越长，负荷强度越大，间歇时间就应越长。此外，间歇时间的长短与参与工作的肌肉数量有关，局部肌肉参与工作，间歇时间可短些，参与工作的肌肉越多，间歇时间也应越长。

2.其他方法负荷量度的确定

（1）大强度法

按大强度法训练时，要求逐渐达到用力的极限，以后继续用中上强度训练，直到对这种刺激产生劣性的反应时止。

负荷强度：85%以上。

负荷数量：每组一般做1~3次，安排6~10组。

组间间歇时间：由于训练强度大，每组练习后体能消耗得比较多，所以休息时间可长一些（3分钟左右）。

（2）极限强度法

极限强度法的突出特点是使负荷强度达到极限值。保加利亚教练员伊万·阿巴杰耶夫在20世纪80年代创造并运用了这种训练方法，使保加利亚一跃成为世界举重强国。

负荷强度：先采用接近本人的最大强度进行练习，然后递增。这种方法又称为"阶梯式"的训练方法。以抓举为例，暂定第一阶段训练强度为100公斤，经过一个阶段训练之后，当人体对此强度已经适应，并能用该强度连续举起两次时，便可增加重量，如增加到102.5公斤，便开始了第二阶段的训练，这样一个"阶梯"一个"阶梯"地增加强度，从而不断提高人体对高强度负荷的适应能力，使力量素质得到发展。

负荷数量：由于负荷强度是极限的，所以练习的重复次数和练习组数均很少。

组间间歇时间：组间间歇时间相对要长一些。

运用此方法时应注意把握好负荷强度增加的幅度和适应的时间；此方法只用于高水平的运动员训练，切不可用于少儿运动员的训练；要十分注意对运动员腰部的保护，防止发生外伤事故。

（3）极限次数法

极限次数法是以某一个强度达到极限练习次数的训练方法。

极限次数法的训练强度不大，但要求每组的重复次数要达到极限次数，直到不能再做为止。

这种方法对促进肌肉肥大、增加肌肉横断面面积效果显著，对运动系统和心血管系统有较大影响。

（4）静力练习法

静力练习法对提高人体的最大力量有较好的作用。

负荷强度：用静力练习法发展最大力量，负荷强度可略大一些。

练习的持续时间：与负荷强度有关，负荷强度为40%~50%时，持续时间可为15~20秒；负荷强度为60%~70%时，持续时间可为6~10秒；负荷强度为80%~90%时，持续时间可为4~6秒；负荷强度为95%以上时，持续时间可为2~3秒。

练习组数：不宜太多。

组间间歇时间：相对长一些，以利于机体恢复。

运用静力练习法应注意：持续时间要适当，不可过短或过长；如果使用不当，会导致肌肉协调功能下降，并对技术训练造成不利的影响。注意将静力与动力练习结合起来训练；注意练习后的放松练习；在练习前提醒练习者做深呼吸，用力不可过猛，否则会出现一些生理性反应。

（5）变换训练法

变换训练法的负荷强度、练习重复次数与组数，以及组间的间歇时间等因素都可变化，如金字塔式训练法：85%×5次+95%×3次+100%×1次的安排等。

（三）最大力量训练的方法

发展最大力量的常用方法主要包括以下三种。

1.重复练习法。负荷强度为75%～90%。训练中完成6～8组，每次重复3～6次，组间间歇3分钟。

2.阶梯式极限用力法，亦称金字塔力量训练法。

3.静力练习法。通过大强度的静力性练习来发展最大力量。负荷强度为90%以上，每次持续时间为3～6秒，练习4次，每次间歇3～4分钟。

三、最大力量的测试方法

运动员最大力量既可在完成比赛动作的过程中测定，亦可在完成与比赛动作接近的动作中测定；既可在静态条件下测定，亦可在动态条件下测定。肌肉的动态评定和静态评定都有不足之处。用完成最大负重量的动力性练习评定运动员最大力量的不足之处在于，随着肌肉工作时关节弯曲角度的变化，肌肉工作的力量也处于不停的变化之中，因此，评定的结果并不十分准确。而采用静力状态的手段评定运动员的最大力量，对周期性运动项目意义不大，肌肉在静力状态下测出的最大力量即使很高，也不意味着运动员比赛时肌肉在动力状态下也具有相当高的水平，况且用静力练习只能评定在某一静止姿势的力量，并不能代表整个动作过程的力量。评定运动员最大力量较为理想的方法是，测定肌肉等动作练习时的最大力量值。这种方法的优点在于，当器械以各种不同速度运动时都可以表现出最大力量。

评定运动员最大力量时要注意：根据专项特点制定不同的评定标准；测定工作肌群的最大力量时，还要重视对对抗肌群最大力量的评定；在评定伸肌最大力量时，还要重视对屈肌最大力量的评定；既要重视对局部主要运动环节的最大力量的评定，又要重视对整体最大用力效果的评定，后者对运动成绩有更大的影响。

对少年及一般运动员力量的评定可采用握力、背肌力、屈臂悬垂、引体向上、双杠臂屈伸及俯卧撑等指标。

以下介绍几种最大力量的测试方法。

（一）1RM仰卧推举

1. 设备

杠铃、杠片和两个安全扣环；承受足够重量的举重设备，能测出最强壮运动员的最大肌力；不同重量的杠片，使设定的重量差距可到最小为五磅（2.5千克）；一个有杠铃架的坚固长凳（最好能够调整高度）。

2. 人员

一位护杠者，一位记录者。

3. 测验步骤

第一步，指挥测试者使用适当的技巧在长凳上仰卧推举。

第二步，护杠者站在长凳的一端，当运动员在测验中尝试举起失败时，护杠者将拉起杠铃并协助将杠铃放回杠铃架上。

第三步，在进行最大肌力测验时，运动员首先利用较轻的重量，完成5~10次反复作为热身活动。

第四步，通常在进行第一次最大反复尝试前，最少应进行两组重量较重的热身组数，每组完成2~5次的反复。

第五步，在进行完热身后，3~5次试举就测得最大肌力为最佳，否则疲劳的因素会影响测验的结果。

（二）1RM俯卧上拉

1.设备

杠铃、杠片和两个安全扣环；承受足够重量的举重设备，能测出最强壮运动员的最大肌力；不同重量的杠片，使设定的重量差距可到最小为五磅（2.5千克）；一个坚固的长凳。

2.人员

一位护杠者，一位记录者。

3.测验步骤

第一步，指挥测试者使用适当的技巧练习俯卧上拉。

第二步，测试者与肩同宽将手掌朝内反握杠铃。

第三步，长凳的高度设定在当手拉杠铃离开地面时，测试者可以舒适地握住。

第四步，在每一次测验中，当测试者开始拉起时手的位置与握法必须一致。

第五步，随着手肘向上，杠铃朝向下胸或上腹部拉起。

第六步，在整个测验过程中头部的位置靠近边朝下，但是必须一直靠在长凳上。

第七步，一个有效的测量是杠铃碰触到长凳下方且杠铃在受到手控制的状态下，下降时手肘完全伸展并且不碰到地面。

　　第八步，在整个测验过程中双脚应保持离开地面并维持相同的姿势。姿势可参照图3-1。

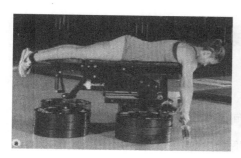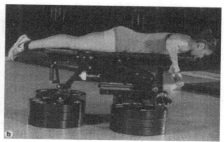

图3-1

（三）1RM背蹲举

1.设备

　　杠铃、杠片和两个安全扣环；承受足够重量的举重设备，能测出最强壮运动员的最大肌力；不同重量的杠片，使设定的重量差距可到最小为五磅（2.5千克）；一个能调整护杠的坚固的蹲举架，能够在测试者尝试蹲举失败时，适时支撑重量（另一个方式是在杠铃的每一端都有一位护杠者）；平坦且坚硬的平台。

2.人员

　　两位护杠者，一位记录者。

3.测验步骤

　　第一步，指挥测试者使用适当的蹲举技巧。

　　第二步，热身组数和1RM仰卧推举类似。但蹲举所举起的重量一般会比1RM仰卧推举重，所以增加的负荷量将比1RM仰卧推举大。

第二节　爆发力训练研究

一、爆发力的概念与影响因素

（一）爆发力的概念

爆发力是神经肌肉系统在最短时间内产生最大肌力的能力。这可以由力乘以速度的简单等式来表示。爆发力适应建立在稳定性和力量适应的基础之上，以日常生活和体育运动中可以看见的现实的力和速度来运用。爆发力-抗阻训练的重点是让神经肌肉系统尽可能快地产生力（力的产生速率）。

力或速度的增加都会让爆发力增大。爆发力训练可以采用增加重量（力）的方法来实现（如力量适应中所见），或者通过增加重量移动的速率（速度）来实现。

（二）爆发力的影响因素

在发展爆发力的各因素中，最大力量起主导作用，最大力量的增长有利于爆发力的发展，二者之间相辅相成，相互促进，力量是速度的基础，速度的进一步提高须通过力量因素的改变来实现。因此，我们必须安排一些大负荷的力量训练，使中枢神经系统发放的冲动强度更大、频率更高，激活尽可能多的运动单位进行同步活动，主要有以下几个影响因素。

1.肌肉的生理横断面积

肌肉生理横断面积是肌肉所有肌纤维横断面积的总和，增大肌肉的生理横断面积主要依靠增加肌纤维直径，速度训练可使慢肌和快肌纤维面积都增加，但快肌纤维增加得更多，耐力训练可使慢肌纤维出现选择性肥大。在其他条件相同的情况下，肌肉生理横断面愈大，包含的肌纤维也愈多，它所产生的张力也愈大。这是由于大强度训练可以增加氨基酸向肌纤维内部的转运，使肌组织中收缩蛋白质的合成增加，为力量素质的发展提供了物质基础。如果要提高爆发力，应该进行大强度训练发展力量，只有这样运动员才能获得预期的训练效果。

2.运动单位的类型组成

生理特征上不同类型的肌纤维在肌肉收缩速度上存在差异，有关肌纤维类型百分比构成与收缩速度关系的研究发现，肌肉中快肌纤维百分比较高者，其收缩速度也较快。不同类型肌纤维由大小不同的a运动神经元所支配，大a运动神经元支配n型肌纤维，神经冲动传导速度快，小a运动神经元支配工型肌纤维，神经冲动传导速度较慢。相对来说n型肌纤维含量多者，神经冲动传导速度快，肌纤维收缩力量大。

3.运动单位的募集顺序和动员能力

按照运动单位募集的"大小原则"，运动单位的激活顺序是固定的，低强度运动首先募集I型纤维（慢型），随着运动强度的增加，开始被动用a型纤维（快型），到最大强度运动时，才动用nb型纤维（快型），并成为主要活动纤维，由于快肌纤维的兴奋点高，只有在大强度的刺激时才进入工作，因此，不同类型肌纤维在不同强度和持续时间的运动过程中被募集的特点告诉我们，训练内容必须由大强度练习组成，训练负重在最大负荷的60%~80%，才能够保证快肌纤维充分活动。训练水平低的运动员只能动员60%的肌纤维参加工作，而训练水平高者，参加工作的肌纤维可达90%以上，所以，通过科学的训练，能使参加收缩的运动单位增多，运动单位动员能力明显加强。

4.运动单位发放的强度和频率

人体最大限度激活运动单位的能力和产生强有力收缩的能力，不仅取决于运动单位的募集数量，而且还取决于受中枢神经系统控制的运动单位的发放强度大小和频率高低。如用自己能力的20%从事肌肉活动时，力量的增加主要是依靠动员更多的运动单位参加工作；如果是用自己最大力量的80%以上工作时，力量的增加则主要是依靠神经中枢系统对运动神经发放冲动的强度和频率，在爆发力训练中，大负荷训练优于中等负荷训练，这主要取决于中枢神经系统向运动单位发放冲动的频率和强度，虽然大负荷训练使动作速度相应变慢，但能动员更多的运动单位参与活动，使肌肉产生的力量更大，训练效果优于中等负荷。因此，运动单位发放的强度大小和频率的高低对肌肉收缩能力也是至关重要的。

5.肌肉之间的协调性能力和控制神经类型的灵活性

肌肉之间的协调性是指在一定的动作过程中，有顺序地发挥所参与的肌肉力量。爆发力训练时，由于神经过程在空间和时间上的集中，可同时在相同负荷条件下提高肌肉内部的协调性，改善主动肌与协同肌、对抗肌间的相互协调关系，使对抗肌协调放松，减少收缩的内部阻力，增加收缩力量。

二、爆发力的训练方法

（一）爆发力训练的基本要求和原则

1.爆发力训练的基本要求

（1）注意不同肌肉力量的对应发展。

（2）选择有效的训练手段。

（3）处理好负荷与恢复的关系。

（4）注意激发练习的兴趣。

（5）注意儿童少年力量训练应注意的事项。

2.爆发力训练的主要原则

（1）适宜负荷与及时提高原则。

（2）周期性安排与阶段性调整原则。

（3）全面发展与专项要求原则。

（4）适时恢复与超量恢复原则。

（二）爆发力负荷的确定

爆发力训练中的负荷强度、负荷量和训练组数都介于最大力量训练和快速力量训练之间。为了提高爆发时的力量，负荷强度常采用自身最大负荷强度的30%进行练习，也可以采用自身体重的30%为负重进行练习。有的运动项目（如舞蹈、跳水）则要求采用零负荷强度的练习，即负荷强度仅需要克服自身体重。

负荷量和训练组数也要以恒定的负荷强度为基础来划定，这样才能保证爆发力的实际训练价值。同时负荷量和训练组数要有明确的规定，才能使整个训练过程机体的中枢神经系统都处在兴奋状态。一般爆发力训练课中，常安排的负荷数量是25次/组，同时练习组数在3组左右，具体根据运动员的实际情况确定。同时，运动员的训练积极性也要处在较高状态，因此运动员每组训练都要有充足的间歇时间，以保证运动员工作能力得以完全恢复不存在疲劳。一般安排2～5分钟的间歇时间，间歇时可以安排一些放松练习以加速机体机能的恢复。

（三）爆发力训练的方法

通过对力量素质发挥影响因素的分析，增加爆发力的主要途径包括提高最大力量（与最大力量提高的途径基本相同）、提高力量做功的速度（与快速力量提高的途径基本相同）。因此从增加爆发力的主要途径出发来发展爆发力时，其常用方法有以下几类。

1.零负重训练法

零负重训练法是指在训练中只要求运动员克服运动项目所需的负荷强度，在恒定的负荷强度下反复练习提高爆发力的训练方法。其优点是可以使运动员熟悉技术动作实际运用时的负荷强度，便于运动员的肌肉在工作时可以协调性地发挥。

具体要求如下：训练时的负荷强度和运动项目实际所需负荷相等，即零负重，训练数量为3次/组，练习组数为3组左右，每次间歇时间为3分钟左右，视运动员的实际情况而定。

2.减负荷练习法

减负荷练习法是指减轻外界阻力或给以助力来完成练习的方法。它便于运动员先习惯肌肉快速工作时的速度，在适应后再逐渐达到理想的快速力量。

具体要求如下：训练时的负荷强度小于运动项目实际需要负荷的强度，为运动项目需要负荷强度的50%~80%，训练数量为3次/组，练习组数为3组左右，每次间歇时间为3分钟左右，视运动员的实际情况而定。

3.先加后减负荷练习法

先加后减负荷练习法是指先在训练中给予运动员超过运动项目所需的负荷强度，在机体适应这种强度以后再减少负荷到运动项目实际所需的负荷强度。它可帮助运动员在实际负荷下训练产生减负荷训练的效果，以此来提高运动员完成技术动作的速度，提高快速力量素质。

具体要求如下：加负荷阶段的负荷强度是高于运动项目实际所需负荷30%左右的强度，即负重强度是自身体重的30%，训练数量为3次/组，练习组数为3组左右，每次间歇时间为5分钟左右，视运动员的实际情况而定。减负荷阶段的负荷强度和运动项目实际所需负荷相等，即零负重，训练数量为3次/组，练习组数为3组左右，每次间歇时间为3分钟左右，视运动员的实际情况而定。

4.超等长练习法（又称快速伸缩复合训练）

超等长练习法是指先使肌肉做被动拉长，然后再主动做功收缩，利用肌肉的牵张反射和弹性原理来增加肌肉收缩做功，从而提高肌肉爆发力的练习方法。超等长收缩的独特优点是利用了肌肉的生理机制来从科学的角度提高肌肉工作时的兴奋性、募集度，利用了粗储存的弹性势能来提高爆发力，同时它的动作更接近于人体的运动形式与技术动作构成，因此在爆发力的训练中采用超等长练习法能得到很好的训练效果。

具体要求如下：超等长训练的实际负荷强度是很大的，一般为自身体重的90%左右，训练数量为8次/组，练习组数为3组左右，每次间歇时间在5分钟左右，视运动员的实际情况而定。

三、爆发力的测试方法

（一）立定跳远

1. 器材

一块至少6米长的测试区域，可以选择室内地板、人造草坪、草地或田径场；一条至少3米长的测量尺；胶带或标记胶带。

可以选择：提前标好尺度的跳远垫子，最小刻度为1厘米。

2. 人员

一名距离测量者和一名记录员。

3. 测试过程

（1）将0.6~0.9米长的胶带粘在地板上作为起始线。

（2）运动员呈预备姿势时，脚尖在起始线的后方。

（3）运动员完成快速的预蹲并尽可能地向前跳跃。

（4）运动员必须双脚着地才能得分，否则要重新测试。

（5）测量从起始线到运动员脚跟位置的距离。

（6）一共测试3次，记录最好成绩，精确到厘米。

（二）垂直跳跃

1.器材

一面光滑的墙，且天花板的高度超过受试者的最大跳跃高度；平整且有良好摩擦力的地面；不同于墙面颜色的粉笔；测量卷尺或测量杆。

可以选择：商用的垂直跳跃测量装置。

2.人员

一名测试者或记录者。

3.测试过程（使用墙面和粉笔）

（1）测试员将粉笔擦在运动员优势侧的指尖上。

（2）运动员采用站立的准备姿势，优势侧的肩部离墙面约15厘米，两脚平放在地板上，尽可能将优势侧的手臂伸直，用手指先在墙上做一个记号。

（3）运动员放下手臂，在没有多余准备动作的情况下，快速地屈膝屈髋，躯干向前、向下移动，同时双臂向下、向后摆动，见图3-2（a）。在垂直跳跃的过程中，优势侧的手臂向上移动，而非优势侧的手臂相对身体向下移动。

（4）在跳起的最高点，运动员利用优势侧的手指在墙上做第2个记号。两个粉笔记号之间的距离为垂直跳跃的得分。

（5）共进行3次测试，取最好成绩并记录，精确到厘米。

4.测试过程（使用商用Vertec装置）

（1）调整装置中可移动的彩色塑料滑片的高度，使其处于运动员站立时能够触及的范围。运动员站立时，用优势侧的手指向前推动滑片，以达到所能触及的最高高度，以此为起始高度。

（2）将滑片升起一段距离（在滑片的柱子上做上标记），这样运动员就不会跳得比滑片更高或更低。这需要粗略估计运动员能够跳起的高度，如果有必要，可以在第2次测试时修改高度。

（3）在没有多余准备动作的情况下，运动员快速地屈膝屈髋，躯干向前、向下移动同时手臂随着身体向下、向后摆动，见图3-2（a）。在垂直跳跃的过程中，优势侧的手臂向上移动，而非优势侧的手臂相对身体向下移动。

（4）在跳起的最高点，运动员尽可能地用优势侧的手指碰到更高的滑片，见图3-2（b）。最后的得分为在站立时触摸的最高处的滑片与跳起达到最高点时所能触摸的滑片之间的距离。

（5）共进行3次测试，取最好成绩并记录，精确到厘米（相临滑片之间的距离）。

图3-2（a）　垂直跳跃的起始姿势　　　图3-2（b）　垂直跳跃的最大高度

（三）静态垂直跳跃

除了取消预蹲（反向运动），静态垂直跳跃的测试过程与垂直跳跃测试基本相同，具体如下（使用电子感应垫装置）：

（1）运动员站在垫子（或踏板）上开始（备注：垂直跳跃同样可以使用电子感应垫装置）。

（2）运动员屈膝屈髋下蹲（膝盖屈曲约110°），保持这个姿势2~3秒，然后垂直起跳（见图3-3）。

（3）从测量装置获得跳跃高度。

（4）每次测试的起跳、落地及跳跃方式都应保持一致。

（5）共进行3次测试，取最佳成绩并记录。

有预蹲（反向运动）的垂直跳跃和静态垂直跳跃的比值为离心利用率。

（a）起始姿势　　　　　　（b）静态垂直跳跃的最大高度

图3-3

（四）反应力量指数测试

1.器材

不同高度的跳箱，如20厘米、30厘米和40厘米；可以测量接触时间的电子感应装置，如电子跳垫或接触垫（接触垫可以通过离地时间计算跳跃高度）。

2.人员

一名测试者或记录者。

3.测试过程

（1）运动员站在跳箱上，接触垫放置于跳箱前至少0.2米处。

（2）指导运动员将双手放置于髋部，然后单脚迈下箱子，不要主动向下或向上跳，接触垫子后立刻尽可能高地跳起，同时尽可能地减少触地时间（见图3-4）。

（3）每次测试的起跳、落地及跳跃方式都应保持一致。

（4）从测量装置获得跳跃高度和触地时间。

（5）取3次跳跃的最佳成绩并记录。

（6）通过跳跃高度除以触地时间获得反应力量指数。

（7）通过不同高度的跳箱重复测试以获得运动员的收缩反应范围。

（a）起始姿势　　　　（b）接触电子感应垫　　　（c）下落起跳测试的最大高度

图3-4

（五）马格利亚-卡拉门测试

1.器材

9级或更多级的阶梯，一级台阶约18厘米高，直而平坦的准备区约6米或更长（图3-5）；测量卷尺或测量杆；一个有开始和停止开关的电子计时装置；体重秤。

2.人员

一名测试者或记录者。

3.测试过程

（1）用直尺或卷尺测量一级台阶的高度，计算出从第3阶到第9阶的高度（6×台阶的高度）。

（2）将计时的开始开关安装在第3阶上，结束开关安装在第9阶上。

（3）运动员测试之前要称重，进行准备活动并练习一次登上3级台阶。

（4）准备好之后，运动员站在离底层台阶约6米的距离处，每步3级台阶并尽可能快地登上第9阶。

（5）利用计时系统记录从第3阶到第9阶所用的时间，精确到0.01秒。

（6）计算出功率P=（w×h）/t。其中功率的单位为瓦（W）；w为运动员受到的重力（lb×4.45或kg×9.807）；h为第3阶到第9阶的高度，单位为米（m）；t为时间，单位为秒（s）。

（7）重复两次测试，测试间隔2~3分钟。

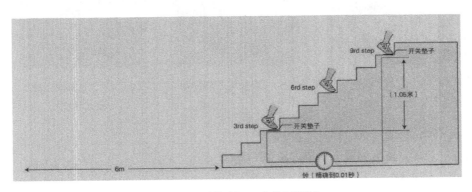

图3-5　马格利亚-卡拉门测试

第三节　力量耐力训练研究

一、力量耐力的概念与影响因素

（一）力量耐力的概念

力量耐力是指运动员在静力性工作中长时间保持相应强度的肌肉紧张，或在动力性工作中多次完成相应强度的肌肉收缩的能力。前者称为静力性力量耐力，后者称为动力性力量耐力。动力性力量耐力又包括最大力量耐力（重复表现最大力量的能力）、快速力量耐力（重复快速表现大力量的能力）以及长时间力量耐力（多次重复表现一定力量的能力）。

运动员的力量耐力兼有力量与耐力的双重特点，既要求肌肉具有较大的力量，又要求肌肉能够长时间地坚持工作。可见，力量耐力的决定因素也表现出双重的特点。当持续工作的时间较短时，如200米、400米跑，对运动员力量的大小有较高的要求；而随着持续工作时间的加长，如5000米、10000米跑，对运动员长时间发挥一定力量的能力的要求则会明显提高。当然，也就要求运动员具有较高的有氧代谢能力和能坚持长时间工作的经济实效的运动技术了。

（二）力量耐力的影响因素

影响运动员力量耐力的因素是多方面的，除年龄和性别外，还包括"肌源性"因素和"神经源"因素。"肌源性"因素包括肌肉的生理横断面积、肌纤维类型、肌肉收缩时的初长度等；"神经源"因素包括中枢激活水平、中枢神经对肌肉的协调和控制能力、神经系统的兴奋状态等方面。在发展力量耐力时最主要的影响因素在很大程度上取决于以下两个因素。

1.肌纤维类型

肌纤维类型直接影响肌肉力量。对于同样的肌纤维数量，快肌纤维的收缩能力明显大于慢肌纤维，因为快肌纤维内含有更多的肌原纤维，无氧供能酶活性高，供能速率快，单位时间内可完成更多的机械功，也正因此，慢肌纤维百分比高的人，肌肉耐力更强。

2.中枢神经系统的兴奋状态

中枢神经系统的兴奋性是发挥高水平的中枢激活作用以及良好的中枢神经对肌肉活动的协调和控制能力的基础，对提高最大肌力有重要的作用。中枢兴奋性通过参与兴奋的神经元数量以及兴奋神经元发出神经冲动的频率来体现，兴奋性高，则参与兴奋的神经元多，所发出的动作电位频率高，可使更多的兴奋性较低的运动单位也参与到兴奋收缩中来，从而使肌力增大。

研究表明，当肌肉克服相当于最大肌力的20%~80%的阻力负荷时，肌肉力量的增加主要靠神经系统不断募集动员更多的运动单位来完成。当阻力负荷超过最大肌力的80%时，肌肉力量的增加主要靠提高神经中枢发放冲动的频率和有关肌肉中枢同步兴奋程度来实现。克服最大负荷甚至超过最大负荷的训练有助于提高中枢神经系统的兴奋性，从而有效地提高肌肉最大肌力。如举重这类项目就对运动员中枢神经系统的同步兴奋性和反射协调能力提出了很高的要求，由于受体重所限，运动员要以最小的肌肉重量获得最大的肌肉力量，此时运动神经中枢的同步兴奋性将起重要的作用。

二、力量耐力的训练方法

（一）力量耐力训练的基本要求和原则

1.力量耐力训练的基本要求

（1）注意不同肌肉力量的对应发展。

（2）选择有效的训练手段。

（3）处理好负荷与恢复的关系。

（4）注意激发练习的兴趣。

（5）注意儿童少年力量训练应注意的事项。

2. 力量耐力训练的主要原则

（1）保持经常性原则。

（2）专门性原则和练习顺序原则。

（3）适时恢复与超量恢复原则。

（二）力量耐力负荷的确定

1. 负荷强度

发展肌肉的力量耐力，一般采用25%~40%的负荷强度。

2. 负荷数量

发展肌肉耐力练习的重复次数最为重要，一般要求多次重复，甚至达到极限。具体次数因负荷强度不同而异。

重复组数视运动员而定，一般组数不宜太多，避免用组数去弥补练习重复次数的不足。

3. 间歇时间

组间间歇时间可以从30秒到90秒或更多，这取决于练习的持续时间和参加工作肌肉的多少。假如练习时间较短（如20~60秒），并且完成几组练习之后，需要达到疲劳积累的目的，那就应在工作能力尚未完全恢复时，即进行下一组训练。若用心率控制间歇时间，可在心率恢复到110~120次/分时，进行下一组练习。假如练习持续时间比较长（2~10分钟），间歇时间亦可加长，在机体基本恢复后进行下一组练习。

（三）力量耐力训练的方法

发展力量耐力一般采用循环训练法。发展力量耐力可将几个训练手段编组循环进行。如：手握轻杠铃片（哑铃）做双臂前后绕环，摆臂＋肋木举腿＋连续跳绳＋手扶肋木腰弓起＋连续快速摆髋＋快速轻杠铃卧推＋连续快速半蹲起＋向前跨步跳。这样做可使上下肢、前后肌群和大小肌群的用力搭配在一起，一次课做3～5组，组与组之间可以慢跑作为间歇。

三、力量耐力的测试方法

（一）局部卷腹

局部卷腹可用来测量腹部肌肉的肌耐力，它较仰卧起坐更受欢迎，因为它不需要使用腹部曲肌的肌肉。

1.设备

节拍器、直尺、腰带、地垫。

2.人员

一名记录员。

3.测试步骤

（1）测试者以仰卧屈膝90°的姿势躺在地垫上。手臂置于身体两侧的地垫上，在指尖碰触到的位置用10厘米长的腰带垂直于指尖做记号。在距离第一道记号的平行位置，分别依照运动员的年纪（年龄低于45周岁距离12厘米，年龄大于45周岁距离为8厘米）设置第二道记号。见图3-6。

（2）将节拍器设置为每分钟40次，并以节拍器计时（每分钟20次卷腹），让受试者缓慢地卷腹到肩膀离开地垫（躯干与地面约成30°角）。在每一次卷腹前上背必须先碰到地面。受试者应避免屈曲脖子让下巴靠近胸部。

（3）受试者可快速进行卷腹而不停止，最快可以到每分钟75次。

图 3-6

（二）伏地挺身

1.设备

一个直径10厘米的滚筒。

2.人员

一名测试者或记录者/技术裁判。

3.测试步骤

（1）依照军队和美国国家运动医学会的标准，男性的伏地挺身标准起始位置都是双手与肩膀同宽且手肘与身体打直，见图3-7（a）。军队标准中女性的标准与男性相同；而依照美国国家运动医学会的标准，女性起始的姿势除了改为膝盖而非双脚着地外其他都类似，膝盖屈曲约90°角且脚踝交叉，见图3-8（a）。

（2）依照军队的标准，伏地挺身需要向下至上手臂与地面平行，见图3-7（b）。依照美国国家运动医学会的标准，男性须下降至胸口与记录者垂直于地面的拳头接触。但对于女性下降的位置则没有标准可依据，但是有建议认为女性可以让躯干位置与地面上的滚筒接触而不要用拳头，见图3-8（b）。不论是哪个标准，如没有下降到规定的位置则不计算次数。

（3）依照军队的标准，在2分钟内完成的次数越多越好，受试者只可能在上升的姿势暂停。依照美国国家医学会的标准，尽可能完成更多的次数直到衰竭为止。

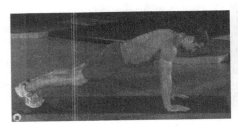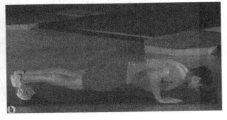

（a）起始位置　　　　　　　　　　　　（b）结束位置

图3-7　军队标准的伏地挺身

（a）起始位置　　　　　　　　　　　　（b）结束位置

图3-8　美国国家运动医学会伏地挺身的女性标准

（三）YMCA仰卧推举测验

1.设备

可以组成总重量36千克或16千克（包含安全扣环）的杠铃、杠片、两个安全扣环；平坦的仰卧推举长凳（最好有上方支撑架可以支撑杠铃）；

节拍器。

2.人员

一名护杠者、一名记录者。

3.测试步骤

（1）指挥受试者使用适当的技巧在长凳上练习仰卧推举。

（2）让护杠者站在长凳的一端，当受试者在测验中尝试举起失败时，护杠者拉起杠铃并协助将杠铃放回杠铃架上。

（3）男性的重量设定在36千克；女性的重量设定在16千克。

（4）设定节拍器的频率在每分钟60下，每分钟可以进行30次反复的动作（一下向上，一下向下）。

（5）受试者双手与肩同宽握杠，将杠铃推离杠铃架并伸直手肘。随后以节拍器计时，重复地将杠铃向下至胸口又向上至手肘伸直，直到受试者的动作无法跟上节拍器为止。运动过程应平顺且控制杠铃在到达最高点和最低点时刚好是节拍器的一下。

【思考题】

1.什么是力量素质？力量素质包括哪几个方面？谈一谈你对力量素质的理解。

2.最大力量的影响因素有哪些方面？

3.爆发力训练的方法有哪些？

4.什么是力量耐力？力量耐力的测试方法有哪些？

5.结合专项设计一个爆发力训练的方案。

第四章 速度素质训练研究

[**本章导语**] 速度素质是指人体（或身体某个部位）在最短时间里完成动作的综合能力，其包括完成动作的能力以及完成动作的反应时间。其有四种表现形式：反应速度、动作速度、移动速度以及速度耐力。速度素质的四种表现形式之间既有联系又有区别，从生理学机制角度上来看，反应速度、动作速度主要表现为神经控制方面，移动速度与速度耐力表现为肌肉活动方面。

第一节 反应速度研究

一、反应速度的概念及作用

人体对自身运动控制有三个环节：辨认信息、选择反应、具体反应动作的程序化，而反应速度指人体对外界信号刺激的快速应答能力。反应速度主要受神经系统的调控，因此影响反应速度的主要因素是"反应时"（即反应潜伏期，指人体接受刺激与做出肌肉动作之间的应答时间）。"反应时"主要反映了人体对外界刺激信号做出反应所需要的时间，它是衡量神经——肌肉组织兴奋性高低以及人体反应速度的重要生理指标。1965年Alfred Weiss提出将"反应时"划分为"前反应时（PMT）"以及"动作时（MT）"，前者是从受到刺激开始到肌肉兴奋细胞产生动作电位的阶段，后者是从产生动作电位到肌肉完成收缩的阶段，又称为"电机械延迟（EMD）"。"反应时"这一复杂生理过程的神经传递阶段的速度要取决于完整的反射弧（感受器——传入神经——神经中枢——传出神经——效应器）的效率。

以往研究认为，反应速度受遗传因素以及训练时注意力集中程度的影响较为明显，但相对于纯生理神经信号传递的前反应阶段，以肌肉收缩为主的电机械延迟阶段的可塑性更强，通过训练手段提高的可行性更高。因此，近年来针对电机械延迟阶段的相关研究也越来越多。

反应速度的快慢是许多项目胜负的决定性因素，例如短跑项目中的起跑反应速度将直接决定比赛的胜负；球类项目中运动员对球的运动轨迹的反应、对对手技术动作的反应以及对赛场上各种瞬息万变的情况的应对，都在很大程度上影响着比赛的走向。

二、影响反应速度的因素

从生理学角度来看，器官运动系统机能的反应快慢通常与接收到刺激信号的类型、大小、体内机能状况、体外环境条件等有较大关联；且在反射弧中传导时与大脑皮层系统机能、中枢神经系统机能、相关神经机能状态等有很大的关系。在实践训练中，反应速度的快慢与运动项目、运动水平、负荷强度以及动作精准性之间的关系被广泛研究，具体分析如下。

（一）运动项目

早在20世纪50年代就有针对跨栏、撑竿跳高、跳高、铅球、跳水、游泳等多个项目运动员进行的测试，不同运动项目的顶级运动员反应时间也不同，其中反应速度最快的撑竿跳运动员（0.251秒）与反应速度最慢的长距离游泳运动员（0.361秒）之间的差距达到30%（0.11秒）。

通过对乒乓球、羽毛球、排球、足球、篮球、击剑、体操、田径不同项群运动员的深入研究，发现对于不同刺激信号的种类，不同运动员的反应也有显著差距。比如田径运动员对于声音刺激的反应要明显快于其他项目运动员；乒乓球、足球、排球、羽毛球运动员对于光号刺激的反应快于其他项目运动员，而且乒乓球运动员对于数字反应相较于其他运动员更快，说明乒乓球运动员对于复杂信号的反应与处理相较于其他项目运动员要快。对于乒乓球中直拍快攻型运动员以及横拍防守型运动员的反应时进行研究发现，直拍快攻型运动员的反应要快于横拍防守型运动员。

因此，不同运动项目或者同运动项目的不同技术类型的运动员，无论是在反应速度还是在反应时方面都有明显差异，这种差异带有鲜明的专项特征，这与运动员的项目需求有关，这样的需求会不断强化反应时的项目特点，可将其称之为反应速度的项目选择性。

（二）运动水平

普通人的反应速度与拥有专业训练经历，以及不同运动水平的运动员之间也存在着明显的差距。有研究报道，在运动健将、一级、二级、三级四个等级的乒乓球运动员中，除了运动健将和一级运动员在简单反应、选择反应时和选择反应动作时三项指标上结果差异不显著外，其余等级运动员的测试指标均有显著差异。但是又有研究在无规律随机刺激反应测试中，在控制年龄因素的情况下，不同运动等级运动员的反应时指标并无显著差异。

对于以往不同的研究结论，最新的研究又给出了一种思路：反应时是由前反应时和动作时构成的，因此对反应时的分析不能脱离这两个部分。通过实验发现：有过长时间系统训练的乒乓球运动员停训后的前反应时与普通人没有明显的差别，相比之下动作时的差异明显短于普通人。说明长期的系统性训练对反应时中的动作时具有较好的保持作用，而对于前反应时的作用则会随着训练的减少而衰退，并且研究人员通过双生分析法证明，动作时的稳定性要大于前反应时，并且前反应时受遗传因素影响较大。在很长一段时间里，学者们认为反应速度很大程度上取决于对外界刺激信号应答动作上的熟练程度，因此在需要快速反应能力的运动项目中可以将前反应时作为选材指标之一，在训练时则着重对动作时进行训练。

前文说到反应速度具有极为明显的专项特征，而同样运动项目的不同运动水平的运动员的反应时间也存在明显差距，但这受运动项目的限制，在对反应速度要求较低的项目（如体操、举重、投掷类、跳远、跳高等项目）中是否应将反应时作为选材指标之一还有待商榷；但在对反应速度要求较高的项目（如短跑、乒乓球、羽毛球、排球、击剑等项目）中，根据不同训练水平进行针对性的反应时刺激应答训练则有助于运动表现的提升。

（三）负荷强度

在分别对听觉信号敏感的田径项目以及视觉信号敏感的体操项目进行简单视听反应测试，对定量负荷强度运动的运动前、运动中、运动后即刻阶段进行测试记录后，得出结论：定量运动负荷强度对简单的视听反应有着明显的影响，尤其运动中以及运动后即刻有着明显影响，并且在运动后15分钟内逐渐回升。当随着运动负荷强度提高，肌肉产生疲劳后，动作时的电机械延迟（EMD）随着肌肉疲劳的加深，延迟时间会逐渐延长，其波动范围也会变小。其中股直肌的电机械延迟在疲劳后延长了20毫秒，不同肌肉在疲劳后电机械延迟时间也会不同。小负荷强度重复性训练能够提高对外界信号应答动作的熟练程度，但是长时间的重复动作会使大脑灵活性降低、注意力下降，从而表现为反应时延长。通常反应速度练习需要神经处于合适的兴奋状态，并且肌肉需要处于紧张状态，但是这样的状态无法长时间保持，以1.5秒适宜，最多不要超过8秒。如何寻找或者选择适宜的负荷强度一直是难以解决的问题。

适宜的负荷强度对于反应时间、反应速度会产生良好的影响，而随着负荷强度的提高机体产生疲劳后，运动员的反应时就会相应延长，且主要为电机械延迟的时间延长。适宜负荷强度的反应速度训练放在注意力集中的训练课前半段效果最佳。

（四）动作精准性

随着运动项目动作的复杂程度以及对动作精准度要求的提高，反应时均有显著延长。从大脑的神经心理机制分析来看，反应时的运动控制过程包括信号分辨、选择反应行为、完成行为的程序化动作，通过分析得出动作的复杂性对于反应时的三个过程中完成行为的程序化动作影响最大、程度最深。

虽然在测试过程中告知了受试者完成动作的步骤和要求，但是对于具体动作的"程序化"还未形成，虽然每个动作完成结果是一致的，但每个动作完成所需要的肌肉之间的参与与配合、肌肉之间的不同发力顺序是不同的，精确到这一次与上一次的发力顺序也有可能不同。同时研究还发现，学龄前儿童和老人所受影响程度要显著大于在校儿童和年轻人，由于学龄前儿童大脑的神经认知系统还未发育完全，老年人的神经认知系统衰退明显，这会导致对外界刺激信号的识别和处理的速度下降，容易受外界复杂信号干扰，因此在对儿童以及老人进行训练讲解时需要更多时间的示范分解动作。

当然也不能简单地理解为反应时间越短，其完成的动作精度越高以及动作速度就越快，或者动作精度越高、速度越快，反应时就越短。实验研究验证的只是二者之间具有相关性，透过相关性分析动作准确度与动作速度的反应时关系。可以简单地将信息反应动作看作信号的输入与动作的输出，输入信号的复杂程度自然会影响信号筛选传递的速度，输出动作的繁杂与否会很大程度上决定反应时的长短。在训练过程中加强"动作时"阶段的"程序化"行为建立，将会促进对刺激信号的应答反应动作高效完成，优化动作结构，提高动作精准度使其"程序化"，提高反应速度的训练效率。

综上所述，不同体育项目对反应速度的需求具有显著专项特征，反应速度包含两个部分：对外界信号的分辨处理、对信号应答动作的完成。前者属于神经传递过程并主要取决于遗传因素，而后者的影响因素主要为运动项目、运动水平、负荷强度以及完成动作的精准性。

三、反应速度的测试方法

反应速度的测量一般来说是从信号刺激呈现开始到完成信号应答动作的时间，对声信号、光信号的反应速度测量通常采用电子计时的方法，还有根据物体重力自由落体的原理利用反应尺测量，但是严格意义上的反应时测量是很困难的，所以大多数情况对反应速度的测量都是结合项目特点进行测试。

反应速度体现在两个方面：一是反应速度的快慢；二是反应速度的稳定性。反应速度的快慢很容易理解，即从刺激信号呈现开始到应答动作的完成的快慢；反应速度的稳定性是指个体重复测试的结果的离散程度以及变异性，经研究表明不同个体之间的快速反应的稳定性差异情况十分明显。因此，反应速度的测量和评价不仅需要考虑快慢，还需要考虑反应速度的稳定性。

四、反应速度的训练原理

根据上文分析研究，反应速度与运动项目、运动水平、负荷强度以及动作精准性有关，在对反应速度训练时需要参照以上四个方面，同时，决定反应速度的反应时包含前反应时和动作时，在进行反应时的训练时应根据四个方面有针对性地对前反应时以及动作时进行训练。其具体训练原理如下：

（1）在对不同项目的运动员进行反应速度训练时，应当根据项目需求（例如以声信号为主的田径类项目，以光信号为主的各种球类、击剑、赛车类项目）采取不同的信号刺激方法，通过简单的声信号、光信号刺激反应练习，强化改善运动员的前反应时，通过各种专项的信号应答动作练习，提高动作时的效率。

（2）在对不同运动水平的运动员进行反应速度练习时，根据不同运动水平情况，对高水平运动员着重进行反应速度中动作时的训练，对较低水平的运动员着重进行反应速度中前反应时的刺激、筛查，为以后高水平化训练打好基础。因为高水平运动员的神经反应过程一定是该项目中拔尖的，影响该过程的主要因素为遗传因素，很难通过后天培养进行提升。

（3）在对不同训练负荷强度下的运动员进行反应速度训练时，要注意根据专项需求、性别差异、应答动作参与的肌肉，选择合适的训练负荷强度。通常情况下反应速度练习以中小负荷强度为主，且建议采用多变的训练手段，控制单个训练动作时间，加强对神经中枢的刺激，减少重复训练的神经疲劳。训练负荷强度的提高会使动作时的肌肉收缩产生疲劳，肌肉疲劳会延长动作时的时间。除了对训练负荷强度的控制，还需要强调注意力集中以及注意训练内容的交替。

根据注意类型潜伏期的不同，在不同类型的注意力训练时需选择合适内容，在感觉型的反应速度训练中应当将注意力放在对出发信号的应答上，比如在100米跑时，当听到"预备"信号时就需要用力踏紧起跑器，把注意力集中到出发口令积极做出起跑第一步的准备，将应答动作程序化可有效降低潜伏期时间（见表4-1）。

表 4-1　注意类型潜伏期

类型	注意力分配	潜伏期时间/毫秒
感觉型	注意力集中在出发信号上	160～175
运动型	注意力集中在完成的动作	100～125
中间型	注意力集中在信号和完成动作上	140～150

（4）在不同精准度要求的刺激应答动作的反应速度训练中，要强调动作时的动作"程序化"。所谓的"程序化"是指通过对信号刺激应答动作的剖析，提高完成动作的效率。对具体动作的完成"程序化"是保证动作质量与精度以及减少反应时的关键。因此，在训练或者教学过程中需要根据年龄、认知特点以及运动技能水平，强调"动作程序"的形成，在完成动作质量和精准度的情况下提高动作的"自动化"水平，减少完成动作的时间。

五、反应速度训练的注意事项

在反应速度的训练过程中，主要应注意以下几点：

（1）反应速度素质的训练应当结合该运动专项特点或技术动作模型特点制定训练内容。比如，对径赛类运动项目的运动者应当加强对听觉信号的反应能力训练，其中对短跑运动员还需要加强对刺激信号应答动作的训练；对于球类项目运动者需要加强对视觉信号的反应能力训练，其中网球、乒乓球等小球类项目还需要提升动态视力，增加对球的视觉捕捉能力，足球、篮球等球类还需要提升运动者对"假动作"等非正确视觉信号的分辨筛选能力。对于不同信号的刺激反应中，不同类型刺激信号的反应速度也不一样，根据对信号复杂程度的分辨与处理，其中触觉信号反应最快，听觉信号反应次之，视觉信号反应最慢。

（2）反应速度素质训练时需要精力充沛、注意力集中，且在训练过程中注意负荷强度、训练时长的控制以及采用多样化的训练手段。若在训练过程中反应速度明显下降，需要及时调整训练内容或者进行其他素质训练。一般将反应速度训练放在训练的前半段，以保证训练质量和效果。

（3）由于反应速度受遗传因素影响很大，随着运动水平的提升和技能动力定型的完成，技术动作以及空间、时间感知能力趋于稳定，其神经灵活性和肌肉应答能力的提升会有更大的困难，难以进一步提升反应速度。这时候需要提高运动项目的专项反应动作的熟练度和自动化程度，将对信号刺激的应答动作"程序化"，注重提升对反应动作与下一阶段动作的衔接，如高水平短跑运动员的起跑反应速度练习中，应加强起跑瞬时脚蹬离起跑器动作以及衔接起跑前三步的速度。

（4）对不同运动水平、不同性别、不同年龄段的运动者需要选取相对应的训练方法和负荷。高水平运动员需要加强"反应时"中"动作时"的训练，在训练初期或者运动员选材中需要根据运动项目的反应速度需求有选择性地选拔运动员，提高训练的效率和科学性；不同性别的运动者的反应速度水平也不一样，需要进行分类训练；不同年龄段的运动者需要根据其生长发育阶段，科学地安排反应速度训练，其中6~12岁时，反应速度提升幅度最大，9~12岁时提升幅度最为明显，12岁以后进入机体快速发育期，反应速度的提升逐渐减慢，到16岁之后，个体进入青春发育期，反应速度的提升幅度又再次达到高峰，20岁之后反应速度的提升又逐渐减慢。

（5）反应速度素质是多素质综合体现的结果，反应速度的发展与力量、耐力等其他身体素质以及神经肌肉控制能力的提升相辅相成，因此对反应速度训练的同时需要注重身体素质的全面发展。

第二节　动作速度训练研究

一、动作速度的概念与作用

动作速度是指人的肢体某一部分快速完成某个动作的能力。动作速度的主要表现形式为相关动作肌肉组织在最短时间完成收缩的能力，用最少的时间完成单位动作。由于人体在完成动作时肌肉收缩的形式和快慢，与身体形态、身体机能、身体素质、运动生物力学特征以及运动技术特点等多方面因素有关，因此动作速度的快慢由外界多因素所制约。但是动作速度的快慢主要取决于动作的结构（构成运动生物力学最佳结构）、参与动作的肌纤维类型（以快肌纤维为主）、肌肉发力顺序的协调性及动作技术的先进性等方面。

众所周知，动作速度是技术动作的重要组成部分，它在技术动作中具体表现为下肢蹬伸、踢蹬速度，上肢挥摆、鞭打速度等。同时动作速度还包括单位时间内重复完成规定动作的次数（例如单位时间内高抬腿的频率）。动作速度的提升有助于运动员进行高难度技术动作训练，提高竞技能力。

二、影响动作速度的因素

动作速度简单来说就是快速完成某个动作的能力，在整个过程中包含了某个动作、参与完成该动作的神经肌肉系统两个部分。而完成动作还包括动作的类型（单一型或复合型）、动作结构的运动生物力学特征等；参与动作的神经肌肉控制系统包括参与活动不同肌肉的发力顺序、肌肉力量以及参与收缩的肌纤维类型（以快肌纤维为主）等。下面将从动作类型、动作的力学特征、神经肌肉系统三个角度解释影响动作速度的因素。

（一）动作类型

动作类型分为单一型动作和复合型动作两种。将在单一平面内的技术动作归纳为单一型动作，比如上下肢单独的屈伸动作，这些动作可能为单关节或多关节动作，但是发力方向固定、指向性明确。在多平面多维度里完成的动作为复合型动作，这类动作通常为多关节动作，且通常会伴随旋转发力，发力方向非直线，动作结构较为复杂。多数技术动作为复杂的复合型动作，涉及多平面、多维度、多关节活动以及更多的肌群参与发力。

显而易见，单一型动作的结构简单，发力方向明确，这类动作完成难度低，其动作速度提升较为容易；而复合型动作的结构复杂，在完成过程中需要多关节的多维度协同发力，具有一定的完成难度，所以该类型动作的动作速度的提升需要在充分理解动作构造、熟练完成动作的基础上进行。

（二）动作的力学特征

在动力链传递过程中关节是运动的枢纽，力的来源为肌肉的收缩。复杂的技术动作伴随着多关节参与，部分关节负责屈伸或外展内收，部分关节负责旋转等，肌肉跨过关节收缩时力的作用线不通过关节点。在具体动作中肌力可被分解为沿着运动环节纵轴方向的法向分力以及垂直于纵轴方向的切向分力，纵轴方向的法向分力作用为固定关节，而对关节点产生力矩的是切向分力，而运动环节的重力以及外界阻力都会产生影响运动环节的力矩。

（三）神经肌肉系统

目前，运动生理学的研究表明肌肉中肌纤维类型的百分比对动作速度的影响较大。一般学者认为肌纤维分为两种：慢肌纤维和快肌纤维（快肌纤维A和快肌纤维B）。在同样动作下快肌纤维比例高的人比快肌纤维比例低的人的动作速度更快。在相同条件下（外界温度、pH值、肌肉收缩前初始长度相同），肌纤维克服内外阻力的能力越大，收缩时产生的力就越大，动作速度也就越快。从根源上来说，任何影响肌肉力量的因素也会影响动作速度。肌肉纤维活跃时肌肉组织的兴奋状态也会影响肌肉的收缩，在正常情况下（过度疲劳、抽筋、受伤除外），肌肉纤维处于良性兴奋状态，在正常的兴奋阈值范围内，肌纤维的兴奋性高，肌纤维传递的滞留性少、速度快，因此动作速度也快。

对于条件反射下的动作巩固程度是没有争议的，在条件反射建立的过程中，随着条件反射的逐渐巩固，动作速度也日益加快。肌肉的向心收缩和离心收缩都是在神经控制基础上完成的，神经中枢通过调整控制肌肉的收缩形式减少肌肉收缩时的内部阻力，也会提升动作完成的速度。虽然目前还没有研究证明可以通过运动训练去改变肌肉纤维中快慢肌的比例，但是动作的条件反射一旦建立，这种偶联机制在相对长的一段时间内都是稳定的，所以肌肉影响动作速度的关键因素主要是肌纤维自身的状态、肌纤维克服或对抗内外界阻力的能力以及肌纤维自身的收缩力量。

国外许多学者认为加强肌肉之间的配合协同发力可以很大程度上提高克服阻力的速度，而所有肌肉都是由中枢神经控制的，没有中枢神经的快速反应能力以及对肌肉的协调控制能力就不会有快速的动作速度。与反应速度一样，神经中枢的活动如果没有处于一个适宜的兴奋状态也没有办法准确、有效地控制肌肉收缩。所以，在过度兴奋紧张的时候肌肉很可能会出现强直性收缩的情况，从而破坏对肌肉的控制能力。

由此可见，动作速度是受技术动作、神经中枢兴奋状态、肌肉力量、肌纤维类型影响的一种速度表现形式。

三、动作速度测试方法

动作速度的测试必定是与技术动作结合，比如跳远起跳的动作速度、短跑的蹬伸速度、游泳的转身速度、羽毛球的挥拍速度、铅球的出手前速度等等。结合前文力学分析，动作速度的测量与相对应的技术参数的测定紧密相关，比如短跑起跑时的加速度、跳远起跳时的水平方向速度和垂直方向速度、铅球或铁饼旋转时的角速度等，或者通过测量连续多次完成同一个动作的时间以算出单个动作的平均动作速度。通常进行这些测量时会使用红外光点运动分析系统、三维测力台系统等，或者用计时器测量简单的动作速度。

四、动作速度训练原理

动作速度的内在影响因素为神经中枢对肌纤维的协调控制，因此提高神经中枢对肌纤维的协调控制能力，以及提高肌纤维的收缩力量将是提高动作速度的关键点。且速度素质的训练与力量素质息息相关，没有足够的力量作为支撑无法进行速度的提升。但是相比肌肉力量的提高，神经系统对肌肉控制能力的提升是个漫长的过程，如何让运动者在训练时保持兴奋的状态、如何使肌肉系统募集到更多的运动单位、如何提高肌肉发力的高效性都是复杂的问题。以下将通过神经中枢对肌纤维的控制、骨骼肌收缩原理、肌肉中速度与力量的关系三个角度来阐述动作速度训练原理。

（一）神经中枢对肌纤维的控制

神经中枢对肌纤维的协调控制主要表现在肌肉中枢神经在抑制过程中的减弱或是消除，其主要表现形式为降低关节运动时肌肉主动肌与拮抗肌的相互作用力，降低拮抗肌的抑制作用。在关节运动或者肌肉收缩时减少内部肌肉间的阻力等于变相增加肌肉力量，从而提高动作速度。

当然神经中枢在肌肉活动中的作用不仅仅如此，任何有主动意识的肌肉收缩都是在中枢运动神经的主导下完成的。肌肉由多束肌纤维构成，对于一块肌肉而言，能够募集到多少数量的运动单位将决定肌肉的收缩力量和速度。有研究表明可以通过积分肌电（IEMG）反映肌肉活动时的肌电大小，肌肉收缩时的前0.125秒的功率可反映出肌肉动作速度的快慢。所以从生理学角度应当设计能够募集更多肌纤维参与收缩的训练手段，比如注意力训练、单边训练等。

通过训练提高运动中枢神经与运动单位的协调性，使中枢神经系统对肌纤维的控制更高效、准确，不仅可以减少误差，缩短控制时间，还可以提高肌肉收缩效率，从根本上提高动作速度。

（二）骨骼肌收缩原理

人体即使在静止的状态下，其骨骼肌也处于一种相对紧张的状态。肌肉的向心收缩和离心收缩都受大脑中枢运动神经的控制，但是在传统训练过程中，往往过多注重向心收缩训练，而很少在意肌肉的离心收缩训练。关节的运动不仅有主动肌的收缩还有拮抗肌的舒张，许多技术动作都包含关节屈伸，所以主动肌与拮抗肌的身份是迅速转换的，且肌肉在做离心收缩后再进行向心收缩，收缩时力量更大、速度更快。

有生理学研究表明，肌纤维的收缩是有顺序、有指向性的，不同肌肉类型（快型运动单位、慢型运动单位）在受到不同训练强度刺激时会调动相应类型的肌肉参与收缩，低强度的训练时（低于40%）优先动用慢型运动单位，高强度的训练时（高于60%）快型运动单位才会被大量调动。根据以上生理机制进行适当的大强度训练对快型运动单位的募集、动作速度的训练有着积极意义。国内外也有相关人员进行实验论证大强度训练对动作速度的提高效率要远强于中等强度或快速训练方法。当然在大强度训练时也需要强调速度，这样才有利于提高动作速度。

肌肉力量作为动作速度的最基本素质，其提升手段多种多样，提升效率也快。主动肌的肌力提升较容易实现，但拮抗肌张力的降低一直是训练中的难题。减少拮抗肌的抵抗张力的关键在于提高对拮抗肌的控制能力，目前普遍采用的被动方法为电刺激法，该方法是通过降低肌肉兴奋阈值来达到降低拮抗肌对抗的目的，但该方法不宜经常使用，因为拮抗肌和主动肌是相互转化的，过多的电刺激会影响原有的肌肉控制能力。所以更被运动员和教练员接受的是通过协调性训练、本体感受训练以及非稳定性训练来提高神经对肌肉的控制能力，从而达到提高动作速度的目的。

（三）肌肉中速度与力量的关系

肌肉的力量与速度之间并非直线关系，而是曲线关系，生物学专家希尔（A.V.Hill）建立了经典的肌肉收缩速度与力量之间的数学方程——希尔方程。且通过研究表明不同项目运动员骨骼肌的速度与力量曲线关系也不一样，依靠希尔方程，广大科研人员通过实验在此基础上建立了速度与力量训练理论与方法，得出结论为在单关节运动中将最大负荷强度的60%~70%作为发展动作速度的负荷范围，该范围适用于大多数项目的训练。

不过希尔方程对于多关节多肌群参与的整体技术动作训练不适用，研究时发现在多环节的复杂动作中整体做功时采用最大功率，能够显著提升相关肌群的收缩速率。这也与上文的生理学中募集快速运动单位的训练原理相同：在大强度训练时尽量减少完成动作的时间，其对动作速度的提升要高于缓慢速度的最大力量训练。

五、动作速度训练注意事项

在动作速度训练中应该注意以下几点：

（1）动作速度的训练一定要与专项结合，提高动作速率要与掌握和保持正确的专项技术动作紧密联系。合理的运动技术必须符合项目运动规律的要求，才能有利于人体的生理和心理得到充分的发挥，有助于运动员取得良好的竞技效果。如果技术动作不合理，中枢神经系统对肌肉系统中主动肌、协同肌、拮抗肌的支配不协调，便会影响到动作的速度，最终影响运动成绩的提高。

（2）专项技术动作速度训练时要与比赛技术动作要求一致。比如羽毛球的挥拍、跑跳的专项练习、游泳的折返转身练习、跳水的辅助练习等都应该对动作完成时间提出严格要求。

（3）在反复进行规定重复动作的速度训练时（比如负重高抬腿跑等），应当适当调整负荷强度改变练习速度。比赛中的节奏是瞬息万变的，将最大速度练习与变速练习相结合，将不同速度的训练进行串联，避免进行恒定速度的动作速度训练，可以更好地让运动员挑战速度极限。

（4）动作速度训练时，持续时间不宜过长。动作速度训练需要募集大量运动单位，训练强度大，同时对速度要求高，所以通常单次最大速度训练时间不宜超过20秒。

（5）动作速度训练的间歇时间需要严格控制。理论上训练强度越大间歇时间越长，但是间歇时间过长会降低运动员的神经兴奋性，不利于发展神经系统对肌肉的控制，比如进行95%以上负荷强度练习的间歇时间不要超过90秒。

（6）动作速度训练负荷量的选择需要科学控制。在一个训练周期（3~4个月）或一个训练阶段（2~4周）的训练过程中，可采用控量增速或者控速增量的训练方法。控量增速是指动作速度训练时保持恒定阻力的训练负荷，缓慢地提高动作速度的上限和下限，若运动员能够轻松完成则说明增加的速度达不到训练效果，若无法完成则说明提高速度幅度过大；控速增量是指在动作速度发展趋于平缓时，在保证动作速度恒定的情况下增加阻力的负荷，若运动员能够轻松完成则说明增加的阻力达不到训练效果，若无法完成则说明提高阻力幅度过大。

（7）根据儿童生长发育特点进行动作速度训练。儿童动作速度训练主要集中在技术的合理性及肌肉的合理发力顺序上。努力发展儿童对动作的精细控制能力，体会小肌群发力，着重运动器官联结装置附近的肌肉力量的发展，如关节、脊柱的一些小肌群力量发展，为以后进行复杂技术动作训练打下基础。如少儿羽毛球运动员在发展肌肉力量时非常注意发展手指、手腕附近小肌肉群的力量与速度控制能力，尤其是对指关节与腕关节的力量训练以及对球拍的感知能力。

第三节　移动速度训练研究

一、移动速度的概念

移动速度是指人体在特定方向上位移的速度，也称位移速度。其评定指标为单位时间内机体的位移距离，即位移距离与运动时间的比值。移动速度是一种复杂而微妙的个体运动能力，在不同运动项目中以各种形式出现。

二、移动速度的影响因素

人们在运动中产生的移动速度取决于各种因素。比如跑步的最大速度是频率和步幅长度的乘积。移动速度的发展不是恒定的，而是有一定的波动，特别是在青春期。比如跑步是基本的先天运动，在中枢神经系统中已经建立了程序。跑步效率从速度上看是相对个体的范畴，这取决于遗传因素的多样性。在儿童的发展中，位移速度取决于身高、体重、个体运动能力发展情况以及运动技能定型的形成。在跑步中步幅增加，步频显著降低，频率不仅由于身体形态变化而改变，还会由于运动控制的本体感受机制的破坏而改变。跑步最大速度是频率和步幅长度的乘积，这两个参数是相互依赖的，它们还与运动的中枢调节过程、形态特征、个体运动能力和供能系统有关。频率和步幅长度之间的关系是单独定义和自动化的，改变一个参数会导致第二个参数也是如此。当步幅增加时，频率降低，反之亦然。随着速度的增加，两个参数都会增加。

几乎所有以时间单位为成绩的运动项目的核心竞技能力都是移动速度（如所有径赛项目、游泳、自行车、赛艇等），不同类型运动项目构成移动速度的因素都各不相同（如跑步的步频、自行车的踏频、赛艇的桨频等）。而各个项目构成移动速度的核心因素往往只有两个，比如赛艇运动的桨频和划距、跑步的步频和步长等，即频率和单次距离，每个教练员都想同时提升运动员的这两种素质，但随着运动员水平不断提升发现这两个因素在达到一定高度后成负相关。其实不难理解，单次距离增加所带来的结果往往是完成单次的时间增加，随之而来的频率必然下降，若想在保证频率的情况下增大单次距离，那就应该加快动作的完成速度，从而降低完成时间。在最大移动速度的训练中，一切训练手段和方法都围绕频率和单次距离这两个方面去展开，包括提升肌肉力量、提高神经肌肉控制能力、改善技术动作等都是为了提高这两个因素。

但是上文说到速度素质的发展是建立在力量素质基础上，力量素质是速度的基础。力量好比是汽车中的发动机，发动机能够决定能输出多大的马力，决定汽车能跑多久多远的是燃料，是油箱持续不断供油，在移动速度的发展中供能系统起到了油箱的作用。汽车行驶需要燃油，电车出行需要用电，当然我们人体运动也需要消耗能量，而且我们的身体非常的"智能"，它会根据身体不同的运动形式进行不同的供能方式，以达到运动表现最大化和能量节省，供能系统的重要性不言而喻。人体主要有三个能量系统：瞬时（ATP-CP）能量系统、短时（糖酵解）能量系统、长时（氧化磷酸化）能量系统。其中瞬时能量系统和短时能量系统不需要氧气就可进行供能，为无氧运动的主要供能方式；而长时能量系统需要氧气的参与，也为有氧运动的主要供能方式。

低强度运动：25%最大摄氧量的运动，如步行，其主要能量来源为脂肪，主要是长时供能系统。中低强度的运动：如65%最大心率的运动，前20分钟的能量来源50%为脂肪、50%为肌糖原，如果继续保持运动，则脂肪会占80%，如果时间更长，能动用的脂肪不够则会动用蛋白质，这也就是长时间有氧容易流失肌肉的原因。该运动为长时能量系统主要供能，但短时能量系统占比也会较多一些。高强度运动：当强度增加至70%以上，主要能量来源为糖原，因为脂肪供能需要氧气量大，供能速度慢。该运动方式短时供能系统将主要工作，长时能量系统占比下降，瞬时能量系统占比略微提升。最大强度：主要为瞬时能量系统工作，主要能量来源为葡萄糖。

综上所述，影响运动员移动速度的外部因素是频率和单次距离，内部因素为力量和供能方式。

三、移动速度的测试方法

移动速度的测量较为简单，即位移距离与时间之比。

在最大速度评定时通常会进行短距离的冲刺计时（如30~60米），且测量区间最大速度，而不从起动计时。测量时应在运动员身体状况良好、精神饱满、体力充沛的情况下进行，通常会测试2~3次取最佳成绩。

相较于测量移动速度的峰值速度，运动员从启动加速到最大速度的时间以及最大速度的保持能力也应当被重视。这会很大程度上影响比赛中的体力分配以及战术运用，比如有的100米短跑运动员前60米加速能力极强但速度保持能力较弱导致后程跑速降速严重，难以取得好成绩，这就需要根据个人情况以及项目特征合理安排不同阶段的跑速。

四、移动速度的训练方法

（一）加难训练与减难训练

在高于比赛负荷的阻力下进行冲刺速度训练，其训练时的速度会低于正常训练水平。由于高强度的阻力，在困难条件下的训练量应该比正常速度下的训练量低，建议短距离冲刺训练采用较长的休息时间以及较少的重复组数。2~3个练习动作可以重复3~4组（例如3个练习动作×3组）。这种类型的训练对年轻和年长运动员的短跑速度都能产生积极的影响。运动员在冲刺训练过程中遇到的外部阻力为体重的5%~10%时，会增加运动员的速度潜力。但是过度的压力会对运动质量产生负面影响。需要强调的是，在增加负荷的情况下，冲刺速度不应低于其最高水平的8％～10％，速减过大的训练负荷会使训练效果大打折扣。

在比正常比赛负荷强度更小的条件下进行冲刺训练时，训练的速度超过了运动员最大极限（约103％～105％）的超最大冲刺速度会干扰运动协调或增加训练的损伤风险。当使用下坡作为外部阻力时，有学者研究得出最佳坡度应在2°～5°，后续研究表明3°的坡度对于跑步项目来说是最佳的。降低难度条件下的冲刺训练量应低于普通冲刺训练量。与提升难度条件下进行冲刺训练的情况一样，在降低难度条件下进行冲刺训练时，建议减少重复次数并延长休息时间。最好进行2～3次练习，重复3～4次（例如3次练习×4次重复）。在较低阻力的条件下，运动员在更高的冲刺速度下增加速度潜能，调整神经肌肉系统，这是提高运动项目竞技能力的必需条件。

在降低阻力条件的训练过程中，只降低训练时的外界阻力（比如顺风跑、牵引跑等），而不降低训练强度，这种训练常常被用来提高加速以及克服速度障碍的能力。在降阻条件下训练可以使运动员达到更高的频率。例如，当运动员向下坡冲刺时，蹬离地面的肌肉更容易完成收缩，从而有利于建立新的快速运动模式。在降低难度的条件下进行冲刺跑，强调与冲刺跑的强度相反的动作频率是很重要的。

在实践中经常采用穿插的训练模式，将高负荷阻力条件和低负荷阻力条件下的不同练习相结合，然后再进行与专项结合的练习。例如，首先在加难度和减难度的条件下进行特定的练习，然后在没有造成机体太大负担的情况下重复这些训练内容，进行这些训练会产生活动后电位，随即再进行比赛负荷的训练，这对于专项最大速度的提升有着积极的意义。

在加难和减难的条件下进行练习时，更多的肌肉被激活。如果运动员在适当休息后无压力地重复同样的练习，可以增加动员肌肉单位的数量，这种活动潜能有助于运动员水平速度的提高。但是当运动员休息时间较长时，这种活动电位也会降低。所以可以得出结论：在加难和减难条件下进行有效的速度训练带来的效果增益与间歇时间有关，但鉴于每个人的恢复能力和适应能力不同，所以无法给出参照时间，需要通过训练实践去发现。

（二）综合训练与分解训练

在发展最大速度的训练方法中有两种可用的途径：综合训练和分解训练。在综合训练中，重点是训练整体速度的发展；而在分解训练中，重点是训练完成速度的分解动作部分。在这两种训练方法中，基本要求都是以最大速度完成训练，使用最佳合理技术，疲劳不会阻碍最大位移速度的发展。

1.综合训练

跑步、游泳、划船、自行车等与移动速度相关的动作模式多为周期性动作，利用重复训练法对周期性动作进行训练，通过相关肌群力量的提升以及协调性肌肉的神经控制能力对整体移动速度进行提升，通常会采用各种不同距离的冲刺训练或者变速训练。综合训练是对整体素质的提升，通常许多教练员认为速度的提升很大程度上受力量素质影响，但是有研究表明，在运动员的整体速度提升过程中，9周高阻力负荷训练组的训练成绩提升幅度要低于高速度训练组。所以在移动速度的训练过程中需要以力量素质为基础，注重对运动员进行冲刺或超速（超过自身最大速度）训练。

2.分解训练

通过对移动速度的周期性动作进行分解训练，提高动作的科学性和高效性。拿跑步举例：移动速度的分解训练与冲刺跑的单个技术组成的训练有关，在训练实践中教练员通常会采用各种跑的专门性练习去改善技术动作，比如会采用小步跑、高抬腿跑、车轮跑等。当然分解训练的训练方法不仅局限于这种专门性练习，在分解技术动作的同时还可以针对动作中的薄弱环节进行针对性提升，如针对短跑运动员步幅较小的情况，是通过降低步频还是通过改善技术动作等手段进行移动速度的提升，都需要对动作进行分解分析、训练。

五、移动速度的训练要点

（一）根据运动项目特征进行移动速度训练

一方面，在50~60米处实现最高速度仅适用于100米田径短跑运动员。田径短跑运动员与足球或曲棍球运动员在各自运动的特征方面存在明显差异，但很少被研究。例如，优秀的短跑运动员会专门进行后程最大速度保持的训练，这并不代表100米短跑运动员在加速阶段（即0~30米）有意识地以次最大速度移动，需要通过检测在不同的比赛距离中何时出现最大速度，以此为依据制定训练计划。此外，如果运动员在100米比赛中较早达到最大速度，由于身体机能无法在较长距离内保持这种速度，因此在比赛中往往无法取得好成绩。因此，对于田径短跑运动员来说，在比赛后期朝着最大短跑速度前进（延长加速时间和距离）是很重要的。

另一方面，球类运动员在练习和比赛中冲刺的距离较短（如10~30米），因此与田径运动员相比，训练的特异性有很大不同。在训练实践中，经常有人说，与最高速度相比，短跑运动员必须更多地依赖加速度。但是很少有研究分析比较短跑运动员和球类运动员之间的加速能力。球类运动员的短距离冲刺无法达到最高速度，因为运动员需要更长的距离（即50~60米）才能达到最大速度。不同项目的速度需求也不一样，与田径运动不同，许多球类运动员在场上往往只达到自身最大速度的90%（即使是奋力冲刺中），因为他们不仅需要冲刺还需要对球进行处理。

短跑运动员与球类运动员还有一个区别是：短跑运动员以固定的起跑姿势进行比赛，而球类运动员通常是从移动的起点（例如步行或慢跑）开始冲刺。例如，在足球比赛中，近85%的冲刺是在已经移动的情况下开始的，平均冲刺距离约为18~20米，且从静态开始往往在30~40米处达到最大速度。

综上所述，这些发现表明，以短跑运动员的加速度和最大冲刺速度的训练模式来制定的速度训练方案去训练其他项目是不科学的。不同运动项目的直线冲刺速度特性存在差异，必须对症下药。但这并不是说短跑的基本训练手段应该被忽略，而是应该灵活调整以适应其他运动项目，作为适当的运动发展的一部分，包括加速、最大速度以及多向运动能力。

（二）克服速度障碍

速度障碍是指随着训练水平的提升，运动员达到一定的移动速度水平后出现瓶颈，停滞不前，且很难进行提升。出现这种情况的原因主要是运动员进行长期训练后技术动作、肌肉力量、神经控制都趋于稳定，以及技术动作完成过程中时间、空间感知能力逐渐定型，想要在动作过程中调动更多的神经元、募集更多的运动单位的难度越来越大。

最大速度发展的主要矛盾是：为了提高速度，需要多次重复特定的动作。另一方面，更多的重复次数会导致强烈的动态运动学固始印象和明显的速度障碍。在这样的情况下，训练量的增加并没有对速度的提升产生积极的影响，反而更加稳定了现有的移动速度水平。而速度素质发展过程中速度的稳定性是发展速度潜能的主要障碍。基于使用这种防止速度稳定的训练方法和手段是有效的速度训练的主要方法之一。避免速度障碍遵循一定的逻辑顺序，其主要分为以下三个阶段：

1. 障碍预防阶段

在该阶段的速度训练过程中主要需要避免速度稳定的出现，尽量采用多样化的训练手段，在不同频率和节奏下完成动作，避免神经中枢形成稳定状态，努力让运动员不断挑战速度极限。

2. 障碍破坏阶段

在速度障碍形成时需要采用低于比赛负荷强度的训练手段，以破坏前期训练建立的稳定速度。

3. 障碍抑制阶段

在训练过程中穿插不同速度的训练，例如在跑步训练中可采用低频率长步幅，或者高频率短步幅等不同节奏的训练。当然这属于障碍抑制的训练手段，在训练过程中要以速度的提升为唯一目的，充分挖掘提高速度的一切因素。

（三）分阶段进行速度训练

移动速度的表现可以作为一种复杂的过程进行分析，分为三个阶段：初始加速阶段、最大速度阶段、冲刺阶段，每个阶段都需要一个特定的训练方法，有结果表明，相关的力量训练会给运动员带来明显的力量增益。较高的力量储备基础之上的冲刺训练以及超速度训练可以更有效地提高初始冲刺加速度和延长最大速度冲刺时间。这意味着，这种类型的训练可能被视为一种力量训练与速度训练之间良好的转换方法。

在初始加速阶段，运动员以如何快速达到最大速度为主要训练目的，但是由于运动员的自身特点会选择不同的加速时间。所以在该阶段的训练中需要科学分析运动员各阶段速度特点，利用数据建模研究出适合该运动员的加速距离和时间。

在最大速度阶段，运动员以如何提高速度峰值为主要训练目的。人体如同机器一般在爆发出所有力量后无法持续，在达到速度峰值后势必会进行减速，那么提高速度峰值是该阶段承上启下的训练目的。

在冲刺阶段，运动员主要训练目的是提高速度保持能力。许多亚洲短跑选手的加速能力强，但往往60米以后会被欧美选手超过，除了最大速度的差距外，冲刺阶段较差的速度保持能力也是很大的缺点。后程速度保持能力的训练不能简单地以超比赛距离的训练为主（比如100米跑项目进行120米或150米跑训练），需要考虑该阶段的供能方式，若过度进行超距离训练可能会出现适得其反的效果。

（四）儿童青少年运动员移动速度训练要点

速度训练在创建正确的技术跑步模型和预防技术错误方面的作用非常重要。移动时的最高速度是一种关键的竞技能力，对于儿童运动员来说，有必要进行小班训练，有如下两个原因：

第一，儿童处于生长发育的初期还没有形成最大负荷下的运动控制机制，所以在进行各种技术动作训练时会出现肢体不协调等各种各样的错误，需要不停纠正。

第二，训练时有可能过早出现"速度障碍"，导致发展停滞甚至能力下降。一般而言，训练不科学（过早的专项训练等）会导致在运动的中枢调节方面形成某些固势，从而阻碍速度的发展。速度基于特定的神经控制能力，过早地开发出运动员的最大速度，会使这种控制能力过早地固定，并导致这种控制能力的发展受到阻碍，在动作模式、技术动作成熟后很难改变。

第四节 速度耐力训练研究

一、速度耐力的概念及作用

速度耐力是指运动员长时间保持最大速度的能力，在速度为制胜因素的运动项目中除了要培养运动员的最大速度，还需要提高运动员的速度耐力。速度的提升是跑步、游泳等项目比赛成绩提升的前提，然而很多短距离的比赛都需要耐力加持，所以提升成绩就必须二者兼顾。速度耐力素质是400米跑、800米跑及100米游泳等竞速项目运动员竞技能力提升的关键素质。

二、速度耐力的测试方法

从生理生化的角度来看，速度耐力的主要供能方式为糖酵解供能，因此，发展运动员的速度耐力素质主要是发展其糖酵解供能能力。所以可以通过评测运动员糖酵解能力的方式来测试该运动员的速度耐力水平。通常有以下三种测试方法：

（1）乳酸能商法

进行测试时需要运动员在功率自行车上以最大强度完成45秒的骑行，并记录骑行前后的血乳酸值，并按乳酸能商的计算公式计算：乳酸能商＝45秒总功率/运动前后血乳酸差值的绝对值。该公式可以反映出糖酵解供能能力，数值越大代表该运动员的糖酵解供能能力越强。

（2）定量负荷法

与乳酸能商法测试过程类似，受试者进行45秒的固定负荷骑行，根据前后血乳酸浓度的变化以及负荷大小来评判受试者糖酵解供能系统的供能能力。如果前后血乳酸值变化较大说明无氧糖酵解供能能力参与较多，供能能力强；反之则表示无氧糖酵解供能能力参与较少，供能能力弱。

（3）极限距离法

在固定的45秒内竭尽全力完成最远距离跑步、骑行或游泳等，测量测试后血乳酸浓度。如果受试者测试后的血乳酸浓度达到了14~18mmol/L，则说明无氧糖酵解供能能力参与较多，供能能力强；若受试者测试后的血乳酸浓度在10mmol/L以下，则说明无氧糖酵解供能能力参与较少，糖酵解供能能力较弱。

三、速度耐力的训练原理和训练方法

（一）训练原理

速度耐力又称无氧耐力，是身体以无氧代谢为主要能量供应形式的长期工作能力。无氧耐力与有氧代谢状态下表达的耐力有着本质区别，无氧耐力对速度的要求较高且持续时间也没有氧耐力那么久，换句话说，"速度耐力同时体现了速度和耐力的特性"。因此，速度耐力的能量保障应以无氧供能系统供给为基础，以有氧和无氧混合供能系统供给为辅。

运动员速度耐力的能力表现强弱程度主要是由糖酵解供能系统的供能能力所决定的。运动员保持较高速度奔跑的能力是速度耐力的重要体现，人体血液中的酸碱性改变和缓冲乳酸的能力的大小决定了骨骼肌抗乳酸能力。因此，在安排运动员训练速度耐力的时候，其从本质上看就是在发展运动员的耐乳酸、抗乳酸以及机体的糖酵解系统的供能能力。

（二）训练方法

从生理学角度来看发展运动员的速度能力除了发展动作技术之外最重要的就是发展对应阶段的供能能力，人体的三种供能系统训练对竞速类运动项目的运动员专项成绩的提升起着关键性作用。速度素质的训练离不开三大系统的供能，如何提高运动员的肌糖原储备能力以及相关生物酶的数量与活性，如何提高机体对乳酸的缓冲能力和耐受能力，这两个问题才是速度耐力训练的核心所在。

（1）发展机体糖酵解供能能力

提高肌肉无氧糖酵解能量供应能力（肌肉糖原储备和无氧酶的数量和活性）。要增加肌糖原储备，没有其他捷径可走，只能按照机体的反应适应规律，完全消耗糖原，过量恢复，反复进行，使肌糖原含量越来越高。要提高厌氧酶的含量和活性，也只有一个办法：反复消耗它，这样它就会不断过度消耗补偿，变得越来越多。只有当身体使用肌糖原来获取能量时，才能实现糖酵解。也就是说，无论是增加肌糖原储备还是厌氧酶活性，前提是无氧糖酵解能量供应系统必须不断重复"超负荷消耗和恢复"这个过程。

通常糖酵解供能速率达到最大需40~45秒，主要依靠糖酵解的工作可持续60~90秒。由于糖酵解供能系统通常在人体剧烈运动8~10秒后开始供能，所以该供能系统所工作的条件要求必须在高强度训练10秒以上，且以该供能系统为主要供能方式的最大时间为120秒左右，所以通常都将训练时间控制在40~120秒，这样能够有效提高抗乳酸的能力和糖酵解供能能力。

在实际训练中增加练习的组数以及重复的次数的同时，还需要严格控制间歇时间，为了有效地提高运动员的训练水平，可以在训练时将运动量进行合理安排，每组4~5次，每次2~4组。组间休息时间应当以运动员消除氧债的时间为准，在实际训练中通常以其休息后心率（120次/分钟左右）以及血乳酸浓度为间歇参照。

（2）发展机体对乳酸的耐受力

机体对乳酸的耐受性越高，在训练中才能最大限度地利用无氧糖酵解供能系统，所产生乳酸的负面效果也会降低，从而提高运动表现能力。

可以通过增加肌肉中的缓冲物质以及血清乳酸脱氢酶（LDH）活性去提高机体的耐乳酸能力。所以在训练过程中必须使机体产生足够多的血乳酸并保持一段时间。经过试验表明，当机体内血乳酸浓度在12mmol/L左右时对机体的耐乳酸训练效果最佳。通过训练手段将血乳酸浓度反复逼近这个水平，刺激身体适应这种血乳酸浓度，提高组织液对乳酸的缓冲能力和骨骼肌中LDH的活性。所以通常会采用高强度间歇训练法来提高机体耐乳酸能力，单次运动时间在45~60秒，以次最大强度（85%~90%）为训练负荷，间隔时间约为4分钟，训练负荷应当逐次递减以保证每次训练为糖酵解供能。

采用这种训练手段时，要严格控制间歇时间，如果间歇时间太短，重复2~3次后，血乳酸浓度明显超过12mmol/L后越来越高，骨骼肌因酸中毒而无法维持原有的运动强度。

在训练过程中最核心的问题是训练负荷以及训练量的控制，即如何让机体产生最多的乳酸。所以间歇时间成了速度耐力训练的关键中的关键。让肌肉休息为下一组高强度训练做好准备，但也不可完全将血乳酸恢复到训练前或近似水平，通俗地来说，让机体保持一定的疲劳程度。在训练中期可安排一个较长时间的休息（3分钟），休息的时间里让训练过程中产生的高浓度肌乳酸分散到血液中，让肌肉完成恢复，进行下一次训练。

根据骨骼肌乳酸产生和转移的特点，运动员在高强度训练后会增加肌肉中乳酸浓度。肌肉中乳酸分散到血液中并达到峰值的时间约为3~5分钟。因此，间隔3分钟后，肌肉的无氧糖酵解能力基本恢复，而血乳酸保持在高水平。这样，当肌肉能够连续工作时，血乳酸会越来越高，从而使运动员能够长时间耐受最大血乳酸浓度。

综上所述，速度耐力的训练主旨为提高机体糖酵解供能能力的峰值（达到最大血乳酸浓度）以及机体耐酸抗酸能力。

四、速度耐力的训练要点

（一）速度耐力应以提高移动速度为目的

速度耐力集中体现在运动员的移动速度上，在实际训练过程中教练员训练的核心目的应以速度提升为主，在提升最大速度水平的基础上进行相应的速度耐力训练，去提升运动员整体速度水平。

（二）有氧无氧混合训练

有氧训练和无氧训练在训练中要合理结合，在比赛和训练过程中机体的供能方式是混合的，不是单一供能，并且无氧运动时产生的乳酸可以在有氧运动中消除，可以减少肌肉中乳酸堆积，提高运动表现能力。

（三）控制速度耐力训练频率

运动员在进行速度耐力训练时不可过于频繁，尤其不可过度训练，否则会产生相反的效果，通常训练频率为一周1次或2次。因为速度耐力的训练原理就是采用"超量恢复"机制，"超量恢复"的关键点不仅在于"超量"，更重要的是"恢复"，没有足够的恢复时间会使运动员的身体一直处于疲劳状态，影响训练和运动成绩。而且速度耐力训练本就是高强度训练，存在较大受伤风险，不建议一周进行多次速度耐力训练，通常将高强度速度耐力训练作为速度训练的辅助部分进行。

（四）加强运动员意志品质培养

运动训练是极其枯燥的过程，速度耐力训练需要运动员不断竭力完成训练内容，在速度耐力训练中必须加强运动员意志品质培养。

【思考题】

1.通过总结速度素质的种类以及相互之间联系，谈谈自己的看法。

2.结合本章内容，谈谈供能系统训练在速度训练过程中的作用。

3.结合训练实践，谈谈如何采用身体运动功能训练手段提升速度素质？

第五章　耐力素质训练研究

[本章导语]耐力训练是体能训练的基础性内容，它以提高机体心肺功能为基础任务，以强壮机体的三大能源供应系统为根本任务。本章将耐力训练分为有氧耐力训练与无氧耐力训练两个部分，对两部分的重要性进行系统的阐述与分析，从供能特点、训练方法以及测试方法三个方面，介绍不同供能系统的特点与肌纤维类型，提供多种训练方法与测试手段，以期为各位读者提供科学有效的训练理念、训练方法，使其在训练实践中能够更好地提高运动员的竞技能力与运动成绩。

第一节　耐力训练的概念与影响

一、耐力训练的概念

耐力是指在规定的时间内机体持续运动的能力。它既是个人能力的体现，也是个人竞技能力的组成部分。耐力通常可以分为基础耐力和专项耐力，基础耐力包含有氧耐力和无氧耐力两个部分，其中基础耐力既是专项耐力的基础，也是各个运动项目训练的重点。

耐力素质优良水平是以能否维持30分钟持续时间的功率输出和维持速度的能力来判定。经典的耐力项目有竞走、马拉松、跑步、公路自行车、长距离游泳、公开水域游泳、赛艇、铁人三项、滑冰、滑雪等，但是对于排球、羽毛球、网球、乒乓球等隔网对抗性项目，以及篮球、足球、拳击、摔跤等同场竞技性项目而言，拥有良好的耐力素质通常意味着拥有良好的竞技能力、更长的运动寿命以及更少的运动损伤。由于耐力素质受诸多生理因素的制约，因此如何发掘人类竞技能力的极限始终是科研人员孜孜探寻的重要课题。因为强大的耐力素质不仅可以使人体在长距离比赛中持续地获得能量，保证机体长时间以较高速度输出功率，而且还可以在生理和心理等方面给予巨大的支持。有研究表明，高水平运动员进行的耐力和力量训练，可以显著改进运动员技术的使用效率（跑的经济性），进而提高运动表现能力。教练员精心设计的耐力训练计划不仅可以提高竞技能力，还能在一定程度上有效减少运动损伤的发生率。

二、耐力训练的影响

拥有良好的耐力素质，运动员就可以在较高的运动强度下保持良好的动作质量，而疲劳则是导致运动能力下降的主要因素，随着运动时间的延长，体内乳酸堆积逐渐增加，因此通过耐力训练可以有效提高机体的抗乳酸能力，进而增强人体承受训练负荷的能力。科学的耐力训练可以显著增加人体的最大摄氧量、肺活量和呼吸肌力量。

（一）耐力训练对心肺系统的影响

心肺系统功能的好坏一直是评价耐力能力是否良好的一个重要手段，评价心肺功能最常用的指标是最大摄氧量，而最大摄氧量与骨骼肌的质量呈正相关的关系。

经常参加适当的耐力性运动不仅可以提高骨骼肌的收缩能力，还可以提高心肺功能、提高机体的免疫力，同时还能够降低心脑血管疾病的发生风险。马拉松作为耐力项目的典型代表，它对心血管系统的要求很高，有研究表明马拉松训练后会引起心脏的离心性肥大，心脏的各个腔室容积均发生增大；同时在与普通人群对比时发现，参加马拉松训练的运动员有着较低的冠状动脉斑块形成的风险。杨衍滔在对高脂饮食的大鼠进行对照实验时发现，不进行耐力运动组大鼠的动脉结构出现不同程度的病变，而进行不同强度耐力运动组大鼠的血脂代谢水平、动脉硬化指数均有明显的改善。以上研究均发现在长期的耐力性运动过程中机体的代谢水平得到提高，但是耐力运动的负荷强度需要因人而异地进行调整，对于非专业的耐力性人群耐力运动的负荷强度不宜过大。

递增负荷的耐力训练中受试者的心脏功能呈现明显的变化，席翼等人的研究表明耐力训练后受试者的心率频率下降、每搏射血量与射血分数增加，这些是心理储备增强的表现，也证明了耐力训练后心脏容积会增大，心脏出现心肌肥大的征兆。多个研究表明短期、长期的耐力训练均可以实现心脏的副交感神经功能增强，比较参加训练人群与正常无训练人群发现，参加训练者的心脏自主神经调节能力更强，其表现为心脏的副交感神经增强而交感神经功能下降。副交感神经的增强被认为是良好训练的正常产物，而副交感神经的降低则相反，自主神经功能增强意味着运动员在运动中可以根据情况的变化来调节机体的运动状态，从而提高自身的运动成绩。

（二）耐力训练对其他方面的影响

随着年龄的增加，人体各个器官的能力都会出现不同程度的减退，主要表现为：肌肉力量下降、皮肤失去弹性、外周伤口愈合能力的下降，并会诱发不同程度的心血管疾病、糖尿病。而这大部分是由人体自然衰老后血液循环的下降所造成的。毛细血管是进行物质交换的最终场所，所以说微循环与人体健康、运动能力有着至关重要的关系。成年男性的血液总重量大概占据体重的8%，它由血细胞、血浆与98%的水组成，主要任务是运输氧气、营养与激素；当训练时血液循环就会重新分配，肌肉与心脏中的血液含量将会增加，而内脏器官中血液数量略微下降。

多项研究表明耐力训练者的动脉结构与功能均发生显著的变化，主要表现为动脉血管管腔内径增大、血流量增加、血管壁厚度下降。长期有氧的耐力性运动能够提高专业耐力性运动员的微循环能力、改善与提高普通中老年人群的微循环能力、减少心脑血管疾病与诸多慢性病的风险。机体的微循环与能量物质代谢能力密切相关，机体血流量的增加伴随着代谢水平的提高，对于肥胖患者来说适当的有氧耐力训练可以达到减重的效果。近年来随着长时间、长距离的耐力性运动的风靡，不恰当的运动方式所导致的心脏病与猝死的情况在运动中也时有发生。王林佳通过对大鼠进行不同的耐力训练表明，虽然HIIT的训练与中等强度的训练相比能够更好更快地改善机体的心肺耐力，但是两种训练方式都存在着一定的风险，而HIIT方式其在训练过程中血压变化所产生的危险更是要大于中等强度的训练。

第二节　有氧耐力训练研究

一、有氧耐力的概念与作用

有氧耐力是指机体在氧气供应充足的条件下持续运动的能力。有氧耐力性运动是在运动的过程中将脂肪转化为能量燃烧，所以使用更多的是脂肪供能，而对于糖的使用则是极少量的，另外有氧代谢系统在供能中并不会产生有害物质，且有氧系统的能量储存巨大，供能时间最长。有氧耐力运动的主要目标是在给定的时间内增加身体的最大摄氧量，它依赖于多种能力：快速地呼吸大量的空气；有力地输送大量的血液；有效地将富有氧气的血液输送到身体的各个部位。最大摄氧量作为有氧耐力训练最常用的测试指标之一，既是体能主导类耐力性项目的重要选材依据，又是反映人体有氧运动能力的重要指标。

二、有氧耐力的肌纤维特点

在人体中，肌肉纤维是由快肌纤维与慢肌纤维组成的。慢肌纤维又被称为红肌，其线粒体内的肌红蛋白与氧气作用产生能量，肌肉训练得越多，就会产生越多的线粒体与肌红蛋白，也就意味着会有更多的氧气被用来产生能量。慢肌纤维的显著特点就是抗疲劳，是因为在慢肌纤维内部的毛细血管数量较多，这也是它为什么被称为红肌的原因，大量的毛细血管保证血液能够带来充足的氧气和能量物质，包括维生素和矿物质，同时血液也会带走二氧化碳和乳酸盐等代谢副产品。

三、有氧耐力训练的重要性

有氧代谢能力对于长距离、长时间的耐力性运动是十分重要的，尤其是在中长距离的游泳与跑步中，有氧耐力训练不但可以提高机体的有氧耐力水平，对于大负荷量刺激条件下的疲劳恢复、伤病的预防也有着重要作用。有研究表明，通过对多个国家队走访了解到，对于有氧耐力的重视程度与运动员竞技能力的提升呈正比，运动员不仅可以显著地提高运动成绩，还能够降低体脂含量，使身体形态更加流畅，肌肉与关节更加平衡，矫正和避免伤病，提高机体的免疫力。

四、有氧耐力的训练方法

有氧耐力是影响耐力项目运动员竞技能力的重要因素之一，有氧耐力训练是体能主导类耐力性项目的主要训练手段。而近年来有研究者发现，有氧耐力训练并不能很好地提高运动成绩。NiamhJ.nf等的多项研究发现，赛艇运动员的训练方式与比赛方式并不一致，在比赛过程中运动员是以最大能力的95%～98%进行高强度运动，而在训练时运动员则很少会进行80%～100%的最大摄氧量训练。鉴于这种训练方式存在的弊端，越来越多的研究者提出了HIIT训练法，这种训练法的核心就是提高机体对于乳酸的缓冲能力，缓冲能力越强也就代表着无氧糖酵解在高强度、高负荷的运动条件下能够持续供能，而且越来越多的研究结果证明，HIIT提高了体能主导类耐力性项目运动员的有氧能力与各种表现；HIIT与传统的有氧耐力训练相结合，是发展体能主导类耐力性项目运动表现能力的最佳方法。

（一）高原训练

高原训练的目的就是通过改变运动员长期适应的环境因素，从而打破运动成绩进一步提升的制约性因素，打破机体原有的各种能力平衡，建立新的平衡，进而实现运动员竞技能力的提升。已有的研究成果揭示，高海拔、低纬度的亚热带地区的自然环境和气候条件对高原训练来说是最适宜的。研究人员发现在高原训练后返回平原一周左右，运动员多项运动生理指标都得到不同程度的上升，而心率与血乳酸的含量明显下降，证明运动员的有氧能力和专项耐力得到显著提高。

高原训练的实质是使运动员暴露在高原低压缺氧的环境下，利用高原缺氧和一定负荷强度运动的双重刺激，促使机体产生各种有利于竞技能力提高的一系列生理应激反应，主要表现为氧的运输能力、机体的供氧能力、氧的利用能力以及神经肌肉协同能力得到明显的改善。但是训练实践反映，高原训练过程中的运动负荷强度很难与平原相同，经研究发现海拔2000米高度时，运动负荷强度将下调15%；当海拔高度上升到3000米时，运动负荷强度只能达到平原训练负荷强度的55%。这是由于高原缺氧环境导致机体最大摄氧量降低，机体运输氧与利用氧的能力也在下降。低氧训练作为一种起源于高原训练的新型人工环境训练方法，既可以保证低氧环境下提高机体运输与利用氧的能力，又可以解决运动后疲劳恢复不佳，以及机体的合成代谢减弱和分解代谢加强等问题。高原训练与低氧训练的差异在于前者是在天然的条件下进行的，后者是利用科技力量制造的人工低氧环境。

（二）间歇训练法

间歇训练法是指在进行多次练习时对间歇时间严格地控制，是身体处于不完全恢复的状态下，反复练习的一种练习方法。组间休息时间是由训练强度决定的，训练强度越大、间歇时间就应越长，训练强度越小、间歇时间越短。

高强度间歇运动是指在短时间内进行多次的高强度训练，训练强度为最大摄氧量的90%，且在两次高强度运动中间以一次低强度运动为间歇。高强度间歇训练法可使运动员最大限度地动用糖酵解供能，在运动中产生高浓度的乳酸，从而可以提高运动员对乳酸的耐受力，进而提高无氧耐力，高强度练习可以持续5～10秒或5～10分钟，可以在任何地方进行训练。

1. 深蹲

练习时间：4分钟

负荷强度：60%～70%最大负荷

训练部位：大腿后部、臀部、腹肌和手臂

动作要求：深蹲是一种复合运动，在深蹲时，多个肌肉群和关节同时运动，如股四头肌、臀大肌、腰腹肌。深蹲可以增强全身力量，同时增强骨骼肌的力量，提高身体的耐力。从站立位开始，两脚与肩同宽或稍宽，先屈髋后屈膝，同时手臂向前伸出呈前平举。注意：膝盖不能够超过脚尖，先屈髋后屈膝。

2. 窄距俯卧撑

练习次数：15～30次/组，共4～6组

负荷强度：60%～80%最大负荷

动作要求：俯卧撑是锻炼上半身最有效的运动之一。俯卧撑主要针对胸部、手臂和肩膀的肌肉，在俯卧撑练习中可以锻炼到肱二头肌、肱三头肌、三角肌和胸肌。身体呈俯卧位，肩、髋、膝、踝三个关节呈一条直线，腰腹收紧，两手间距略比肩窄，向下移动，直到感觉胸部几乎要触地，然后慢慢向上移动回到初始位置。注意要快起慢下、腰腹收紧。

3.高抬腿

练习时间：4分钟

负荷强度：60%~70%最大负荷

训练部位：股四头肌、腘绳肌、髂腰肌、腹肌与背肌

练习次数：每次40次，重复4组，组间休息15秒

动作要求：高抬腿练习将原地慢跑与过度提膝相结合，该动作作为动态有氧练习动作，可以改善运动员跑步的效率，提高步长和加快步频，从而增加速度、肌肉力量和灵活度。初始姿势站立位，两脚与肩同宽，动作开始时迅速地将右膝提向胸部，后迅速地还原，两腿交替。该动作进行过程中要注意核心收紧、上体保持正直，大腿要抬至与地面平行。

4.双臂壶铃甩摆

练习时间：4~6分钟

负荷强度：70%最大负荷

训练部位：臀大肌、股四头肌、腘绳肌和躯干核心力量

动作要求：两脚与肩同宽或略宽于肩，呈半蹲或深蹲姿势，持壶铃放于两腿中间，然后下肢发力，站立或者跳起，同时向上摆壶铃至肩上方，随后还原到初始姿势。动作过程中目视前方，躯干保持正直，两脚尖始终向前，站立时不要耸肩；呈半蹲或深蹲姿势时臀大肌收紧，大腿与地面夹角为45°或90°。

训练建议：壶铃重量可根据个人的实际情况设定，也可变换壶铃的位置，比如放在两腿中间或体侧；可两侧交替训练，每侧10~15次为一组，练习3~6组。

5.波比体跳

练习时间：4~6分钟

负荷强度：70%~95%最大负荷

训练部位：腰腹肌肉群、肱二头肌、肱三头肌、斜方肌、胸大肌。

动作要求：身体呈站立姿势，蹲下，将双手撑在地面，两手距离与肩同宽；用力将双腿同时后蹬，呈手掌平板撑或伏地挺身撑地的姿势；屈腿，向前跳，呈俯卧收腹的姿势；俯卧收腹姿势完成后紧接着向上纵跳。

训练建议：在站立与俯卧阶段肩、髋、膝、踝关节应呈一条直线，均匀呼吸，次数与练习的组数不必固定，要根据自己的情况而改变。每组练习为10~12个，练习组数为4~6组。

6.单臂壶铃抓举

练习时间：4~6分钟

负荷强度：60%~80%最大负荷

训练部位：臀部、大腿前肌与后肌、腘绳肌、核心肌群与手臂肌肉。

动作要求：壶铃置于地面上；双脚分开与肩同宽，壶铃位于两脚之间；背部立直；重心落在两腿之间，深蹲屈髋屈膝，右手抓住壶铃，起立，胳膊伸直；左手在体侧维持平衡；右手伸直，屈髋屈膝，手臂带动壶铃在膝关节间向后摆；伸髋伸膝，壶铃继续向前摆动，随着壶铃向上摆动，屈右肘带动壶铃向上，当壶铃超过肘关节时，翻转壶铃；当右手朝上，壶铃底朝下时，迅速屈髋屈膝，动作结束后，壶铃应与髋关节在一条直线上。

训练建议：保持重心落在脚后跟上；练习过程中背部绷紧；以髋关节为轴旋转，壶铃与髋关节在一条直线上并保持好平衡。

（三）持续训练法

持续训练法是指训练强度较低、持续时间长且无间断地连续练习的一种训练方法。训练实践证明，持续训练法是发展和提高一般有氧耐力的基础，尤其是对中长时间的运动项目而言是最好的训练方式。持续训练法主要应用于基础耐力素质，有助于完善负荷强度低、技术要求较高的动作，长期的低负荷刺激使运动员的肌肉和神经产生一定的适应，从而提高运动员的竞技能力。

1. 越野跑

越野跑是一种在野外自然环境下进行的中长距离的运动，不同于公路跑与场地跑，越野跑并没有固定的跑道或路线，同时场地往往会出现巨大的起伏。对于普通人群训练，小区、公园都可以充当越野跑的场地，既保证了环境不固定性又保证了安全性。

练习时间：30～60分钟

负荷强度：40%～60%最大负荷

训练部位：全身肌群

动作要求：越野跑的负荷强度低，速度一般不宜过快，过快的速度会影响到体力的分配。身体略微向前倾，身体四肢协调配合，充分利用跑步过程中产生的支撑反作用力与惯性；两眼目视前方，注意道路的变化；上坡时，上体前倾，大腿高抬，前脚掌着地；下坡时，身体后倾，以全脚掌或脚后跟着地。

训练建议：在跑步过程中，应随时关注天气与环境的变化，避免出现极端天气导致"失温"现象。跑步前应做一些必要的热身活动，以防止运动损伤。

2. 变速跑

该练习可以充分地提高机体的无氧代谢能力。练习方法有400米跑道直道冲刺、弯道慢跑恢复等。

练习时间：20～30分钟

负荷强度：40%～60%最大负荷

训练部位：提高心肺功能

动作方法：直道冲刺时，迅速后蹬，两臂快速有力地前后摆动，上体保持前倾；冲刺过程中，前后摆臂靠近身体躯干的中线，后摆时稍向后侧；后腿在蹬地后，髋关节、膝关节、踝关节，应充分地蹬伸呈一条直线。

训练建议：变速跑可以很好地发展有氧能力，刚开始负荷强度不宜过高，应由低慢慢过渡到高强度训练，变速跑的持续时间应该持续半小时左右。

五、有氧耐力的测试方法

有氧耐力素质的提升不仅仅靠耐力训练方法，另一方面还要及时地对耐力训练后的机体状态进行测试，才能保证训练质量，同时可以根据测试结果随时调整训练计划。有氧耐力训练后所产生的适应性表现为最大摄氧量提升、心脏血液输出量增加与血乳酸曲线的右移。最大摄氧量是测试有氧耐力水平的主要指标。另外，大量的研究表明乳酸阈是评价有氧运动能力与代谢能力的重要指标，不同运动项目以及不同性别和不同运动水平的运动员在乳酸阈值上存在着一定差异。

（一）最大心率测试

人体运动时的最大摄氧量出现在大负荷强度的力竭性运动中，心肺系统摄氧能力与用氧能力达到极致的时刻。最大摄氧量的测量方法可分为直接测试法与间接测试法，在测试的准确性与安全性方面，间接测试法和直接测试法之间存在着一定的差距。间接测试法主要是通过在规定的负荷强度下，测定心率与功率，测试数据会出现不准确、不严谨的情况。直接测试法由呼吸测定法和心血管测定法组成，心血管测定法对机体会造成一定的损伤，在实践中使用并不广泛。呼吸测定法是通过气体分析仪收集测试者运动中所呼出的气体，并对每分通气量、摄氧量、二氧化碳量进行测量，直至运动员力竭的那一刻。最大摄氧量的呼吸测定法测量需要用到递增负荷的跑台、气体分析仪，在运动过程中气体分析仪会不断地对呼出的气体进行分析。

（二）无氧阈的测量法

无氧阈测量是有氧代谢供能与无氧代谢供能的分界线，也是评价运动员有氧能力的重要指标。人体的有氧能力不仅仅与最大摄氧量的高低相关，还与无氧阈有关，最大摄氧量代表着机体摄取与运输氧气的能力，无氧阈代表的是机体骨骼肌对氧气的利用能力。当最大摄氧量提高到一定程度以后，机体的最大摄氧量将不会再有大幅度的提升，而此时的无氧阈还可以继续提升。无氧阈的测试指标主要由气体代谢指标、血乳酸指标、心率指标构成，并通过以上指标衍生的通气阈、乳酸阈、心率阈等指标，评价运动员机体的有氧能力；乳酸阈是通过测量运动后的即刻、5分钟、10分钟、15分钟血液中的乳酸盐含量来判定，主要采集受试者的末端血液。

综合分析前人对于无氧阈的研究成果发现，在使用乳酸阈作为评价训练效果与有氧能力的重要指标时，应注意控制训练强度。血乳酸数值不仅与有氧能力有关，还受负荷强度的影响。在选择乳酸阈作为评价指标时，首先要设计合理的训练计划，其次要精准地控制训练计划的各个环节，训练结果才能与训练前所设想的一致。

第三节 无氧耐力训练研究

一、无氧耐力的概念

无氧耐力是以机体的无氧代谢系统供能为主要形式，坚持长时间运动的能力，也可称之为速度耐力。研究表明无氧耐力主要是由磷酸原和糖酵解两个系统供能，磷酸原系统与糖酵解系统供能均不需要氧气的参与，故无氧耐力是指机体利用体内磷酸原和糖原的无氧分解产生的能量供应肌肉收缩的能力。机体的无氧耐力主要取决于骨骼肌糖酵解能力、脑组织耐乳酸能力和清除乳酸的能力，高强度的无氧运动中会产生高浓度的乳酸积累，糖酵解系统供能越强就会产生越多的乳酸，进而快速处理乳酸的能力就至关重要了。

二、无氧耐力的训练方法

无氧耐力是在缺氧状态下，骨骼肌长时间收缩的能力，采用短时间、最大用力和短暂休息的重复训练方法进行，时间持续一分钟左右，较典型的训练方法有快速的间歇跑、重复跑、400米跑以及对抗性球类运动。

（一）重复训练法

1.原地高抬腿跑

练习时间：每组5~30秒，6~8组

负荷强度：90%~95%

动作要求：双臂自然弯曲置于体侧，上身正直，目视正前方；双脚直立，先上摆右腿、大腿至水平面，脚尖勾紧且不超过膝关节垂直面，然后右髋快速伸展下压，右脚着地瞬间同时快速上摆左腿，大腿摆动至水平面，两腿交替进行；保持上身正直的情况下，两腿交替上摆至水平，频率越快，效果越好。

训练建议：高抬腿跑的主要作用是训练下肢爆发力，提高下肢的蹬摆能力和持续的无氧运动能力。长期练习可以起到增强下肢力量，增大步幅，提高髋关节、膝关节和踝关节的灵活性和力量。

2. 400米操场匀速跑训练

负荷强度：80%～90%

动作要求：上体直立稍前倾，双臂前后45°摆动，手部放松（虚握拳），向前送髋动作明显，大腿高抬（尽量抬至与地面平行），小腿放松，前脚掌着地，着地时有明显向后"扒地"的动作；体力分配按照匀速跑进行。

训练建议：训练时最好穿背心短裤跑鞋，赛前的准备活动内容包括，慢跑、拉韧带（压腿、拉腰、压上肢）、跑的专门性练习（30米左右的加速跑、高抬腿跑和后蹬跑等），要充分将身体活动开。

3. 立卧撑跳

练习次数：每组20次，共4～6组

负荷强度：80%～90%

动作要求：起始姿势为站立，目视前方，身体自然放松，快速下蹲，双手接触到地面时下肢向后伸，当肩、髋、膝、踝关节呈一条直线时做一个俯卧撑；然后快速屈髋、屈膝还原到深蹲姿势，紧接着做一次向上跳跃动作。依此反复练习。

训练建议：立卧撑跳的强度比较大，在练习过程中为发展无氧代谢系统，建议心率维持在150次/分钟；其次是正式运动之前需做好准备活动。

4. 变速跑

练习次数：400米跑道3~6圈

负荷强度：60%~80%

动作要求：变速跑常采用的方法为50米快、50米慢或者直道快、弯道慢；由慢跑变快跑时，上体前倾，用前脚掌短促有力地向后蹬地，同时迅速摆臂，前几步的步幅要小，步频要快，便于身体重心快速移过支撑点，然后逐步抬高身体重心至垂直姿势，逐步加快步幅。慢跑时，保持一定的节奏颠着跑，而不是慢走。

训练建议：跑动过程中，冲刺跑与慢跑的衔接是关键，加速跑后应继续向前慢跑，保持一定的节奏。

（二）间歇训练法

间歇训练法适用于体能主导类速度型与耐力型项群。它的一个主要特点是通过交替进行既定速度的练习及短暂的休息，使心肺功能和机体代谢能力得到提高；其另一个特点是在身体的机能状态并没有充分恢复时进行下一组练习，对间歇时间要严格把控，目的是提高呼吸系统、循环系统的工作能力。通过心率监控运动负荷强度，有利于运动员的身体机能产生适应性变化，通过不同类型的间歇训练，可使无氧糖酵解代谢能力、磷酸原与糖酵解混合代谢供能能力、糖酵解与有氧代谢混合供能能力、有氧代谢的能力得到有效提升。通过严格地控制间歇时间，有利于人体在激烈对抗和复杂多变的比赛环境下发挥出稳定的技术动作；在间歇时间内，虽然机体停止了运动，但是心血管与呼吸系统仍处于较高的活动水平。较高负荷强度心率的刺激可使机体抗疲劳能力得到提升，从而更有效地提高心血管系统和呼吸系统工作能力以及抗疲劳能力。

高强度间歇训练法（HIIT）是间歇训练法的一个分支，是指在较短的时间内通过快速变换节奏，以爆发性运动为主要方式的训练方法。通常情况下，每次高强度练习持续的时间不会超过40秒，且对每次间歇时间都严格控制，使受试者的机体在不完全恢复的状态下反复练习。HIIT的主要特征为运动强度较大，可在短时间内产生大量的能量消耗，迫使机体代谢加速，进而致使脂肪分解供能，减少脂肪的堆积。两组高强度间歇练习之间，会安排短暂的休息或强度相对较小的运动，避免过度运动导致受伤。HIIT训练法在国内主要被用于大众健身健美、减肥和运动损伤的恢复。HIIT训练可以降低机体安静时的心率，梁丰等研究揭示HIIT训练可以提高人体心脏的每搏输出量，HIIT训练后可以显著提高机体的最大摄氧量、肺通气量和有氧能力。Bartlett在研究中发现，高强度间歇训练与中等强度持续运动相比，前者的愉悦感更高一些。鉴于高强度间歇训练的强度相对较高，因此，它比常规的持续性有氧运动时间要短一些，训练效果也具有一定的特殊性和显著性。

　　HIIT由糖酵解供能系统和磷酸原供能系统共同组成，无氧+有氧的训练模式是HIIT的一大特点。HIIT的训练过程包括训练和恢复两个阶段。在训练阶段时负荷强度较大，机能快速达到身体极限；恢复阶段时在不充分休息条件下，机体最大摄氧量和心率达到标准时进行下组训练，两个阶段交替进行并重复一定的组数。在HIIT训练方案的制定方面没有统一标准，动作模式的选择也具有较强的灵活性，研究者可以根据受试者现实身体机能水平制定合适的训练计划。

三、无氧耐力的测试方法

（一）无氧功率测试

　　无氧工作能力是指运动中人体通过无氧代谢途径提供能量保持运动的

能力，主要由磷酸原系统供能和无氧糖酵解系统供能两部分所组成。从生理学角度看无氧功率是指人体肌肉的无氧供能代谢系统能够提供能量的总量和完成无氧功的总量；从生物力学角度看，无氧功率是指在最短的时间内、无氧条件下肌肉的最大收缩速度与收缩力量的能力，通常用最大功率来表示。磷酸原系统是无氧耐力的基础，短时间（6～8秒）最大功率运动的能力均取决于磷酸原系统供能的能力。在极限强度运动中，肌肉中的ATP和CP在短时间内（6～8秒）就几乎耗尽，无氧峰值一般出现在3～10秒，故常用这一阶段的峰值功率来评价磷酸原系统的供能能力。

　　Wingate无氧功率测试是由二十世纪七十年代以色列Wingate体育学院研发推出的，该测试方法被广泛应用于测定与评价运动员机体的无氧功能和分析最大负荷强度训练后机体的代谢反应。Wingate无氧功率测试的指标有：无氧峰值功率、平均无氧功率和无氧功率递减率。测试前要求受试者在功率自行车上骑行进行准备活动，一般准备活动时间在2～4分钟，热身结束后休息3～5分钟再正式开始实验，受试者必须保证全力以赴完成规定负荷强度下的30秒脚踏车运动，随后降低负荷强度继续运动3～5分钟。

　　如果测试结果是无氧峰值功率高、无氧功率递减率低，表明该受试者的30秒无氧功率相对较高，同时也反映出受试者无氧代谢供能系统的能力强；反之，则表明受试者的无氧系统代谢能力差。该测试方法简单实用、精确性高、安全性高，不会对人体造成创伤。

（二）血乳酸的测定

　　血乳酸浓度检测是用来评价人体在高强度训练后机体的疲劳状态与恢复的情况，从而为制定训练计划提供指导方向。血乳酸是人体内无氧糖代谢的产物，血乳酸浓度是指人体血液中乳酸的含量，它是反映机体无氧糖酵解系统水平的重要指标。同时血乳酸是反映人体运动强度和负荷的有效指标，不仅测量方法简单，测量结果更能为训练监控提供科学依据。血乳酸的测定主要是测量高强度运动后即刻、3分钟、5分钟与次日清晨的机体末端血液，以此确定机体对训练计划设定的负荷强度的反应，进而评价机体无氧代谢系统的代谢状况。通过血乳酸浓度值可以追踪判断无氧阈值，从而在之后的训练中对无氧阈值进行针对性强化，促进无氧耐力科学增长。人体无氧耐力的提高伴随着糖酵解能力的提升，也就代表着机体的耐乳酸能力或者是机体对乳酸的清除能力提高。乳酸清除率反映短时间高负荷强度训练后的血乳酸清除幅度，乳酸清除速率反映了高负荷强度运动后血乳酸的清除速度。血乳酸清除率与血乳酸清除速率既可以评价机体的有氧代谢能力，同时又可以反映机体的无氧代谢能力水平。静息时测得血乳酸值是维持身体运转代谢的产物，而运动后测得的最大乳酸值是机体对乳酸的耐受性的最大限度。运动后测得的血乳酸的最大值越大，表示无氧代谢能力就越强。

血乳酸的测定是通过专门的乳酸成分分析仪进行检测。测试所选择的采血部位是人体肢体末梢如耳垂、指尖等，测试时间为高强度运动后的即刻、3分钟、5分钟、10分钟以及30分钟，在数次结果中取最大值，其中运动后30分钟测试的数值为安静状态下的血乳酸值。

（三）心率测试

心率作为国内外研究人员训练监控常用的指标之一，不仅能够反映运动负荷与强度，同时也能够反映出能量代谢的生理指标。在实践中教练员不仅能利用其对训练负荷强度进行监控，还能对训练中心率变化进行监控，随时了解体能恢复情况。大量的研究发现心率与负荷强度呈线性相关，负荷强度不断增加时心率也随着增加，但是当负荷强度增加到一定阶段时，心率增加率会出现下降的趋势，此时心率与负荷强度就呈非线性关系，而此时就是机体的心率阈值。运动时心率随着机体代谢水平的提高而加快，在一定范围内可以反映运动强度和机体的代谢水平。普通人安静时的心率为70～80次/分钟，而运动员的心率通常是40～50次/分钟，运动时心率加快是血液循环机能变化中最易察觉的一种变化。

高强度间歇训练下的心率则不能准确地反映体内的消耗状况，如将手举起做快速的握拳动作，动作结束后会发现虽然动作强度不大，但是受试者仍然感觉很累。此时单独的心率指标检测就会出现一系列的问题，就需要引入血乳酸指标，二者的结合可以提供相对精确的数据指标。监控运动负荷强度时使用心率与血乳酸指标，在指导训练实践时可以结合MLSS来指导耐力训练，对于提高机体的耐乳酸能力成效显著。对负荷进行科学的监控，了解身体机能状态，针对个人特点以及运动项目特点，制定专门的训练计划，有利于进一步提高竞技能力。

【思考题】

1.结合自身实践经验以及运动项目，谈一谈耐力训练负荷强度的设定。

2.与时俱进，请你阐述一下过去耐力训练与现代耐力训练在哪些方面存在区别。

3.读完本章，请你结合项目从耐力训练的角度分析肌纤维类型对竞技能力的影响。

4.结合耐力训练与测试的新方法，谈谈你对科技助力竞技奥运的看法。

第六章　柔韧素质训练研究

[**本章导语**]柔韧素质是体能训练中一项重要的组成部分，它对整个体能结构起到促进和制约的双重作用，柔韧素质的好坏直接影响到速度素质、力量素质和灵敏素质的发展。柔韧素质是指关节活动幅度，也就是关节在运动过程中附着关节的韧带及其周围肌肉软组织的伸展能力。本章从柔韧素质的概念与作用、柔韧素质训练方法和柔韧素质测试方法3个方面，系统介绍柔韧素质训练的意义和应用途径，使读者更加清晰地掌握柔韧素质训练的内容体系和方法体系，从而更好地应用柔韧素质训练的理论与方法。

第一节　柔韧素质的概念与作用

　　柔韧素质是人体一项重要的身体素质和健康指标。武术、竞技体操、艺术体操、跳水、花样滑冰、蹦床、毽球、散打、游泳等运动项目，对运动员的柔韧素质都有很高的要求。发展柔韧素质不仅可以加大动作幅度，使动作更加优美、协调，而且能加大动作力量，减少受伤的可能性。因此，正确地进行柔韧素质练习，对于运动员提高运动技术水平具有重要的意义。

一、柔韧素质的概念

柔韧素质是指人体关节活动幅度的大小以及跨过关节的韧带、肌腱、肌肉、皮肤及其他组织的弹性和伸展能力。其中关节是人体固有的装置结构，其活动幅度受自身限制，通过合理的锻炼能够增加肌肉、肌腱、皮肤和韧带的伸展性和弹性。柔是拉长的体现，韧是肌肉和韧带的力量表现，拉伸和收缩的有机结合组成了人体的柔韧素质，对关节起着重要的保护作用。

从柔韧素质与专项的关系看，可分为一般柔韧素质和专项柔韧素质。一般柔韧素质是指为适应一般技能发展需要的柔韧素质。专项柔韧素质是指专项运动特殊需要的柔韧素质，由于专项柔韧素质具有较强选择性，因此，同一身体部位具有的柔韧性由于项目的需求不同，在幅度、方向等表现上也有差异。

二、柔韧素质的作用

柔韧素质不同于力量、速度，以及其他运动素质，它不能直接引起运动，但却是完成运动所必不可少的条件。柔韧素质的好坏决定了体育运动中其他几个素质的效率。柔韧素质越好，在体育运动中会更有力、速度更快、动作更优美。在运动中，力量、速度和耐力任何一个素质的发挥都需要良好的柔韧素质参与。同时，它对掌握运动技术、预防受伤的预感性和可能性、保持肌肉的弹性和爆发力、维持身体姿态等方面都具有很重要的意义。因此，无论男女老少，不管是运动员还是普通人，都需要加以重视并经常进行练习。

（一）柔韧素质可以提高运动能力

在体育运动中，柔韧素质有利于提高运动员的运动能力。人体的动力系统除了控制简单的肌肉收缩与放松之外，还要完成肌肉群内部的协作、技术的发展和技能的获得等任务。位于肌肉、肌腱和关节内的本体感受器能够感受肌肉的长度、压力以及关节角度，这些本体感受器是向动力系统提供信息的重要环节。而柔韧素质不仅能够促进肌群内部的协作和运动技术的提高，还能够改进本体感受器接受刺激的能力。在运动界，柔韧素质训练越来越受到重视，训练的方法也不断得到改进和提高。

（二）柔韧素质能最大化发挥其他各项身体素质

运动时人体是一个有机的整体，按照木桶原理，任何一项身体素质出现短板，都会限制整体运动能力的水平。从参与运动的整体来看，柔韧素质不直接为体育运动提供力量、速度、耐力、灵敏等运动能力，但柔韧素质能为这些运动能力提供帮助。

力量是肌肉收缩的结果，根据肌肉收缩的原理，相同肌肉在一定范围内，肌肉初长度长的肌肉收缩力量更大，肌肉本身又是一个弹性体，存在弹性力量，所以柔韧素质好的肌肉，收缩的力量更大，收缩的速度也更快，在力量素质为主的体育运动中更容易发挥最大力量和速度力量。

（三）柔韧素质能够有助于恢复损伤

经常参与体育运动就不可避免地会出现运动损伤，而柔韧性练习是受伤后恢复过程中的重要内容。受伤一般会导致肌肉和肌腱逐渐紧绷，或者变得僵硬，使动作范围受到限制。柔韧性练习能够解除这种僵硬状态，同时加速损伤肌肉的恢复。合理的柔韧素质训练能保持连接处组织和肌肉间的整体性，发展柔韧性的"储备"能力。在修复肌肉组织的过程中，小心地进行柔韧性练习能够促使肌肉改变其状态，使肌肉慢慢地恢复到原来的长度，并因此减少肌筋膜粘连。与此同时，经过适宜的柔韧性训练，肌肉张力和本体感受也会得到恢复。

（四）柔韧素质能够防止运动中受伤

绷紧的肌肉和肌腱之所以极其容易受伤，是因为在大运动量训练后肌肉会变得更大、更强壮。但与此同时肌肉也会变得更紧、更短，这是因为运动负荷集中在肌肉很小的范围内，而不是最适宜的范围内。这就意味着肌肉会失去柔韧性，在进行训练时会感到僵硬和不够放松、舒适，在运动中或试图改变技术的时候，很容易受伤。如果肌肉、肌腱和四肢具有良好的柔韧性，那么就可以减少在运动过程中因超过它们的承受极限而产生损伤的可能性。例如，标枪运动员，最后用力时肩、肘关节出现损伤，体操运动员做支撑分腿腾跃时大腿内侧拉伤等都是由于相关部位柔韧性差或力量不足造成的。而柔韧性好的肌肉能够很好地吸收冲撞力，从而减少对关节和骨骼造成的压力，而且良好的四肢柔韧性还可以减少对脊椎产生的张力。许多运动专家和运动医学专业的医生都指出，提高柔韧性练习能降低运动损伤的概率和肌腱、关节损伤的程度。

可以从两个方面来解释肌肉柔韧性与其易损伤性之间的密切联系。第一，是以柔韧性对关节动作幅度的作用为依据；第二，是以柔韧性与肌腱单元的弹性之间的关系为依据。柔韧性练习作为训练后放松活动中的一项常规练习，可以防止肌肉变紧，同时保持柔韧性，防止运动损伤。

（五）柔韧素质能够促进运动后身体的快速恢复

运动过后，人体内环境会产生很大的变化，产生身体疲劳。良好、正确的柔韧素质练习有利于身体的快速恢复。一次大的运动负荷容易产生"延时性肌肉疼痛"，一般出现在力量训练或者其他比较激烈的肌肉运动后24~48小时。"延时性肌肉疼痛"是在没有适应训练之前的一种正常的生理反应，总觉得肌肉紧绷，动作受到了限制。如果利用正确的柔韧性练习，在两三天后疼痛会消失，肌肉会变得更加强壮，并且下次再做类似的练习时，疼痛会减轻。例如，超等长跳跃练习的离心收缩，需要肌肉在长度缩短的情况下进行强有力的收缩，肌肉酸痛是不可避免的。但是，在运动之后进行10分钟的静力伸展练习，在较小的强度下练习静力性拉伸和"微型拉伸"可以发展柔韧性的"储备"，能在很大程度上减轻超等长练习带来的肌肉酸痛。

（六）柔韧素质可以增加动作幅度，提高动作实效性

在日常生活、工作或竞技运动中，我们经常需要四肢和躯干进行弯曲、延伸、扭转、投掷、推拉等动作。这些动作的完成程度取决于改变身体动作的范围，即从较小的动作范围改变到处于"全部拉伸"的较大动作的范围。柔韧性练习可以使四肢具备更好的杠杆作用，从而增加身体动作的幅度，这样人体就可以更好地进行延伸、投掷、推拉等动作。另外，增加身体各种动作的幅度能够使动作更具有审美性。

在众多的运动项目中，加大动作幅度就意味着动作质量的提高。如短跑中的步幅，它是影响跑速的决定性因素之一，而步幅的大小又是由髋关节柔韧性决定的。因此，在发展柔韧素质时应有一定的针对性，还要结合各项目特点进行发展，这样才能有效提高动作的质量。另外，发展柔韧素质还可以提高动作的协调性和灵敏性。协调性和灵敏性是一种综合素质，它着重表现出人体对时空的感觉能力，良好的协调性和灵敏性对有效完成各项动作是非常有帮助的。

（七）柔韧素质练习能够集中精力和放松情绪

运动之前进行柔韧练习有利于集中精力去完成任务。柔韧性练习会使运动参与者觉得自己已经全身心地投入，产生自己已经准备好了的心理暗示，认为自己在运动中能够发挥自己的水平，控制整个形势，把心中无法控制的杂念抛开，从而消除紧张的情绪。为了达到柔韧性练习的最大效果，在运动之前和运动之后都应该坚持做柔韧性练习。

（八）柔韧素质可以完善、美化身体形态和动作

柔韧性的好坏可以参照运动过程中围绕某运动轴进行转动的最大活动范围。对于柔韧素质要求较高的项目，如艺术体操、健美操和武术等，在表演时常表现出一定的力度、幅度和优美造型，这些都离不开柔韧素质。除此之外，发展柔韧素质还具有美化身体形态的功能，经常进行柔韧性练习可以使身体更匀称、线条更突出、姿态更优美。

柔韧素质是身体素质中一个重要组成部分，它在运动中起着不可低估的作用。在训练和教学中它虽然是身体素质中的一个因素，但并不是孤立存在和发展的。它和其他素质如力量、速度耐力等是相互影响、相互促进及相互制约的关系。这些素质之间的发展存在着大量相互迁移的现象，即一种运动素质的提高会促进另一些素质的改善。因此，在发展柔韧素质时不能只发展柔韧素质而不考虑其他素质的影响，同时要结合运动项目的动作特点，这样才有助于成绩的提高和专项技术的发挥。

第二节 柔韧素质训练方法

发展柔韧素质的目的是提高跨过关节的肌肉、肌腱、韧带等软组织的伸展性。柔韧素质的训练方法很多，可分为动态拉伸和静态拉伸两类，并有主动和被动之分。动态拉伸是指有节奏地多次重复某一动作的拉伸方法。静态拉伸是指通过缓慢的动态拉伸，将肌肉、肌腱、韧带等组织拉长，并在最大程度时停留一定时间的练习方法。这两种方法均可采用主动的拉伸和被动的拉伸，都是在"力"的拉伸作用下，有节奏地逐渐加大动作幅度或多次重复同一动作，使软组织逐渐地或持续地受到被拉长的刺

激。在训练过程中，通常是把动态拉伸法和静态拉伸法、主动练习法和被动练习法结合起来运用。

　　初学者首次进行柔韧性练习时，应从接近使自己感到疼痛的临界点开始，每一个拉伸姿势保持20秒左右。对身体各组肌肉的练习只需重复一次。然后，逐渐延长动作的时间（直到能坚持1分钟），增加强度（以能在自己的"可拉伸区域"内，没有痛感地做该动作为合格）。如果做到了这一步，就可以重复一遍该动作（即从可以完成该动作并坚持20秒，逐渐延长时间至1分钟）。根据不同关节活动范围的技术需要来确定发展柔韧性和保持柔韧性练习的重复次数，每组练习持续时间10秒钟左右；静力拉伸练习，停留在关节最大伸展程度的位置上，保持30秒左右。为保证在完全恢复的状态下进行下一组柔韧练习，可以在间隙休息时做一些肌肉放松练习或按摩。该动作练习不能太剧烈，防止疼痛和拉伤，练习时应以静态拉伸为主，辅以动态拉伸。如果要提高柔韧性，每周至少做3次伸展练习，每周做5～6次练习则能获得明显的效果。

一、柔韧素质训练的分类

　　根据人体的部位划分，柔韧素质训练主要有上肢的柔韧训练和下肢的柔韧训练。柔韧素质常用的训练手段有动态拉伸和静态拉伸（都有主动和被动之分）、PNF拉伸等。

（一）主动或被动的动态拉伸法

　　动态拉伸法指有节奏的、速度较快的、幅度逐渐加大的多次重复一个动作的拉伸方法。主动的动态拉伸是靠自己的力量拉伸，被动的动态拉伸是靠同伴的帮助或负重等借助外力的拉伸。

　　利用主动或被动的动态拉伸法进行练习时，所用的力量应与被拉伸关节的可能伸展力相适应，如果大于肌肉组织的可伸展能力，肌肉或韧带就会拉伤。在运用该方法时用力不宜过猛，幅度一定要由小到大，先做几次小幅度的预备拉伸，再逐渐加大幅度，避免拉伤。

（二）主动或被动的静态拉伸法

静态拉伸法指缓慢地将肌肉、肌腱、韧带等拉伸到一定酸、胀、痛的感觉位置并略有超过，然后停留一定时间的练习方法。

这种方法可减少或消除超过关节伸展能力的危险性，防止拉伤，由于拉伸缓慢不会激发牵张反射。一般要求在酸、胀、痛的位置停留6~8秒，重复6~8次。

（三）PNF拉伸

PNF是Proprioceptive Neuromuscular Facilitaion的缩写，意思是"神经-肌肉本体促进"，通过刺激人体本体感受器，来激活和募集最大数量的运动纤维参与活动。基本原理是几乎存在于所有骨骼肌内的肌梭是一种高度敏感的感受器，它执行肌肉中的精细运动，主要功能就是在肌肉被拉长时，可以发放牵拉长度和速率的变化信号，使中枢神经系统了解肢体相关位置的结构。而腱器官存在于肌纤维和肌腱的连接部位，肌肉的牵拉和收缩都能激活它们，肌肉越主动收缩对它们刺激就越强。肌肉的收缩、牵拉能够刺激本体感受器，改善肌肉的特定功能。在实践练习中，通常练习者和同伴相互配合，通过一系列主动和被动拉伸来达到更大拉伸效果。

二、柔韧素质训练的方法

（一）柔韧素质训练采用的手段

1.在器械上的练习：利用肋木、平衡木、跳马、把杆、吊环、单杠等。

2.利用轻器械的练习：利用木棍、绳、橡皮筋等。

3.利用外部的阻力练习：同伴的助力、负重等。

4.利用自身所给的助力或自身体重的练习：如压腿时，双手用力压的同时上体向前压振；在吊环或单杠上做悬垂等。

5.发展各关节柔韧所采用的动作：压、踢、摆、搬、劈、绕环、前屈、后仰、吊、转等。

（二）发展各关节柔韧练习的方法及手段

1.肩关节

肩关节是由半球形的肱骨头和肩胛骨的关节盂构成的球窝关节，所以肩关节是关节中最灵活、活动幅度最大的关节。它的加固主要靠喙肱韧带和三角肌，因此该关节的练习在增加肩部肌肉力量的同时还可以增加肩部柔韧性。

发展肩关节的柔韧练习主要有主动或被动地压肩、拉肩、吊肩、转肩等，如手扶肋木的体前屈压肩、背对肋木双手上握向前的拉肩、在单杠或吊环上做各种握法的悬垂、借助绳或木棍的转肩练习。

2.肘关节

肘关节由肱尺关节、桡尺关节、肱桡关节构成。它是靠内侧、外侧副韧带及桡骨环状韧带加固。肘关节在运动时屈伸动作较多，所以在发展屈肌力量练习的同时配以屈肌的伸展性练习，如压肘、旋内、旋外、绕环等。

3.腕关节

腕关节由桡腕关节（使手屈伸、内收外展）及腕间关节（使手旋转）构成。体操运动员主要发展背屈能力，采用俯卧撑推手、倒立爬行等方法练习；篮球、排球、乒乓球、手球、网球等项目对运动员手腕的灵活性要求较高，既要发展屈伸和内收功能，又要发展旋转的能力，主要通过基本动作和基本技术来发展；举重运动员主要发展手背后屈柔韧等。

4.膝关节、髋关节

膝关节由股骨远端、胫骨近端及髌骨后的关节面以及半月板构成，由内外侧副韧带、髌骨韧带、交叉韧带加固。膝关节的柔韧主要是发展腿部后面肌群（股二头肌、半腱肌、半膜肌、小腿三头肌、胫骨后肌）的伸展性；屈膝能力主要发展腿部前面肌群（股四头肌、缝匠肌、胫骨前肌、姆长伸肌）的伸展性。

髋关节由球形的股骨头与胯骨的胯臼构成，由髌骨韧带及股圆韧带加固。由于胯臼较深，并有软骨形成的关节盂加大与股骨头的紧屈适应，虽然它是球窝关节，但运动幅度受到限制。髋关节的柔韧主要发展前后、左右开胯的能力。

发展膝关节和髋关节柔韧常结合在一起练，称为下肢柔韧练习。经常采用的练习有主动或被动的压腿、踢腿、摆腿、劈腿等。

5.踝关节

踝关节由距骨上关节面、胫骨内踝关节面、胫骨下关节面及腓骨外踝关节面构成。踝关节前后韧带薄弱，而内外侧的副韧带较强。踝关节的柔韧主要发展背屈和背伸及内翻外翻的能力。

如体操运动员主要发展足背的绷脚面能力，常采用各种后足背的练习；足球运动员主要发展内翻和外翻的能力；举重运动员主要发展背屈的能力等。

6.脊柱

脊柱由26块椎骨组成，椎骨之间靠椎间盘连在一起。其中有23块椎体有椎间盘，椎骨之间由于椎间盘有少许转动，当肌肉牵动椎骨时，每一个椎骨少许转动的总和就使脊柱有了相当大的运动幅度。因此，脊柱能前屈、后倾、向右侧屈、向左侧屈及转动。脊柱的柔韧包括颈椎、胸椎、腰椎的柔韧。

颈椎柔韧主要采用头前后屈、左右侧屈、左右转动及绕环的练习。胸腰椎柔韧常结合在一起练习，主要采用下腰、甩腰、体前屈等练习。

（三）柔韧素质训练的具体方法

1.静态拉伸法

静态拉伸法要求动作姿势放松，保持伸展姿势30秒，两侧均衡练习。

静态拉伸法的注意事项：①如果有痛感、放射性症状或感觉丧失，应降低拉伸强度。②在拉伸过程中应及时警示。③避免脊椎做复合动作，如同时伸与侧弯。④保持动作稳定，保护其他关节，防止多余的动作。

（1）颈部

①左右平视

动作要领：直立或坐姿，头颈正直；转头向右至最大向心收缩；转头向左至最大向心收缩。

②屈伸

动作要领：直立或坐姿，头颈正直，屈颈收腭向胸，如果下颌触及胸，尽力让下颌向下；伸颈，头尽可能后仰。

③拉伸斜方肌

动作要领：站直或坐直，小心地将头部靠向右侧，然后微微转向左侧，回到中间。换另一侧重复上述动作。

（2）肩和胸部

①背后伸臂

动作要领：直立，双臂放于背后；手指内锁，双掌相对，完全伸直肘关节；缓慢抬臂，保持肘伸直，保持头正直和颈放松。

②坐姿躯干后倾

动作要领：坐姿，双腿伸直，双臂伸展，双手放于臀后12英寸（约

30厘米）处；手指指向后方；滑动双手向后，斜撑背。

③俯卧背屈伸

动作要领：练习者腿部不动，积极抬上体、挺胸。

④虎伸腰

动作要领：练习者跪立，手臂前放于地下，胸向下压。要求主动伸臂，挺胸下压。

⑤拉伸带肩部放松（训练工具：拉伸带/领带）

动作要领：举起拉伸带或领带越过头顶，双手分开伸向前方，将拉伸带置于胸前或举过头顶置于脑后。

⑥拉肩

动作要领：双人背向两手头上拉住，同时作弓箭步前拉。练习者站立，两手头上握住，帮助者一手拉练习者头上手，一手顶背助力拉。练习者俯卧，两手相握头上举或两手握木棍，帮助者坐练习者身上，一手拉木棍，一手顶其背助力拉。

⑦吊肩

动作要领：单杠各种握法（正、反、反正、翻等）的悬垂摆动、单杠负重静力悬垂、杠悬垂或加转体。

（3）上臂后伸/颈后伸展（鸡翅状）

动作要领：直立或坐姿，右肩外展屈肘，探右手向左肩胛；左手抓右肘，在头后以左手推右肘，增大肩外展。

（4）上背部

①胸前摸臂

动作要领：立或坐，左肘微屈（15°～30°）；胸前横摸（即肩部水平内收），顺手抓左肘上部。右手胸前拉左臂（向右）。

②过头伸臂

动作要领：站立，双手置于身前，手指内扣，掌心向外；缓慢伸直手臂过头手掌向上；手和臂不断向上伸展，同时向后微挺。

③站姿上背部前屈

动作要领：双脚分开站立，与髋同宽；上背部前屈，下巴触锁骨；双臂向前伸展，双手交叉，掌心向内。

（5）下背部

①脊柱旋转

动作要领：坐姿，左腿伸直，上体直立，置右脚于左膝上；将左肘放在屈曲的右膝上，右掌放在离臀30~40厘米的地方；左肘推右膝向左，尽力转肩转头，目视后方。

②屈腿分叉

动作要领：坐姿，双膝屈曲30°~50°，双腿完全放松；膝部向下，可不触地；双臂伸展向前，从腰部向前倾斜（备注：屈膝，放松腿部，减少腿后肌群参与，增加下背部伸展）。

③骨盆倾斜运动

动作要领：身体平躺，双腿弯曲，双脚平放于地面，双臂放在身体两侧，臀部贴向地面。首先，下背部靠近地面；然后抬起腹部，向后倾斜骨盆。该动作重复4次。

（6）髋部

①前弓箭步

动作要领：站立，右脚向前跨一大步，屈右膝至前方（如自由重量弓箭步练习）；保持右脚平放于地面，后腿伸直，后脚与前脚指向相同方向，脚后跟不需要着地；保持躯干垂直，双手置于臀部或前部，缓慢向前及往下降低臀部。

②仰卧屈膝

动作要领：仰卧，双腿伸直；弯曲右膝和髋部，拉大腿朝胸；双手置于大腿后，持续向胸按压大腿。

（7）躯干

①伸臂侧弯

动作要领：直立，两脚分开约16英寸（40厘米）宽；手指相扣外翻，手掌向外；伸直手臂向上，保持手臂伸直，腰部向左倾斜，不要屈膝。

②屈臂侧弯

动作要领：站立，两脚宽约16英寸（40厘米）；右肘屈曲上举过顶，右手朝左肩往下；左手抓住右肘，在头后拉右肘；保持手臂弯曲，腰向左倾斜，不要屈膝。

（8）大腿前侧和屈髋肌群（仰卧后展）

动作要领：向左侧卧，两腿伸直；左前臂撑地，左上臂垂直地面，左前臂与躯干呈45°；右腿屈曲，脚后跟向臀部，右手抓住右踝拉向臀部。

（9）大腿后侧肌群

①坐姿触脚

动作要领：坐姿，上半身近直立，两腿伸直；往前屈髋，两手抓脚尖；朝上身拉脚尖，并朝腿倾推胸部。假如柔韧度不佳，抓住脚踝练习。

②屈伸分叉

动作要领：坐姿，上体近垂直，两腿伸直；左脚掌置于右膝内侧，左腿外侧平放于地面；向前屈髋，右手抓右脚尖；手朝胸拉，胸向前轻压。

（10）腹股沟

①蝴蝶式

动作要领：坐姿，上半身近直立，两腿屈膝，脚尖贴在一起，将脚拉向身体；手置于同侧脚，手肘置于同侧腿；躯干往前轻压，手肘下压使臀部外展。

②鹰式分叉

动作要领：坐姿，上体近直立，两腿伸直，双腿尽可能外展分开；双手抓住右脚尖，轻拉脚尖，并向前压胸；再向中间，以右手抓右脚尖、左手抓左脚尖，上体向前压。

（11）小腿

①推墙伸展

动作要领：面墙而立，两脚分开同肩宽，脚尖离墙2英尺（约60厘米）；往前倾斜，双手置于墙上；将伸展腿向后跨2英尺（约60厘米），前腿屈膝；伸展后腿，脚后跟尽量压地以利于伸展。

②台阶伸展

动作要领：将一脚后跟置于3~5英寸（8~12厘米）高的台阶上或木板边缘，另一脚平贴在台阶上；双脚伸直，尽可能将阶梯边缘上的脚后跟降低。重复另一只脚（备注：为了伸展跟腱，屈膝10°完成相同动作）。

（12）手部和腕部

①站立伸肌拉伸运动

动作要领：伸出右臂，用左手抓住右手，往手掌方向拉回。

②站立屈肌拉伸运动

动作要领：伸出右臂，用左手抓住右手，往身体方向拉回。

③跪姿屈腕拉伸运动

动作要领：身体呈跪姿，倾身向前，将手掌轻轻置于前方地面上，手指指向膝关节。如果感觉舒服的话，让手掌尽可能多地贴近地面。

④跪姿伸腕拉伸运动

动作要领：身体呈跪姿，向前倾，将手背轻轻置于前面地板上，手指指向膝关节，先将指尖置于地面。如果感觉舒服的话，让手背尽可能多地贴近地面。

（13）腰腹部

①卧姿侧腿

动作要领：平躺在垫子上，双腿并拢屈膝；侧倒向身体右侧，右腿尽量能平贴在垫子上，极限位置保持3～5个呼吸。左右交替进行，每侧练习3～5组，逐步延长保持时间至10～15个呼吸。

②盘腿侧弯

动作要领：坐在垫子上，双腿屈膝，两脚掌相对；左臂屈肘，左手扶在左膝关节处，辅助下压左腿；右臂向身体右斜前方45°伸直，极限位置保持3～5个呼吸。左右交替进行，每侧练习3～5组，逐步延长保持时间至10～15个呼吸。

③仰卧起坐

动作要领：平躺在垫子上，双腿屈膝，双手抱头；尽量抬起上身，极限位置保持3～5个呼吸。练习10～20次，逐步延长保持时间至5～10个呼吸。

④跪姿前后摆动上身

动作要领：跪在垫子上，双手放在两膝关节上；双臂伸直，上身前倾，双手支撑身体，极限位置保持3～5个呼吸；上身向后倾倒，双手在体后伸直支撑身体，指尖朝向身体前方，极限位置保持3～5个呼吸。身体前倾、后倒、还原初始姿态为1次，练习3～5次，逐步延长保持时间至10～15个呼吸。

（14）踝关节和足背部

①提踵练习

动作要领：站在台阶边缘，以脚趾部支撑，先提踵并保持垂直站立姿势，然后慢慢降低脚跟，降到台阶以下时，以最快的速度提踵，提踵的幅度越大越好，提踵到最高点时暂停一下，然后再按慢下快上的动作节奏练习，并不断增加下降的幅度。

②屈膝坐压

动作要领：左腿前伸，右腿屈膝后折，上体直立，臀坐在右踝上，两臂在体后撑地；两臂屈肘，上体后仰坐压踝。重复多次后两腿交换。

③后屈体

动作要领：两手抱头跪立，向后倒体至两肘两膝触地，臀压在双踝上。

④俯撑伸展踝

动作要领：直臂俯撑，两臂屈肘，上体后移，随之挺胸向前移至直臂俯撑及两踝正面撑地伸踝。

2.动态拉伸法

动态拉伸法要求每个动作重复5~10次，或者原地或者给定距离。每次重复动作中渐进地增大ROM，在合适的时候增加动作速度，在ROM运动中收缩肌肉。

动态拉伸法的注意事项：在ROM伸展中渐进地运动，做动作要谨慎而不要弹震（动作随时在可控中），不要为了追求额外的ROM而放弃技术。

（1）伸臂摇摆

动作要领：直立，抬臂于身前，平行于地面；步行一定距离之后，双臂同时向右水平摆动，左臂置于胸前，左手手指置于右肩侧，右臂在身体后侧；立即做反向运动，向左侧挥臂。动作仅仅发生在肩关节（即保持躯干、头向前），交替左右两侧协同挥臂。

（2）蠕动拉伸

动作要领：直立，双脚与肩同宽；慢慢屈膝，向前屈腰，双手同肩宽平放于地；重心在后（即不要直接压在手上），臀部上拔，身体呈倒"V"字；交替移动双手向前，好像用手走小步一样，直到身体呈俯撑式位置；向手的位置小步挪腿，保持膝微屈。

（3）弓箭步走

动作要领：直立，双脚分开与肩同宽；左脚直接向前迈出一大步，平放于地面，脚尖指向正前方；左髋左膝慢慢弯曲，保持左膝位于左脚正上方；微曲右膝，降低至离地面1～2英寸（3～5厘米），右脚指向正前方，保持重心恰好在左右脚之间；保持躯干垂直于地面，如同"后坐"于右腿上一样，通过伸展左髋左膝用力地推地；向左脚方向抬起右脚，不要颤动；直立，稍停，然后迈右脚，重复以上步骤，并逐渐提高幅度。

（4）弓步转腰

动作要领：直立，双脚平行，同肩宽；右腿跨一大步向前，右脚平放于地面，脚尖指向正前方；右髋右膝慢慢弯曲，右膝置于右脚正上方；微屈左膝，降低至离地1～2英寸（3～5厘米），脚尖指向正前；左臂向上伸，并向右侧弯曲躯干，回到躯干直立位，然后通过伸展右髋右膝推地；向右脚方向抬起左脚，不要颤动；直立，稍停，然后迈左脚，重复以上步骤，并逐渐提高幅度。

（5）走步抬膝

动作要领：直立，双脚平行，同肩宽；左脚向前迈，屈右髋和膝，提右大腿向胸；抓住右膝前部/胫骨上部，以双手拉右膝尽力向上，挤压大腿向胸，右脚背屈如右髋右膝弯曲一样；直立，稍停，而后右脚迈步着地；交替重心腿，以左腿重复以上动作。向前的每一步，逐渐提高ROM和速度。

（6）弓步压肘

动作要领：直立，双脚平行，同肩宽；左腿向前迈出一大步，脚平放于地，脚尖指向正前；慢慢屈左髋左膝，保持左膝位于左脚正上方，微屈右膝，降低至离地1~2英寸（3~5厘米），脚尖向前；向前倾斜，以左臂向前并以左肘触及左脚脚背内侧，右手可以放于地面以保持平衡；回到直立位，以左髋左膝用力伸展推地，向左脚方向抬起右脚，不要颤动；直立，稍停，而后迈步右脚，重复以上动作。

（7）跟尖行走

动作要领：直立，双脚平行，同肩宽；右脚向前一小步，脚跟先着地而后右脚背屈（垫起），立即向前滚动，尽力通过踝轴提升重心；摆左腿向前迈出下一步，以左腿重复以上动作，每个步子逐渐增加幅度。

（8）上下行走

动作要领：直立，双脚平行，同肩宽；屈左髋左膝，外展左大腿直至平行于地面；向左横迈如同跨栏一样，左脚稳稳地放于地面，转换重心至左腿，直立，稍停，像跨栏一样提右脚；然后右脚稳稳地放于地面，直立，稍停，屈髋屈膝，背屈踝关节（翘脚尖），呈一全蹲姿势；侧向伸展左腿，像做侧弓步一样，保持身体低重心，身体横移低头弯腰，像通过想象中的栏架一样；直立，稍停，反方向重复以上动作（备注：这个练习是在模仿栏上栏下侧移时的动作）。

（9）左右劈腿

动作要领：练习者仰卧在垫子上，屈腿或直腿都可以，由同伴扶腿部不断下压。

3.本体感觉神经肌肉促进拉伸（PNF拉伸）

起初PNF拉伸法只作为放松肌肉的神经肌肉康复计划的一部分，现在被延伸用于运动员的柔韧性训练。PNF拉伸常常需要同伴配合，给予外力刺激肌肉的肌梭和腱器官，感受肌肉的牵拉和收缩，包含被动和主动（向心和等长）肌肉活动。在PNF拉伸过程中，三种特定的肌肉动作用来促进被动伸展。拮抗肌（此肌肉被拉伸）在其被动伸展之前运用向心和等长收缩动作，以获得自主抑制。主动肌的收缩动作被称作主动肌收缩，在拮抗肌被动伸展时以获得交互抑制。

PNF拉伸法的生理机制：基于体内抑制现象和交互抑制现象，通过肌肉的牵张反射和拮抗肌反射性放松等神经生理机制来促进柔韧素质。体内抑制现象是指在运动中肌肉被连续推动拉伸的情况下，逐渐达到最大等长收缩状态，促使肌肉变紧张，使肌肉在没有到达伸展位置之前就刺激腱梭来影响拮抗肌做反射松弛，即在肌肉收缩过程中拮抗肌的松弛状态叫体内抑制现象。而交互抑制现象是指肌肉在反射阶段，拮抗肌肉在做反射并被拉伸的同时，收缩肌做最大范围的等张收缩，即收缩肌收缩导致拮抗肌的反射性松弛叫交互抑制现象。所以，PNF拉伸法从生理学方面来说可以有效地拉伸肌肉。常用方法主要有：

（1）节律性启动

在关节窝和关节头合理的范围内，教练对受试者进行语言讲解，主动帮助受试者的活动部位进行有节奏的运动并对抗阻力，阻力大小根据受试者自身的力量量力而行。该方法要求受试者主观感受，注意力集中，重复性地对抗阻力。这种方法主要适用于肌肉功能有障碍、有运动拉伤或有精神障碍的人群。

（2）复合等张运动

人体肌肉抗阻力训练有等长收缩、超等长收缩、离心收缩和向心收缩，将这些训练方法重复练习，中间没有间歇也没有休息。这种方法可以加大肌肉的力量，增强对抗肌肉的转化，对扩大关节的活动范围有一定的帮助。

（3）缓慢逆转技术

人体的肌肉有一些是对抗肌肉，比如肱二头肌和肱三头肌、胸大肌和背部的肌群等。有效地锻炼对抗肌，使对抗肌缓慢地、有节奏地做等长收缩和向心收缩，能够有效增加肌肉的力量和肌肉横截面积，对关节起到稳定作用。该方法主要适用于一些肌肉力量比较弱、关节不稳定容易脱关节的人群。

（4）重复收缩技术

是一种在受试者进行某肌群单方向等张收缩的过程中，再给予肌肉快速牵拉刺激，强化肌收缩力量的方法。适用于肌肉力量差、肌肉容易疲劳及运动感觉不强的锻炼者。

（5）撑住－放松

这种技术开始时做被动预伸展，到一个轻度不适点保持10秒。然后同伴施加一个屈髋力，提示："撑住，不要让我移动你的腿"。练习者撑住，对抗阻力，此时练习腿采用等长收缩，维持6秒。然后放松再被动伸展并保持30秒。最后的伸展应当是在自主抑制条件下所能达到的最大幅度。

（6）收缩－放松

这种技术开始时也是做被动预伸展，在轻度不适的位置保持10秒钟。然后伸髋抵抗同伴的阻力，如此在全幅度ROM（关节活动度）情景下产生收缩动作。然后，放松再接着做屈髋被动伸展并保持30秒，增加的ROM来自主抑制。在这个技术的交替之间，要尽力伸髋，而同伴要阻止移动的产生。其实这是一个如同撑住－放松一样的技术，收缩－放松方法可优先考虑。

（7）主动肌收缩时的撑住－放松

这个技术在前两个阶段同于撑住－放松练习。在第三个阶段，除了被动拉伸增加了主动肌的向心动作，也增加了伸展力量。在等长撑住后再屈髋，增大关节活动度。如此练习，最终的伸展就更大，首先是因为交互抑制（比如屈髋肌的激活），其次是因为自主抑制（比如腘绳肌的激活）。因而这个技术是最有效的PNF拉伸技术。

第三节　柔韧素质测试方法

柔韧素质的好坏，取决于关节的解剖结构和关节周围软组织的体积大小及韧带、肌腱、肌肉及皮肤的伸展性。一个人的柔韧程度越好，表示其关节的活动幅度越大，关节灵活性越强。柔韧素质与健康的关系极为密切，柔韧素质的提高，对增强身体的协调能力，更好地发挥力量、速度等素质，提高技能和技术，防止运动创伤等都有积极的作用。

一、衡量柔韧素质的标准

衡量柔韧素质的标准主要有三种：《国民体质测定标准》，其测试柔韧素质的指标是坐位体前屈，该方法适用于各年龄的人群。《国家学生体质健康标准》，其测试柔韧素质的指标是坐位体前屈。《普通人群体育锻炼标准》，其测试柔韧素质的指标有坐位体前屈、臂夹棍转体、持棍转肩、双手背勾。其中，持棍转肩仅适用于20～39岁的人群；双手背勾适用于40～59岁的人群。

二、柔韧素质的测试方法

一些国家根据年龄的不同确立了各个年龄阶段相应的柔韧素质测试方

法，根据其属性大体可以分为：坐位体前屈类、单腿坐位体前屈类、俯卧背伸类、双手后勾、椅上坐位体前屈、抬肩测试、对墙坐位体前屈和躯颈伸展测试等。

坐位体前屈主要有两种：我国《国家学生体质健康标准》使用的坐位体前屈和改良坐位体前屈。欧洲共同体体力协会、美国健康体育娱乐协会、美国运动医学会、亚洲体力测定和日本新体力测定等都在使用各种版本的改良坐位体前屈，它们的测试原理相同，方法大同小异。

（一）坐位体前屈

测试步骤：受试者面向仪器，坐在垫子上，两腿向前伸直，脚跟并拢，脚掌平蹬测试板，两脚尖自然分开，取上体直立为开始姿势，以保证初始角度的一致；受试者双手并拢，上体前屈，双手指尖缓慢地向前推动游标，直到双手指尖可以推到的最远处，此时仪器显示结果即为测试值。测试两次，读取较好成绩为最终成绩。

（二）改良坐位体前屈

测试步骤：受试者后背靠墙坐在地面上，头部、背部和臀部紧贴墙面，呈90°，膝盖伸直且与肩同宽，两腿并拢伸直，脚底贴于地面的箱子侧面。游标尺平放于箱子上面，受试者双手伸直。调整游标尺沿纵向移动，使受试者指尖刚好与零刻度端触碰（此时受试者的后背应贴住墙面），然后受试者躯干前倾，双手推动游标至最远距离，记录此时的游标刻度（MSR值）。两次测试后，取最高成绩。

（三）单腿坐位体前屈

测试步骤：将标准测试箱紧贴着墙放置，受试者脱鞋后坐在地板上，测试腿伸直，另一条腿屈膝并保证脚心着地，脚背与伸直腿间距2~3英寸（5~8厘米），背部挺直，眼睛平视，双手合十。身体前伸，用指尖缓慢推动滑块，推到自己所能达到的最远距离为止，最终成绩为左右侧腿均测试两次后的最好成绩，以英寸为单位。

（四）改良单腿坐位体前屈

测试步骤：用胶带将直尺固定在板凳上，然后开始测试。首先受试者脱鞋，测试腿在板凳上伸直，另一条腿呈90°弯曲，脚底放置在地面上。其次受试者双手交叉掌心向下放置在直尺上或直尺旁，保持测试腿伸直，向前缓慢移动身体，越远越好。受试者有三次测试热身的机会，最后一次测试达到最终姿势后，保持3秒，测试者记下成绩。受试者交换双腿后，按照上述过程，再次测试。测试助理需帮助和保证受试者测试腿伸直，成绩为每条腿参与测试时所能触摸到的最远距离。

（五）立位体前屈

测试步骤：受试者两脚尖稍分开，并与平台前沿横线齐平，脚跟并拢，两腿伸直。身体尽量前屈，两臂及手指伸直，用两手中指指尖轻轻推动标尺上的游标下滑，注意不得有突然下震动作，直到不能继续下伸时为止，记录显示的刻度读数。

（六）俯卧抬臂

测试步骤：受试者直立，两手下垂于体侧，测量其右臂长。受试者俯卧，下颌着地，两腿伸直，双臂前伸，两手相距与肩同宽，正握木棍，然后两臂尽力上抬，肘伸直，双臂保持在同一水平面上。测试者持尺在受试者前方，置尺的零端于地，当受试者两臂上抬至最高点时，迅速上移引尺直至触及木棍下缘中点为止，测验时下颌要始终着地。测两次，记录量尺的读数，用右臂长减去最大上抬高度，取其差为成绩。

（七）转肩

测试步骤：受试者直立，两手正握皮尺，要求右手虎口与尺的零端处对齐，两臂同时上抬，逐渐绕至体后。当两臂后绕时，若感觉所握的尺距太窄，左手可向尺的外侧滑动直到刚好能使两臂绕到体后的位置，然后再由体后握着尺绕至体前。要求两臂保持在同一平面上，直臂，身体不得扭动，不得提足跟。测两次，记录左手虎口握尺处的读数，用两手握距的最大值减去肩宽，其差即为最终成绩。

（八）俯卧背伸

测试步骤：受试者脸朝下躺在健身垫上，将双脚伸直置于大腿下面，并在地面上放置一个硬币或作一个标记，使其与受试者眼睛在一条直线上，且确保受试者臀部紧贴体操垫，可以找一名测试助理协助受试者臀部紧贴体操垫；受试者有控制性地向上缓慢背屈，且测试时眼睛视线始终聚集在硬币或标记上，头部和脊柱保持在一条中线上。达到最大高度后，保持姿势，以便测量测试者下巴到健身垫的距离，测量时避免直接将尺子放在受试者下巴下面，而是在至少离下巴前方 1 英寸（约 2.5 厘米）处测量。测量完成后，还原最初姿势，进行第 2 次测试。两次测试后，取最高成绩，测试成绩以英尺为单位记录，若受试者测试成绩超过 12 英寸（约 30 厘米），则将成绩定为 12 英寸。

（九）躯颈伸展

测试步骤：受试者坐在椅子上，下巴处于水平位。测试者测量受试者鼻根至椅子的垂直距离，作为躯干和颈部的长度，这一数据在最后的成绩计算中会用到。受试者俯卧在测试垫上，双手放置于下背部，测试助理要保证受试者的臀部紧贴健身垫。在测试者"go"的命令下，受试者尽可能快地，有控制性地抬起胸部和头部，达到最终姿势后，测量下巴尖至健身垫的距离为抬起高度。测试两次，记录最高抬起高度，最终成绩为抬起高度减躯干和颈部长度之差。

（十）屈腿深屈体

测试步骤：光脚站立，两脚分开略宽于肩。将木板或相似物体放在两脚之间，和脚跟齐平。屈体同时屈膝，双手从双腿之间穿过，伸向后方。

将木板向后推（不要向后扔），动作尽量平缓，保持木板匀速移动。最后可以用双手的指尖推送木板，动作应该有所控制，直到把木板推到最远的时候，木板依然可以和指尖接触。测量木板最初位置（脚跟的位置）和最终位置间的距离，尝试三次，记录最佳成绩。

（十一）直腿深屈体

测试步骤：双脚大概与肩同宽，光脚站立在高于地面20厘米左右的平台处，膝部不要弯曲，屈体用双手向下够地面。测量地面（而不是所站平台）和手指能够到的位置的距离。重复测试三次，记录最佳成绩。

（十二）肩部屈伸

测试步骤：双手用下旋手势在体前抓住一木棒或相似形状的物体。双手与肩同宽，将木棒握在大腿前方。双手上举，经过头，然后向右移动，再向下方臀部位置移动，当无法再向后移动时，双手距离分开一些，然后再次尝试。最终完成动作时，记录两手间距离。

（十三）肩部灵活度

测试步骤：坐直或站立，一只手臂上举过头，另一只肘部弯曲伸向背后，尝试两只手互相够到手指。记录两手指之间距离，以厘米为单位。如果两手能接触，按<1厘米计算，也就是得分为100。

（十四）美国柔韧素质测试方法

柔韧素质的器材为具有23厘米刻度的标准伸缩标尺箱。

测试步骤：受试者呈坐姿，膝部完全伸展，双脚分开与肩同宽，脚底紧贴于测验箱的垂直面，手臂完全伸展，掌心向下，双手重叠。测试时，直接以手的中指接触移动板，并沿测量刻度方向，慢慢往前推动4次，并在第4次最远距离时，维持姿势1秒。测试过程中，膝关节保持完全伸展，脚掌与测验箱的垂直面完全接触。手臂往前推时，速度应稳定且和缓，如发生滑尺现象，应予重做。

（十五）日本柔韧素质测试方法

日本也用坐位体前屈取代了以前的立位体前屈，并对测量方法进行了改进。

测试步骤：受试者呈坐姿，两腿伸直，背、臀紧靠墙壁。踝关节的角度不固定，测试者两臂与肩同宽并自然下垂，两手掌放在厚纸板的前端，挺胸、伸肘，两手不离纸板面并缓缓前屈，尽可能向正前方的远处推箱，同时伸展背肌，尽最大努力前屈后，手离开纸板。卷尺放在箱的右侧或左侧角的零点处，丈量从初始姿势到最大前屈时箱的移动距离，以厘米为单位记录成绩。另外还用坐位体前屈测试仪器进行测定，尺度刻在木板上，两手平行推动木锯状的把手，模板底部就出现坐位体前屈的距离，结果与推动纸板的测定相同，使用也非常简便。

三、影响柔韧素质的因素分析

通过研究人体结构及其他有关情况得知，影响柔韧素质的因素是多方面的，主要有骨关节结构，跨过关节的肌肉、肌腱、韧带等的伸展性，关节周围组织的大小、年龄及性别，以及活动水平、温度、疲劳程度等。了解这些因素，能掌握发展柔韧素质的规律，正确运用发展柔韧素质的练习方法、手段是提高效果所必需的，同时对于防止受伤和少走弯路也有好处。

（一）骨关节结构

骨关节结构是依据人体生理生长规律需要而形成的，这种结构装置是被限定的。因为关节运动的幅度被限定在一定范围之内，通过训练是难以改变的。它们的活动范围是根据关节头和关节窝两个关节面之差所决定的，两个关节面之差越大，关节活动幅度也就越大，但骨关节结构因人而异有一定的差异。如肘关节中的肱尺关节，它可使肘屈伸幅度被固定在140°的范围（因肱骨臼的幅度为320°，尺骨半月切迹的角度为180°，它们之差为140°）。如果鹰咀突较长会使肘关节不能完全伸直，其伸展受到一定影响，如果鹰咀突较短，又会使肘关节过分伸展出现倒弯。这种骨关节结构的生长是先天的，通过训练是难以改变的，但通过训练可以充分挖掘其潜力，使各个关节达到它最大的活动范围，而未经训练的人各个关节具有的活动潜力非但不能发挥，并且还会消退。

（二）跨过关节的肌肉、肌腱、韧带

关节的加固主要靠肌腱和韧带，肌肉从关节外部补充加固关节力量，控制关节活动幅度。韧带本身是抗拉性很强的组织，它主要的作用是加固关节，限制关节在一定范围内运动，从而保护关节不致超出解剖允许的限度而受伤。

在一般活动中，很少达到关节面所允许的解剖限度，这是因为与运动方向相反的对抗肌伸展不足造成进一步的限制所致。如屈膝伸膝时，当举腿在水平面时可任意屈膝伸膝，可当大腿贴胸时，屈膝自如，但伸膝会感到困难，就是由于大腿后侧肌群及韧带伸展不足所致。可见发展某一关节的柔韧性主要是限制关节活动幅度的对抗肌，使其主动受到牵拉伸展，逐渐增加它们的伸展度，从而扩大关节的运动幅度。为力求达到解剖的最大限度，就必须在完全克服对抗肌的限力以后继续拉伸，从而牵拉到肌腱，此时肌腱完全受外力拉伸力和对抗肌回缩力的作用而拉伸，从而进一步增强了肌肉、肌腱的弹性和伸展性。

具体发展某一关节的柔韧性时，主要是发展控制关节屈、伸肌的伸展性及协调能力。如发展膝关节的伸膝能力，主要发展大腿后部肌群及小腿后部肌群的伸展性；发展膝关节的屈膝能力，主要发展大腿、小腿前部肌群的伸展性。再如发展体前屈的柔韧性，主要发展腰背肌群及大、小腿后部肌群的伸展性；发展体后仰的柔韧性，主要发展肩部肌群、胸大肌、腹肌及大腿前部肌群的伸展性。可见，在发展某一部分柔韧性时，应让屈、伸肌相互协调发展才能提高其关节的柔韧性。因此，增大跨过关节的韧带、肌腱和肌肉等伸展性是提高柔韧性的重要途径，应予以足够重视。

（三）关节周围组织的大小

关节周围的肌肉块过大或脂肪过多都影响着柔韧性的提高。如肩部三角肌过大，会影响肩关节的活动范围；肱二头肌过大，会影响肘关节的弯曲程度等。因此，在练完三角肌和肱二头肌的力量后，要做肩肘部的伸展和放松练习，尽量拉长肌纤维和增强肌肉弹性，从而加大肩肘部力量，增强肩肘部的柔韧性。此外，皮下脂肪过多的人，肌肉收缩力量相对较弱，加之脂肪占一定空间体积，影响柔韧的有效幅度。所以大腹便便者，很难做体前屈使手触地动作，只有减少了腹部的脂肪，前屈的幅度才会增大。

（四）年龄与性别

1.年龄

根据人的自然生长规律来看，初生婴儿的柔韧性最好。随着年龄的递增、骨的骨化过程、肌肉的增长，韧性逐渐加强。在10岁以前柔韧性自然发展，10岁以后随年龄的增长，柔韧性相对降低，特别是髋关节，由于腿的前后活动多，加之肌肉组织增大，使左右开胯幅度明显下降。因此在10岁以前就应给予应有的柔韧练习，使其自然增长的柔韧性得到提高。在10~13岁这个年龄应充分发展柔韧练习，因这个年龄是性成熟前期，骨的弹性增强，肌肉韧带的弹性、伸展性仍有较大的可塑性，给予充分的柔韧练习，使各关节幅度达到最大解剖限度，充分提高肌肉韧带的伸展性，这不仅能提高各关节的柔韧性，而且对青春期的身高增长也是有利的。如果在10岁以前柔韧未得到发展，在10~13岁这个时期作为柔韧发展的弥补，仍可获得应有的柔韧效果。超过这个年龄，将会使练习者经受较大痛苦，费时长、收效慢且易受伤。

13~15岁为生长期。在这个时期，骨骼生长速度超过肌肉的生长速度，因此柔韧性有所下降。此时要特别注意身体发育的匀称性，多做全身性的伸展练习，巩固已获得的柔韧效果，不要过分进行柔韧性练习以免拉伤。

16~20岁时，由于13岁以前获得了良好的柔韧效果，虽然在青春期有些下降，但在此时期整个身体发育趋向成熟，可加大柔韧负荷、难度，从而在已获得的柔韧基础上，进一步获得专项所需要的柔韧素质。

2.性别

根据生理解剖特点，男子的肌纤维长，横断面积大于女子，伸缩度较大，全部肌纤维的3/4强而有力；女子的肌纤维细长，横断面积小于男子，伸展性好，对关节活动限制小，全身仅有1/2的肌纤维强而有力，因此女子关节的灵活性好于男子。

（五）疲劳程度

当肌肉由于长时间工作产生疲劳时，其弹性、伸展性、兴奋性均会降低，造成肌肉收缩与放松的不完善，各肌群不能协调工作，从而导致关节柔韧性的降低。

（六）温度

当肌肉温度升高时，新陈代谢加强，供血增多，肌肉的黏滞性减少，弹性和伸展性提高，从而柔韧性得以提高。

影响柔韧性的温度有外界环境温度和体内温度，体内温度的调节用于补偿外界环境对机体产生的不适应。如当外界环境温度低时，必须做好充分的准备活动，提高肌肉温度，增加柔韧性；当外界环境温度高时，将排出一定量的汗液降低温度，以免肌肉过早出现疲劳降低关节的柔韧性。

（七）神经过程转换的灵活性

神经系统兴奋与抑制过程转换的灵活性与运动中肌肉的张力有关。神经过程转换灵活性高，则肌肉兴奋性强，肌肉、肌腱、韧带的弹性和伸展性好，支配肌肉收缩与放松的能力强，使参与工作的诸多肌肉协调活动，从而使柔韧性提高。

（八）活动水平

不爱活动的人比经常活动的人柔韧性差，其原因是长期坐着不动，膝、髋关节等总是处于特定的位置，会使相应肌群变短、变僵硬，导致肌肉韧带的正常伸展性丧失，关节活动范围缩小。另外，不爱活动会造成人体内脂肪堆积，也会限制柔韧性的发挥，即使是参加活动的人，中断活动后，柔韧性也会降低。同样是经常参加活动的人，由于活动的方法、手段、量和强度不同，其柔韧性能也有差异。所以说，活动水平对柔韧性的影响很大。

（九）心理因素

心理紧张度可通过中枢神经系统影响到人体各部位的工作状况。心理紧张度过强、时间过长，会使神经过程由兴奋转为抑制，严重影响各部位的协调能力，从而影响柔韧性。

柔韧素质要经过长期艰苦的练习才能逐步发展，而且练习过程中经常伴有疼痛感，停止练习后又容易消退。因此，发展柔韧性需要毅力和耐心，只有意志坚强的人，才能忍耐住疼痛，坚持不懈地练习，取得良好的效果。一个意志薄弱的人，遇到困难和疼痛就退缩，或者"三天打鱼，两天晒网"式的练习，是很难提高其柔韧素质的。

（十）结缔组织

结缔组织的弹性和可塑性也是可以影响关节活动幅度的因素。拉伸练习可以对结缔组织产生积极的影响，发挥其可塑的潜力。

（十一）限制活动度的抗阻训练

全面而恰当的抗阻训练可以改善柔韧性。限制活动度的大负荷抗阻训练可能会降低关节活动幅度，为了防止活动度损失，运动员应均衡发展主动肌与拮抗肌，进行全关节幅度练习。

（十二）肌肉体积

肌肉体积的增加会对活动度产生负面影响，妨碍关节活动。例如，一名肱二头肌与三角肌较为发达的运动员在伸展肱三头肌或高翻或握着杠铃进行前蹲时会感到困难。尽管改变训练计划可以降低肌肉体积，但是对于需要高爆发性的运动员而言不应提倡，如铅球或美式橄榄球前锋。体能教练要牢记运动员的专项需要，大肌肉的需要可能会取代过度关节灵活性的需要。

（十三）中枢神经对骨骼肌的调节能力

中枢神经系统包括脑和脊髓，是个体的"司令部"，它通过脑神经及脊神经与肢体组织相连，指挥着个体的运动。肌肉是人体运动的动力器官，是受中枢神经指挥的，它"运动的质量"与中枢神经的兴奋程度有关，兴奋程度越高，"质量"越好，反之越差。所以，在体育运动中，应注重提高个体的中枢神经对骨骼肌调节功能的改善，尤其是调节主动肌和对抗肌之间的关系，使主动肌收缩时对抗肌充分放松，降低动作的阻力，保证运动幅度的加大。通过有效的训练，可以提高中枢神经系统对骨骼肌的调节能力。中枢神经系统对骨骼肌的调节能力越强，柔韧性就越好，反之越差。

【思考题】

1.什么是柔韧素质？谈一谈你对柔韧素质的理解。

2.发展柔韧素质应注意哪些方面？

3.通过阅读柔韧素质训练相关学科的内涵和方法，谈谈你自己的看法。

4.试述发展柔韧素质训练的方法手段。

5.结合柔韧素质训练的特征，谈谈自己的学术观念。

第七章 灵敏素质训练研究

[**本章导语**]灵敏素质是协调发挥各类身体素质能力，提高技术动作质量和运动表现的重要条件。灵敏素质训练的主要目的是提高神经肌肉反应的灵活性，对运动技能进行更加熟练的掌控，最终帮助机体不断以更快速度、更高效地满足各类运动技能的神经肌肉需求，改善神经、感觉器官、肌肉对技术动作的适应。本章将从灵敏素质概述、训练方法、测试方法3个方面，深入细致地阐述灵敏素质训练的理论基础与实践原理，帮助读者更加清晰地理解灵敏素质训练的方法路径与身体运动功能训练的科学价值，更好地应用身体运动功能训练理论与方法来提高灵敏素质能力。

第一节 灵敏素质概述

一、灵敏素质的概念

灵敏素质是指运动员在应对各种外界刺激的情况下，快速、协调、准确地执行动作的能力，包括改变动作方向、动作姿态、动作速度等方面，是运动员多种运动技能、综合身体素质、神经和感觉功能状态的集中体现。

对于运动员来说，专项动作都在不同程度上体现了力量、速度、耐力、柔韧性、协调性、节奏感等多种身体素质和多种运动技能。正是基于这些素质的综合运用和协同配合，才能保证动作的熟练和稳定程度。而动作的执行则主要依靠中枢神经的支配，所以感觉机能的敏感性、神经的兴奋和抑制过程的转换速度决定了反应速度的快慢以及判断的准确性。

二、灵敏素质的分类

通常来说，灵敏素质可分为一般灵敏素质和专项灵敏素质。一般灵敏素质是指人在各种活动中，快速、合理、准确地改变动作姿态和完成动作的能力。而回归到专项运动中来，不同的运动项目对灵敏素质有着不同的要求。专项灵敏素质是指运动员在本专项运动中，迅速、准确、协调自如地完成本专项各种技术动作的能力，动作行为具有明显的项目特征。它是在一般灵敏素质的基础上，多年重复专项技术，提高专项技能的结果。

从灵敏素质的运动表现和应用来看，其可以分为程序性灵敏和随机性灵敏。程序性灵敏是指机体对于比较相似的竞技行为做出选择性反应的应变能力，其应变行为基本上可以程序化地进行操作；随机性灵敏则指对于完全无序的竞技行为做出随机反应的应变能力，由于突发竞技行为和竞技环境的不可测，对运动员的灵活应变提出了更高的要求。

三、灵敏素质的构成

W. YOUNG等曾经对"灵敏素质"进行了综合化的定义，并系统提出了影响灵敏素质表现的多种因素。他提出"灵敏素质"包括两个主要组成部分，即快速改变方向的能力、观察与决策能力。如图7-1所示，其中，观察与决策能力包括视觉信息处理、认知模式、专项认知和预判；快速改变方向的能力包括技术、直线冲刺速度、下肢肌肉质量和人体测量学特征。

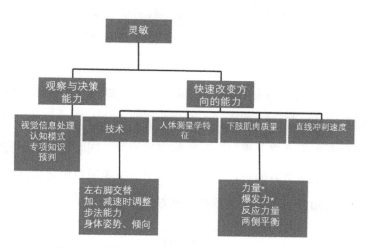

图7-1　灵敏素质的构成要素（W. YOUNG版本）

灵敏素质的传统定义侧重于人体运动中的一些典型运动模式，例如方向上的改变和减速等模式，Plisk曾经将其定义为：以爆发性改变动作速度或模式所需的技能和能力。该定义的重点是识别与灵敏相关的关键动作，并推崇以集中、大量"封闭式"的训练模式来发展灵敏素质。然而，这些类型的定义通常没有考虑到运动中的真实情境和动态性。正因为如此，他们忽略了认知和感知对动作执行的影响。Jeffreys则将灵敏素质分为认知因素、知觉因素、体能因素和动作控制因素四个方面（如图7-2）。

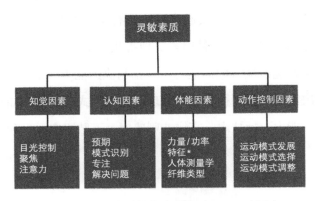

图7-2　灵敏素质的构成要素（Jeffreys版本）

随后，W. B. Young和Dawson等将对抗类运动项目的灵敏素质进行深入研究后发现，以足球、篮球、曲棍球和手球为代表的陆地对抗项目，灵敏素质提高有利于进攻者规避对手的防守或抢截，同时也有利于防守者压缩防守空间来限制对方的进攻行为。他提出对抗类项目中灵敏素质包括三个方面，即认知方面、体能方面和技术方面，如图7-3。

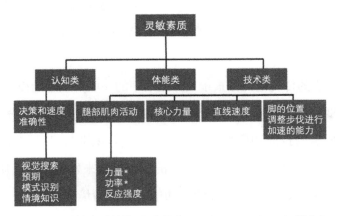

图7-3　灵敏素质的构成要素（W. B. Young, Dawson版本）

综上所述，我们也应该认识到灵敏素质的复杂性和不确定性，面对不同运动项目的决策情境和突变刺激，灵敏素质展现出的专项结构特征也各有不同。总体上来说，灵敏素质的构成应包括：能够识别信息进行决策判断的认知–感知能力；拥有良好收缩速度、力量的肌肉功能状态；与专项运动技能相适应的身体控制与动作执行能力。

四、灵敏素质的作用

灵敏素质是协调发挥各类身体素质能力，提高技术动作质量和运动表现的重要条件。发展灵敏素质，能够提高神经肌肉反应的灵活性，对不同的运动技能进行更加熟练地掌控，提高速度、力量、爆发力和协调能力的综合竞技表现能力。此外，灵敏素质优秀的运动员能够以最佳的身体姿态控制人体的质心和重心。如果质心移动过度，导致重心移到身体外太远，运动员可能会失去平衡甚至摔倒。控制好质心和重心能够使运动员更有效地传导力量，并发挥出更高的竞技表现。

优秀的运动员很多时候需要在没有预演的情况下进行快速决策和竞技表现，并时刻保持身体的平衡和良好的动作控制，这需要良好的灵敏素质能力做基础和保证。灵敏素质在很多专项运动的竞技表现中都起着重要的作用。例如在足球、篮球运动中，运动员不仅需要能够快速进行多方向移动，还需要不断在快速运动中进行急停、减速、加速和全速运动。进攻时，持球人能够在控制好球权的同时，利用变速、变向、假动作来摆脱防守人；防守时，能够时刻调整身体姿态和站位来进行盯人、盯位。这些能力都对获取比赛的最终胜利有着直接的影响。此外，在体操、花样游泳、跳水等项目中，则对运动员身体位置的迅速改变、悬空翻转、控制身体平衡、节奏变化等方面有着非常高的要求。因此，没有良好的灵敏素质作为运动表现的保证，运动员很难发挥出更高的竞技水平。

第二节　灵敏素质的训练方法

提高灵敏素质水平的关键是帮助运动员在改变动作姿态、转移动作重心时，尽可能地减少速度的损失，并保持稳定和协调。灵敏素质训练的主要目的是提高身体控制能力，最终提升动作效率。专项灵敏素质训练则是帮助机体不断以更快速度、更高效地满足专项运动技能的神经肌肉需求，提高神经、感觉器官、肌肉对专项技术动作的适应。

一、非器械类/徒手类灵敏素质训练

（一）熊式爬行（直线、侧向）

熊式爬行是一项经典的灵敏素质训练方法，能够动员全身肌肉，帮助提高灵敏素质，改善协调性。运动员需要以俯卧撑姿势开始熊式爬行，双手置于肩膀下方在地上支撑，腰腹部核心肌群同时动员。同时，双脚与臀部保持距离，脚后跟离地，形成手脚四点支撑。然后，以爬行动作向前移动，将身体重量放在右手和左腿上，向前移动后立即换边将重量放在左手和右腿上，并交替向前移动。运动员可采用向前、向后的直线移动方式，也可以采用向左、向右的横向移动方式，并重复此训练，如图7-4。

图7-4　熊式爬行

（二）立卧撑跳

立卧撑跳练习能够快速动员全身肌肉，可以帮助提高反应灵敏素质，改善协调性。运动员需要双手分开与肩膀同宽、双腿伸直，以俯卧撑姿势开始。身体保持水平状态，随后双腿快速收回，站起呈直立姿态，向上跳起。采用同样方式重复完成一定次数，组间进行充分恢复，并重复此训练，如图7-5。

图7-5　立卧撑跳

（三）滑雪跳跃

滑雪跳跃是一项能够发展下肢稳定性和灵敏性的训练方法。运动员需要以两点姿势站位开始，双脚用力向右侧跳起，落地后在不停顿状态下快速再次向左侧跳起，以此方式进行快速的左右两侧跳跃运动。运动员可采用右侧开始或者左侧开始，并重复此训练，如图7-6。

图7-6　滑雪跳跃

（四）速滑跳跃

速滑跳跃是一项能够发展下肢稳定性和灵敏性的训练方法。运动员需要以两点姿势站位开始，双脚用力向右侧跳起，右脚单脚落地后在不停顿状态下快速再次向左侧跳起，并由左脚单脚落地，以此方式进行快速的左右两侧的跳跃运动。整个运动形式类似于速滑运动员的运动模式。运动员可采用右侧开始或者左侧开始，并重复此训练，如图7-7。

图7-7　速滑跳跃

（五）交叉步

交叉步是一项能够发展侧向移动速度、步法技术、下肢稳定性和灵敏性的训练方法。运动员需要以两点姿势站位开始，右脚跨向左腿前侧，左脚移向右腿后侧，以此方式双腿交替在身前进行前交叉和后交叉步运动，并进行侧向快速移动。运动员可采用左脚开始或者右脚开始，并重复此训练，如图7-8。

图7-8　交叉步

（六）交叉跳跃

交叉跳跃练习是一项提高运动员快速变向爆发力的交叉跑训练方式，能够增强运动员的爆发力，并能够帮助发展运动员侧髋关节屈伸活动的能力。运动员需要以两点姿势开始，由左侧横向跳跃，将右腿越过左侧，强调左侧髋关节的伸展和右侧髋关节的屈曲。当右腿越过左腿之前，骨盆向左旋转，整个训练过程保持肩膀平直。运动员可采用左脚开始或者右脚开始，并重复此训练，如图7-9。

图7-9　交叉跳跃

二、结合绳梯进行灵敏素质训练

（一）快速垫步跑（单脚垫格、双脚垫格）

快速垫步跑（单脚垫格）：运动员以两点姿势站位在绳梯顶端开始。面向绳梯，以右脚开始为例，重心前移，右脚快速迈入绳梯的第一个方格踩一次，接下来，左脚迅速跟进迈入第二个方格踩一次，双脚交替，呈小步跑状态快速通过绳梯，左右脚的单脚落点均应在绳梯的方格里。运动员可采用左脚开始或者右脚开始，或以高抬腿形式增加难度，并重复此训练，如图7-10。

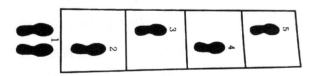

图7-10　快速垫步跑（单脚垫格）

快速垫步跑（双脚垫格）：运动员以两点姿势站位在绳梯顶端开始，面向绳梯，以右脚开始为例，重心前移，右脚快速迈入绳梯的第一个方格，左脚迅速跟进同样迈入第一个方格，即每个方格踩两次。接下来，右脚快速迈入绳梯的第二个方格，左脚迅速跟进同样迈入第二个方格，即每个方格踩两次。整个过程呈小步跑状态快速通过绳梯，左右脚的单脚落点均应在绳梯的方格里。运动员可采用左脚开始或者右脚开始，或以高抬腿形式增加难度，并重复此训练，如图7-11。

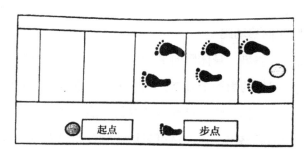

图7-11　快速垫步跑（双脚垫格）

（二）双脚开合绳梯跳

双脚开合绳梯跳类似于开合跳练习，但结合了绳梯，对跳跃过程中的步点和行进方向有了更多要求。首先，运动员以直立状态站立在绳梯的第一个方格中间。开始后，用力向上跳起，双脚分开跳至第一个方格的两侧。然后，快速向上跳起，双脚合拢跳入第二个方格中间，在不停顿状态下再次快速跳起，双脚分开跳至第二个方格的两侧。以此方式反复进行直至完成绳梯，并重复此训练，训练中应注意双腿不要弯曲，如图7-12。

图7-12　双脚开合绳梯跳

（三）双脚侧向移动跑

运动员以两点姿势，身体侧向平行在绳梯顶端，以右脚开始为例，右脚侧向快速迈入绳梯的第一个方格，左脚迅速跟进迈入该方格。随后采用同样方式快速通过绳梯。整个过程注意双腿不能交叉迈步。左右脚的单脚落点均应在绳梯的方格里，运动员可采用左脚开始或者右脚开始，或以高抬腿形式增加难度，并重复此训练，如图7-13。

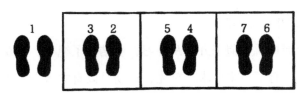

图7-13　双脚侧向移动跑

（四）双脚180°转体跳

运动员以两点姿势，身体侧向平行在绳梯顶端。运动员跳起并旋转身体180°后，双脚侧向快速迈入绳梯的第一个方格。随后采用同样方式快速通过绳梯的所有方格，直至完成。双脚的落点均应同时落在绳梯的方格里，运动员可采用左侧开始或者右侧开始，并重复此训练，如图7-14。

图 7-14　双脚 180° 转体跳

（五）绳梯跑

基于交叉步的训练思路，运动员以两点姿势站位在绳梯顶端开始，左脚跨向右腿前侧并迈向第一个方格，右脚移向左腿后侧迈向第二个方格，以此方式双腿交替在身前进行前交叉和后交叉步运动，左右脚落点均应在绳梯的方格里，并进行侧向快速移动。运动员可采用左脚开始或者右脚开始，并重复此训练，如图 7-15。

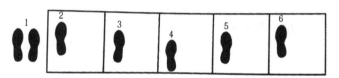

图 7-15　绳梯跑

（六）"进进出出"绳梯跳

运动员以两点姿势站位在绳梯起点的侧面，面对绳梯的第一个方格。运动员左脚向前迈进第一个方格，右脚快速跟进并迈入第一个方格。随后，左脚向斜后方迈出，右脚快速跟进并迈出。左右脚呈初始状态面对第二个方格。以此方式双腿逐一迈入迈出绳梯的所有方格，并进行侧向的快速移动直至完成绳梯。运动员可采用左侧开始或者右侧开始，或采用单脚迈入迈出方式增加难度，并重复此训练，如图 7-16。

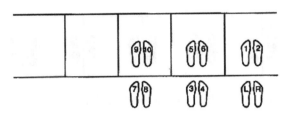

图7-16 "进进出出"绳梯跳

（七）"之"字形绳梯跳

运动员以两点姿势，身体平行在绳梯起点左侧。运动员双脚跳起快速迈入绳梯的第一个方格，随后双脚跳起快速迈出至方格右侧。然后，双脚斜前方跳入第二个方格，随后双脚快速跳起并迈出方格顶端的左侧。按照该方式依次完成所有方格，整个过程为"之字形"路线，且双脚应同时落地。运动员可采用左侧开始或者右侧开始，或采用单脚迈入迈出方式、高抬腿形式增加难度，并重复此训练，如图7-17。

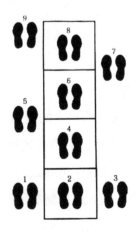

图7-17 "之"字形绳梯跳

（八）蛇形绳梯跳

运动员以两点姿势，跨立在绳梯第一个方格的左侧边线。运动员跳起并旋转身体90°后快速跳至绳梯的第一个方格的顶端梯线。随后采用同样方式快速跳至绳梯第二个方格的右侧边线。按照该方式依次完成所有方格，且双脚应同时落地。整个过程中，每次跳跃时应灵活旋转臀部关节。运动员可采用左侧开始或者右侧开始，并重复此训练，如图7-18。

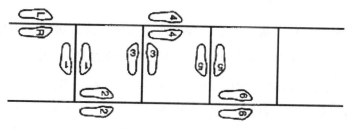

图7-18　蛇形绳梯跳

三、结合标志物进行灵敏素质训练

（一）"8"字形灵敏跑

该训练方法用以提高运动员快速改变方向和反应时间等方面的能力。将两个标志物平行放置相距5~10码（4.6~9米）。运动员以两点姿势开始，快速在标志物之间进行8字形的灵敏跑动。快速转弯变向时，运动员需要拍打标志物顶端。运动员可以更改标志物之间的距离，或可以采用不同的姿势开始（例如躺着、四点站立等）进行练习，并重复该训练，如图7-19。

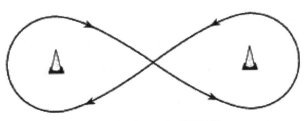

图7-19 "8"字形灵敏跑

（二）15码急转弯灵敏跑

该训练方法用以提高运动员快速改变方向、髋部肌群灵活性和步法等方面的能力。在周长15码大小三角形的每个角放置一个圆锥体标志物。运动员以两点姿势站位开始，向前冲刺5码（4.6米）到第1个标志物，并右侧急转弯绕过该标志物。然后冲刺到位于起点右侧5码（4.6米）处的第2个标志物，然后左侧急转弯绕过该标志物。并向起点冲刺5码（4.6米），完成该练习。运动员可选取左侧/右侧进行标志物的环绕跑动，并重复该训练，如图7-20。

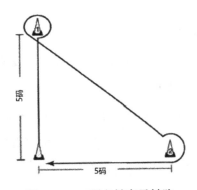

图7-20 15码急转弯灵敏跑

（三）"V"字形灵敏跑

该训练方法用以提高运动员快速变向、身体姿势、多种移动技能转换变化等方面的能力。在直角三角形的三个点上放置三个标志物，标志物1作为起点位于直角处，标志物2和标志物3将分别放置于直角点的左侧和右侧的向前10码（9米）处。

　　运动员以两点姿势站位开始，从标志物1从左斜方向向前冲刺到标志物2，随后，以倒退跑的形式快速返回至标志物1。然后，从标志物1从右斜方向向前冲刺到标志物3，随后，以倒退跑的形式快速返回至标志物1。运动员可以采用不同的姿势开始（例如躺着、四点站立等）；或可以改变双腿的跑动形式（如交叉步等）等方式增加难度，并重复该练习，如图7–21。

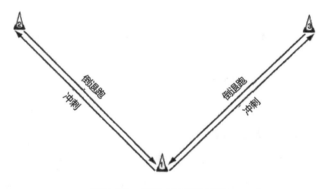

图7–21　"V"字形灵敏跑

（四）20码正方形灵敏跑

　　该训练方法用以提高运动员快速改变方向、身体位置以及在多种跑动技能间快速转换的能力。在周长20码大小正方形的每个角放置一个圆锥体标志物。运动员以两点姿势开始，向前冲刺5码（4.6米）到第2个圆锥体标志物并进行快速右侧转向。然后，向右侧滑移动5码（4.6米）至第3个标志物，并在第3个标志物快速进行倒退跑。倒退跑5码（4.6米）到第4个标志物并快速进行左侧转向，然后向左侧滑步移动起点处。运动员可选取不同的标志物作为起点，并重复该训练，如图7-22。

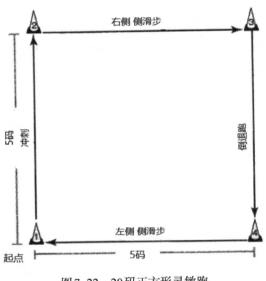

图7-22　20码正方形灵敏跑

（五）40码正方形灵敏跑

该训练方法用以提高运动员快速改变方向、髋部肌群灵活性和步法等方面的能力。在周长40码大小正方形的每个角放置一个圆锥体标志物。运动员以两点姿势站位从正方形右侧开始向前冲刺10码（9米），在第一个标志物做左轴转运动，然后以交叉步快速移动10码（9米）至下一个圆锥体标志物。做左轴转运动之后进行倒退跑10码（9米）至下一个圆锥体标志物。随后以交叉步快速移动10码（9米）至终点。运动员可选取不同的标志物作为起点，并重复该训练，如图7-23。

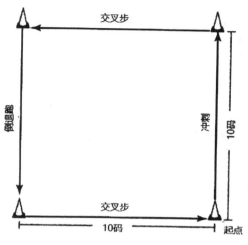

图7-23 40码正方形灵敏跑

（六）"E"字形混合灵敏跑

该训练方法用以提高运动员快速变向、身体姿势、多种移动技能转换变化等方面的能力。将6个锥体呈E形放置。其中，标志物1和标志物2相距10码（9米）放置在起跑线上。标志物3和标志物4平行对应放置于距离标志物1和标志物2的5码（4.6米）的位置。标志物5和标志物6平行对应放置于距离标志物3和标志物4的5码（4.6米）的位置。运动员以两点姿势开始，从标志物1横向侧滑步快速移动至标志物2，从标志物2冲刺到标志物3，从标志物3横向侧滑步快速移动至标志物4，随后以同样的方式返回。从标志物3冲刺到标志物5，从标志物5横向侧滑步快速移动至标志物6，随后以同样的方式返回。然后从标志物5倒退跑至标志物2，并从标志物2横向侧滑步快速移动至标志物1后完成整个练习。运动员可以采用不同的移动形式（例如交叉步、熊爬等）进行点对点之间的练习，并重复该训练，如图7-24。

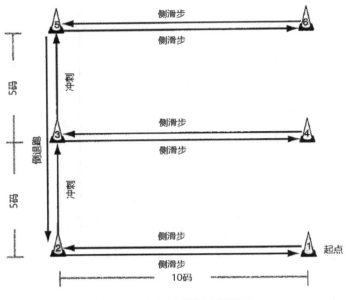

图7-24 "E"字形混合灵敏跑

（七）"X"字形混合灵敏跑

该训练方法用以提高运动员快速变向和步法变化等方面的能力。在周长40码大小正方形的每个角放置一个圆锥体标志物。运动员以两点姿势站位开始。从标志物4冲刺10码（9米）至标志物1，在标志物1处，对角线冲刺14码（13米）到标志物2，然后倒退跑10码（9米）到标志物3，在标志物3处，对角线冲刺14码（13米）到标志物4。运动员可以采用不同的姿势开始（例如躺着、四点站立等），或可以改变双腿的跑动形式（如交叉步等），或在标志物的外侧或周围进行环绕跑等方式增加难度，并重复该练习，如图7-25。

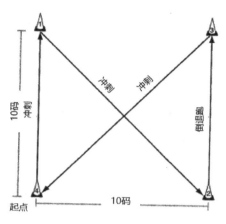

10码

冲刺 冲刺

倒退跑

10码

起点

图7-25 "X"字形混合灵敏跑

（八）"A"字形混合灵敏跑

该训练方法用以提高运动员快速变向、身体姿势、多种移动技能转换变化等方面的能力。将5个标志物呈"A"形放置，其中标志物1和标志物5相距10码（9米）平行放置在起跑线上，标志物2和标志物3平行相距5码（4.6米），并分别对应放置于距离标志物1和标志物5的5码（4.6米）处。此外，标志物4和标志物2、标志物3三点共同组成等边三角形。

运动员以两点姿势开始，从标志物1冲刺到标志物2，从标志物2横向侧滑步快速移动至标志物3，随后侧滑步折返回到标志物2。然后，从标志物2冲刺到标志物4，随后以倒退跑形式从标志物4快速移动至标志物5。运动员可以采用不同的移动形式（例如交叉步、熊爬等）进行点对点之间的练习，并重复该训练，如图7-26。

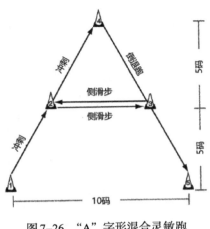

图7-26 "A"字形混合灵敏跑

（九）"Z"字形灵敏跑

该训练方法用以提高运动员快速变向、躲闪、步法变化等方面的能力。将6个标志物放在相距5码（4.6米）的两条平行线上，其中3个标志物分别放置于0、10和20码（0、9和18米）处，另外3个标志物分别位于5、15和25码（4.6、14和23米）处。运动员以两点姿势站位开始，对角线冲刺5码（4.6米）到最近的标志物，并从外侧环绕标志物进行跑动，随后依次继续斜向环绕各个标志物快速跑动。运动员可以采用不同的姿势开始（例如躺着、四点站立等）；运动员可以更改标志物之间的距离进行练习，并重复该训练，如图7-27。

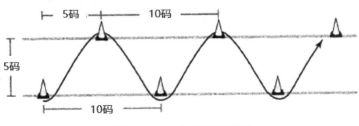

图7-27 "Z"字形灵敏跑

（十）"之"字形灵敏跑

该训练方法用以提高运动员快速变向、躲闪、步法变化和速度等方面的能力。将10个标志物放置呈一排，每个标志物之间相距1码（0.9米）。运动员以两点姿势开始，右脚在第1个标志物的右侧快速向前并斜滑步移动绕过标志物，然后左脚向前快速移动至第2个标志物的左侧，然后斜滑步移动绕过标志物。依次反复进行，以最快速度通过所有标志物。运动员可以采用不同的姿势开始（例如躺着、四点站立等）进行练习，并重复该训练，如图7-28。

图7-28　"之"字形灵敏跑

（十一）星形综合灵敏跑

该训练方法用以提高运动员快速变向、变化身体姿态、应用多种跑动技能并快速转换方面的能力。将4个标志物各相距10码（9米）呈正方形放置。例如，标志物1在起点线上，标志物2则对应放置于距离标志物1平行的10码（9米）处，标志物3对应放置于距离标志物2左侧平行的10码（9米）处，标志物4对应放置于距离标志物3左侧平行的10码（9米）处，最后将第5个标志物放在正方形中间。

运动员以两点姿势开始，从标志物1对角线冲刺到标志物5，然后从标志物5对角线倒退跑至标志物1。从标志物1横向侧滑移动至标志物4，从标志物4对角冲刺到标志物5，然后从标志物5对角线倒退跑至标志物4。从标志物4横向侧滑移动至标志物3，从标志物3对角冲刺到标志物5，然后从标志物5对角线倒退跑至标志物3。从标志物3横向侧滑移动至标志物2，从标志物2对角冲刺到标志物5，然后从标志物5对角线倒退跑至标志物2，最后从标志物2横向侧滑至标志物1，即完成该练习。运动员可以采用不同的移动形式（例如交叉步、熊爬等）进行点与点之间的练习，并重复该训练，如图7-29。

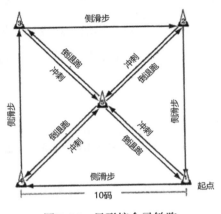

图7-29　星形综合灵敏跑

（十二）蛇形综合灵敏跑

该训练方法用以提高运动员快速变向、躲闪、变化身体姿态、应用多种跑动技能并快速转换方面的能力。将7个标志物按照相距5码（4.6米）的距离，沿直线分散放置。在标志物 2、标志物4和标志物6的前方5码（4.6米）处再放置3个标志物。

运动员右脚靠近标志物1，以两点姿势侧向站位开始。从标志物1向右横向侧滑步快速移动至标志物2，右脚着地，向前冲刺5码（4.6米）至前方标志物。快速环绕标志物，并向标志物3快速冲刺，双脚不要交叉。然后，从标志物3向右横向侧滑步快速移动至标志物4，右脚着地，向前冲刺5码（4.6米）至前方标志物，快速环绕标志物，并向标志物5快速冲刺，双脚不要交叉。从标志物5向右横向侧滑步快速移动至标志物6，右脚着地，向前冲刺5码（4.6米）至前方标志物，快速环绕标志物，并向标志物7快速冲刺。最后，在两个方向上重复练习一次。运动员可以采用不同的姿势开始（例如躺着、四点站立等），可以更改标志物之间的距离进行练习，并重复该训练，如图7-30。

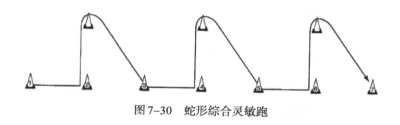

图7-30 蛇形综合灵敏跑

第三节 灵敏素质测试方法

一、评价标准

关于运动员灵敏素质的发展水平，一般从以下三个方面来评估：

第一，是否具有快速的反应、判断、躲闪、转身、翻转、维持平衡和随机应变的能力；

第二，在完成动作时，是否能够自如地控制自己的身体，并在各种突变条件下都能准确、稳定、熟练地完成动作；

第三，是否能把力量、爆发力、速度、耐力、平衡、协调性等素质和专项运动技能综合地表现出来。

二、测试方法

测试评估是选材、训练过程中的重要组成部分。有效的测试能够帮助教练员更好地了解运动员灵敏素质的功能状态和发展水平，判断竞技能力的优势和劣势，并针对性地为选材、训练、赛事备战提供依据。目前，在训练实践中应用较为广泛和典型的测试方法包括：5-0-5灵敏测试、伊利诺伊灵敏跑测试、"T"形测试、象限跳跃测试、六边形灵敏测试、SEMO灵敏测试。

（一）5-0-5灵敏测试

介绍：5-0-5灵敏测试旨在测试运动员加速和减速时的技术和力量，以及快速进行180°变向的能力。

器材：6个标志物、起点/终点计时仪或秒表、防滑测试场地。

步骤：如图7-31所示，根据指令信号，运动员从标记起点（a）进行快速起跑，即开始测试。运动员需要从a点冲刺到c点之后，快速转身并向起跑点a返回。整个过程将两次经过b点，计时将从运动员第一次跑过b点标志时开始计时，当运动员转身返回第二次经过b点时停止计时。进行2~3次测试之后，记录最好成绩。测试中应考虑到左腿和右腿转身变向时对成绩的影响，并鼓励运动员控制好减速和加速，不要越出c点太多，以免增加时间消耗。

图7-31　5-0-5灵敏测试

（二）伊利诺伊灵敏跑测试

介绍：伊利诺伊灵敏跑测试旨在测试运动员直线冲刺、快速变向时的技术和速度。

器材：8个标志物、田径场地测量卷尺、起点/终点计时仪或秒表、防滑测试场地。

步骤：如图7-32所示，根据指令信号，运动员快速启动，计时同步开始。向前冲刺10米到达并绕过第1个标志物，同时向反方向跑动10米到达第2个标志物。然后以S字形快速往返绕过4个标志物。最后，运动员再快速跑至第5个标志物，环绕后冲刺至终点，计时停止。进行3次测试之后，记录最好成绩。

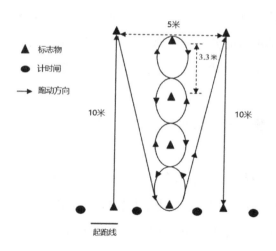

图7-32　伊利诺伊灵敏跑测试

评分标准：

表 7-1 伊利诺伊灵敏跑测试评价标准（男、女）

分类标准	男性	女性
优秀	<15.2	<17.0
良好	15.2~16.1	17.0~17.9
中等	16.2~18.1	18.0~21.7
及格	18.2~18.3	21.8~23.0
不及格	>18.3	>23.0

注：计量单位为秒。

（三）"T"形测试

介绍："T"形测试作为一项较为经典、简单易行的灵敏素质测试方法，适用于各类运动项目的灵敏能力测试，能够对运动员向前、向后和横向运动的移动能力，加速和减速过程中调整步伐和控制身体的能力进行客观评价。

器材：4个标志物、田径场地测量卷尺、起点/终点计时仪或秒表、防滑测试场地。

步骤：如图7-33所示，根据指令信号，运动员从A点进行快速起跑，即开始测试。运动员冲刺到B点并用右手触碰标志物的顶部，然后向左侧身移动到C点，并用左手触碰标志物顶部。触碰后，迅速向右移动到D点，并用右手触碰标志物顶部。然后，运动员侧身移动返回至B点，用左手触碰标志物顶部。触碰后，快速后退跑至A点。当运动员通过A点时，秒表停止。

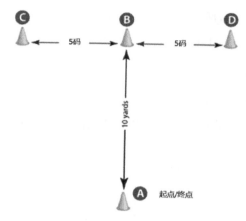

图7-33 "T"形测试

评分标准：

表7-2 "T"形测试评价标准（男、女）

分类标准	男性	女性
优秀	<9.5	<10.5
良好	9.5~10.4	10.5~11.4
合格	10.5~11.4	11.5~12.4
不合格	>11.4	>12.4

注：计量单位为秒。

（四）象限跳跃测试

介绍：象限跳跃测试作为一项非跑动型灵敏素质测试，测量以最快速度在狭小的象限空间内进行移动，同时保持平衡和协调的身体控制能力。该测试可以适用于多种有变向竞技需求的运动项目。

器材：用于标记地面的粉笔或胶带、秒表、防滑测试场地。

步骤：如图7-34所示，运动员以拟定的初始动作姿态预备（如双脚并拢或双脚分开与肩同宽），站在十字象限的中心区域。根据指令信号开始计时，运动员跳至第1象限，按照顺序以最快速度平稳地依次跳向各个象限，如1、2、3、4、1、2、3……整个过程中运动员始终面向同一方向。在10s内，计算运动员双脚完全跳跃到象限区域内的次数。

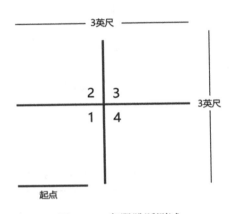

图7-34　象限跳跃测试

（五）六边形灵敏测试

介绍：六边形灵敏素质测试是一种简单易行的敏捷测试。测试涉及快速跳入和跳出六边形区域。类似于象限跳跃测试，测量以最快速度在狭小的象限空间内进行移动，同时保持平衡和协调的身体控制能力。同时，该测试方法也可以加入障碍物，在跳入和跳出过程中越过障碍物。

器材：用于标记地面的粉笔或胶带、秒表、防滑测试场地。

步骤：如图7-35所示，运动员以拟定的初始动作姿态预备，面向前方站在六边形区域的中心区域。根据指令信号开始计时，运动员迅速跳出和跳入第1条线，跳回位置仍为六边形区域的中心区域。随后，运动员按顺序跳完1~6号边线，不断重复此过程。在完成第3个整圈的最后一个动作跳回至初始位置时计时停止。此外，应考虑到应用顺时针和逆时针进行综合测试。

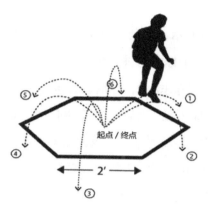

图7-35　六边形灵敏测试

评分标准：

表7-3　六边形灵敏测试评价标准（男、女）

分类标准	男性	女性
优秀	<11.2	<12.2
良好	11.2~13.3	12.2~15.3
中等	13.4~15.5	15.4~18.5
合格	15.6~17.8	18.6~21.8
不合格	>17.8	>21.8

注：计量单位为秒。

（六）SEMO灵敏素质测试

介绍：SEMO灵敏素质测试是一种测试运动员的移动敏捷性的评价方式。不同于其他类型的灵敏性测试，它综合融入了向前、向后和侧向移动身体和调整步伐的能力。

器材：4个标志物、田径场地测量卷尺、起点/终点计时仪或秒表、防滑测试场地。

步骤：如图7–36所示，运动员以拟定的初始动作姿态预备。根据指令信号，运动员从第1个标志物进行快速启动，即开始计时。运动员使用侧步跑形式快速移动到标志物2，然后绕过该标志物并以后退跑形式到标志物3。在迅速绕过标志物3之后，向前冲刺到标志物1，绕过该标志物并再次以后退跑形式到达标志物4。绕过标志物4之后，向前冲刺到标志物2，然后侧步退回到起始点标志物1。在整个测试过程中，应保持朝前、朝向基线。为了避免路线本身的复杂性对结果的影响，可以允许运动员进行两次测试。

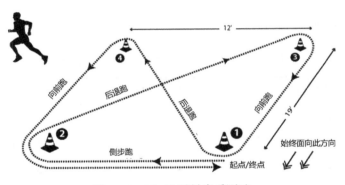

图7–36　SEMO灵敏素质测试

评分标准：

表 7-4　SEMO 灵敏素质测试评价标准（男、女）

分类标准	男性	女性
优秀	<10.7	<12.2
良好	10.7～11.4	12.2～12.9
中等	11.5～12.9	13.0～13.8
合格	13.0～13.8	13.9～14.5
不合格	>13.8	>14.5

注：计量单位为秒。

【思考题】

1. 你认为在你所从事的运动专项中，哪些是决定专项灵敏素质发展的关键因素？

2. 如果设计一堂灵敏素质训练课，你认为应该考虑哪些因素？

3. 对于青少年儿童，灵敏素质发展的敏感期分布在哪个年龄段？其呈现出什么样的特点？

第八章　平衡能力训练研究

【**本章导语**】平衡能力是人体运动能力中的一种基础能力，在日常生活中，有维持人体站立、行走以及完成各种动作的重要作用，是进行各种活动，比如走、跑、跳、投、爬等动作的基础，没有一个稳定的重心和良好的平衡能力，肢体就无法自如地协调运动；而在体育活动中，平衡能力既是控制动作稳定性的重要因素，也是提升运动员技术水平的基本保障，对运动员的竞技动作、姿势平衡、单腿站立和姿势控制等方面有重要影响。本章共分三节，第一节主要阐述平衡能力的概念、分类、影响因素、作用等基本原理，第二节主要讲授平衡能力训练方法与设计，第三节重点介绍平衡能力测试方法。通过本章学习进一步理解在技术水平等同的前提下，技术动作的稳定程度和完整性离不开平衡能力的根本作用，平衡能力水平的高低会直接影响动作完成质量以及运动能力的最终表现。

第一节　平衡能力概述

一、平衡能力的概念

平衡是机体所存在的一种姿态以及在活动或受到外力作用情况下能够自我调整并维持该姿势的状态，具有对称性、稳固性和动态稳固性三个主要特征。平衡能力是人体运动能力中的一种基础动作能力，维持平衡是人类活动中一项基本身体活动。

关于平衡能力的概念，国内外诸多学者的研究都有所涉及，但研究领域的不同对平衡的理解也有所不同，目前对平衡能力的定义还没有得到统一。

在日常生活中，平衡能力是人体维持站立、行走以及完成各种动作的重要生理机能，几乎所有的人类活动都以完整的平衡功能为基础，没有一个稳定的重心和良好的平衡能力，肢体就无法自如地协调运动。

从力学角度分析，平衡能力可以理解为当物体受到各种力的合力达到零时所呈现的一种稳定状态。平衡能力主要受支撑面积、身体重心和稳定角的影响。一般来说，身体重心越低、支撑面积越大、稳定角越大，平衡也就越好。

在医学领域，平衡能力包括两个方面，一是指人体所处的一种姿势或者是稳定状态，属于静态平衡能力；二是指人体在运动或受到外力作用时，能自动地调整并维持姿势的一种能力，属于动态平衡能力。静态平衡需要肌肉的等长收缩，动态平衡需要肌肉的等张收缩。

在康复领域，平衡能力是指人体在不同环境和情况下维持身体稳定的能力，是完成各项日常生活活动的基本保证。保持平衡，人体质心必须垂直落在支持面上方或范围内，支持面越大，越容易保持身体的平衡。

《运动生理学》中指出，平衡能力是指身体在运动或受到外力作用时，能够自动调整并维持身体姿态的能力。平衡能力是完成诸如跑、跳、滑冰、滑雪、踢球、体操、舞蹈等多种运动技能的基本条件。

《运动训练学》中指出，平衡能力是指人体维持平衡的本领。人体运动时总是与维持相对稳定的身体姿势相联系，通过对抗使身体偏离位置的力而达到的状态，人体保持稳定姿势的能力是保证人体基本静态位置的关键能力，也是人体有效完成某一动作的基础。运动员平衡能力受到自身关节周围保持关节稳定性的肌肉力量以及运动中全身肌肉系统工作能力的影响。

美国体能协会对平衡能力下的定义是：指人体经各种感觉输入，在不移动的条件下维持身体重心在支持面内的能力。移动会导致平衡被破坏，在移动时压力中心的加速会导致重心离开支持面，这也是有时候走路或跑步时会摔倒的原因。

由此可见，目前对于平衡能力尚无一致定义。不同的专业领域有不同的解释，但无论在哪个研究领域，对平衡能力的定义都体现了平衡是人体所处的一种稳定状态，以及不论处在何种位置、运动或受到外力作用时，能够自动调整并维持身体姿势的能力。

在体育活动中，在运动员的竞技动作、姿势平衡、单腿站立和姿势控制等方面，平衡能力既是控制动作稳定性的重要因素，也是提升运动员技术水平的基本保障。在技术水平等同的前提下，技术动作展现的稳定和完整就成了影响竞技水平的最关键因素，而稳定的技术动作展现离不开平衡能力的根本作用。运动员平衡能力水平的高低会直接影响运动员动作完成质量以及运动能力的最终表现。

因此，本书从身体运动功能训练的角度出发，将平衡能力定义为：人体用来维持身体姿势平稳、保持最大程度稳定，以及在运动或受到外力作用时调控身体姿势或保持重心平稳，用来维持与控制身体变化过程的机体能力。

二、平衡能力的分类

平衡是指人的一种稳定的身体状态，以及受到外部影响时，能够维持或者自动调整身体运动的能力，是人类做出各种身体动作的基础，是人体依靠视觉、触觉、本体感觉及前庭感觉，结合身体运动系统多方面协调配合完成动作的基本能力。

从运动生物力学角度分析，按照平衡物体的重心支撑点的所在位置关系可以将平衡能力分为三类：上支撑面平衡能力、混合支撑面平衡能力、下支撑面平衡能力；按平衡物体保持其平衡能力的可能性将平衡能力分为随遇平衡能力、不稳定平衡能力、有限稳定平衡能力、稳定平衡能力四类。

从运动生理学角度分析，平衡能力包括了感知和运动能力的结合，主要反映了身体对来自前庭器官、肌肉、肌腱、关节等各方面刺激的协调能力，对身体所处姿态以及在运动或受到外力作用时能够自动调整身体姿态并且维持这种状态的能力。按其性质可将人体平衡分为三种：对称性平衡、静态平衡与动态平衡。

结合国内外学者的研究，根据人体在活动时所处的不同状态、不同情况，从以下两个方面对平衡能力进行分类。

（一）根据人体所处的状态以及是否受到外力的作用划分

可分为静态平衡与动态平衡，其中，对称性平衡是平衡的一种特殊表现形式。

1.静态平衡

静态平衡，也称为一级平衡，是指人体或人体某一部位在无外力的作用或相对静止的状态下，维持身体处于某种特定姿势一段时间并处于稳定状态的能力。如坐姿、跪姿、单腿站立时，身体保持稳定状态且没有明显晃动；乒乓球、羽毛球等隔网对抗项目的接发球动作；艺术体操、花样滑冰等项目的开场动作。

2.动态平衡

动态平衡，指人体重心在移动的情况下，对身体姿势控制和调整的能力。它包括两个方面：自动态平衡与他动态平衡。

（1）自动态平衡，也称为二级平衡，指人体或人体某一部位在无外力的作用下，进行各种自主运动并重新获得稳定状态的能力。如进行坐站、坐卧、行走等姿势变换的动作时，身体可以保持平衡状态。

（2）他动态平衡，也称为三级平衡，指人体或人体某一部位在受到外界干扰后，通过自身调整并恢复稳定状态的能力。如在推力或拉力的干扰下，人体可以通过做出保护性调整反应并重新恢复到稳定状态。

3.对称性平衡

对称性平衡是指能否将身体的重量均等地分配到身体支撑点的能力，比如人站立时的双脚受力、坐位时的两臂受力是否均等。

（二）根据平衡与运动专项的关系划分

可分为一般平衡和专项平衡。

一般平衡是指人体或人体某一部位在完成基本动作而非特定的专项动作时，不论处于何种位置、运动状态，或受到外力作用时能自动调整并维持姿势的能力。如睁、闭眼单腿站立时维持姿势稳定的能力，不同体位时伸手取物的能力等。一般平衡是完成各项日常生活的基本保证。

专项平衡是指人体在完成专项运动时自动调整并维持姿势的能力，也就是说，在动作结构、动作模式等方面具有明显的专项特点。如划艇运动员在进行划桨动作时，以特定的跪姿姿势，克服水面和艇身的晃动完成划桨动作，这时运动员的平衡能力属于专项平衡。

一般平衡和专项平衡相互影响，一般平衡是专项平衡的基础，一般平衡能力的提高将会促进专项平衡能力的提升，一般平衡能力的不足将会限制专项平衡能力的提高与发挥。专项平衡能力是专项运动的专门能力，一般平衡能力无法取代专项平衡能力。

三、平衡能力的影响因素

平衡的维持是神经系统、肌肉骨骼系统等系统功能完整的体现。保持平衡的过程是一整套错综复杂的程序。平衡感觉来自前庭、视觉和本体感觉，本体感觉又由肌肉、关节、肌腱等处的感受器产生，它们传递各有关效应器官状态的信息，当人体由不平衡状态恢复到平衡状态，首先由感受器将人体失衡的信号送到大脑，形成平衡感觉，再由大脑发出信号来调动相关骨骼肌做出相应收缩来维持人体的稳定，最终，各方面的信息传到中枢神经系统，由它进行综合分析，再经锥体束发出随意运动的冲动，指挥肌肉-骨骼系统以随时纠正身体的偏移，稳定平衡。因而以上各系统中的任何一个环节出现障碍都会影响平衡的稳定。

总之，平衡能力的控制是一个复杂的过程，受多种因素共同影响，迄今为止，维持人体平衡的机制尚未彻底阐明。平衡能力从不同的学科角度定义有不同的概述，因而影响因素也有所不同。人的感觉系统、中枢神经系统、运动系统是影响平衡能力的生理学因素。同时身体重心高度、支撑面积的大小、稳定角的大小等也是影响平衡能力的生物力学因素。其他因素，像身体重量、外界阻力、心理因素以及人体所处的环境也会对平衡能力造成影响，总之人体平衡能力受多方面因素共同影响。

（一）生理学因素

从生理学角度分析，维持人体平衡与稳定的重要器官是前庭器官、视觉器官、本体感受器，与大脑平衡调节、小脑共济协调以及肢体肌群力量、肌张力之间的相互平衡等密切相关。因此，平衡所反映的是人体对来自前庭器官、肌肉、肌腱、关节内的本体感受器以及视觉等各方面刺激的协调、综合能力，平衡能力的维持是感觉系统、中枢神经系统、运动系统等系统功能完整的体现。

1.感觉系统

本体感觉主要通过位于皮肤内的触觉感受器、压觉感受器，以及肌梭、关节内的本体感受器，负责提供人体各部分的空间位置、身体运动及骨骼肌状态等信息。本体感受器可感受肌肉张力、长度的变化和环节在关节处运动的刺激，并将这类刺激转变为神经冲动，传向大脑皮质感觉区，从而产生身体各部分相对位置和状态的感觉，称为运动觉或本体感觉。

例如，正常人站立在固定的支撑面上时，足底皮肤的触觉、压觉和踝关节、膝关节甚至髋关节的本体感觉输入起主导作用，此时身体的姿势控制主要依赖于躯体感觉系统，即使去除了视觉信息输入，身体稳定性亦无明显下降。当足底皮肤和下肢本体感觉输入减退或者完全消失时，人体失去感受支持面情况的能力，姿势的稳定性立刻受到严重影响。射击、射箭项目是一项以稳求准、以准取胜的运动项目，对运动员的平衡能力有着极高要求，这种特性就需要运动员具有良好的本体感觉、平衡感觉和肌肉控制能力。

实践证明，本体感受器功能的提高，不仅可以促进动作技能的形成和肌肉活动在时间和空间上更加协调，运动技术水平、机体平衡能力也明显增强，还有助于运动技术、战术的运用与创新。

2.视觉系统

眼睛即视觉器官，是人体感知外界信息最重要的感觉器官，视觉是外源性信息在大脑的主观感觉。视觉感受器主要负责提供周围环境变化、身体运动方向以及头部相对于环境的定位信息。运动过程中，眼睛可提供运动场地、器械等周围环境和身体运动与运动方向的信息，并传入大脑，结合本体感受器和位觉感受器传来的信息，一方面通过视调节保持清晰的视觉，另一方面调节有关骨骼的肌张力，保持头位及正确的身体姿势。因此，视觉对动作控制发挥着重要作用。当视觉系统在视环境静止不动的情况下，能准确感受环境中物体的运动以及身体相对于环境的视觉空间定位。当身体平衡因躯体感觉受到干扰或破坏时，视觉系统将发挥重要作用，它通过颈部肌肉收缩使头保持向上直立位和水平视线来使身体保持或恢复到直立状态，从而获得新的平衡。如果去除视觉输入，如闭眼站立，姿势的稳定性将较睁眼站立时显著下降，闭眼站立时身体倾斜、摇晃，并容易跌倒。

另外，视觉与本体感觉在维持身体姿势时有较大的相互依存性，如看远近物体时，由于视轴有会聚和分离，使内、外眼肌的牵张程度不同，从而产生远近距离的感觉。但如果对着镜子做练习时，视觉又可为本体感觉提供信息以强化本体感觉。但在特定情况下，视觉也会引起平衡能力下降，如有恐高症的人站在高处向下看时，会感到两腿发软，难以维持站立姿势。

3.前庭系统

前庭系统包括内耳–迷路末梢感受器、半规管、椭圆囊、球囊、前庭神经，负责接收有关直线加速运动、头部旋转运动等头部空间位置改变信息。前庭器官也叫位觉器官，当人体进行旋转或直线变速运动，以及头在空间的位置和地心引力的方向出现相对改变时，便会刺激前庭器官的感觉细胞产生神经冲动，经前庭神经传送至中枢神经系统，引发身体在空间的位置或变速感觉，并通过姿势反射来调整有关骨骼肌的张力，以维持身体的平衡。当躯体感觉和视觉系统正常输入的情况下，前庭冲动控制姿势的作用很小。当人体进行旋转或直线变速运动，以及头在空间的位置和地心引力的方向出现相对改变时，如体操的空中转体、篮球的转身过人等，位于内耳–迷路末梢感受器、半规管内的壶腹嵴、椭圆囊斑、球囊斑、前庭神经就会感受刺激产生神经冲动，经前庭神经传送至中枢神经系统，引发身体在空间的位置感觉或变速感觉，并通过姿势反射来调整有关骨骼肌的张力，以维持身体平衡。

值得指出是，位觉感受器在调节身体平衡方面具有双重性，一方面，机能良好的前庭器官的反射可以维持运动中身体平衡，另一方面，如果前庭器官对位觉刺激过于敏感（前庭功能稳定性差），反而会破坏运动时的身体平衡，导致动作失调变形。例如，有人会晕车、晕船和晕机等，原因就是这种人的前庭感受器对交通工具的突然变速、颠簸、左右摇摆、震荡等刺激过于敏感，产生了超出个体耐受限度的神经冲动，引发了空间定向错觉和更明显的一系列植物性功能紊乱反应。如果在跳水、滑雪、花样滑冰、体操、铁饼和链球等项目中运动员出现这些反应，势必会影响运动技能的发挥。

4. 中枢神经系统

当体位或姿势变化时，中枢神经系统会对三种感觉输入做出判断。大脑结合本体感受器和位觉感受器传来的信息，通过视调节保持清晰的视觉，同时调节有关骨骼肌的张力，保持体位及正确的身体姿势。一旦中枢神经系统（脊髓、前庭核、脑干、小脑、大脑皮层）做出正确的决定，命令会被传送给肌肉，相应的肌群会以协同运动模式应对姿势变化，调整身体重心回到原范围内或重新建立新的平衡。

5.运动系统

中枢神经系统向运动系统发出输入指令，骨骼肌肉系统做出相应的目标输出，并通过下肢和躯干肌肉以固定的组合、固定的时间顺序和强度进行收缩的运动模式，从而达到维持站立平衡的目的。当人体失去平衡时，骨骼肌协同运动模式主要通过三种方式来应对外力变化以保持平衡，包括踝关节协同动作模式、髋关节协同动作模式及跨步协同动作模式。

踝关节协同动作模式：身体重心以踝关节为轴，进行前后转动或摆动。例如，人体站在一个比较坚固和较大的支撑面上，受到一个较小的外界干扰（如较小的推力）时，身体重心以踝关节为轴进行前后转动或摆动（类似钟摆运动），通过调整重心，保持身体的稳定性。

髋关节协同动作模式：通过髋关节屈伸，来调节身体重心，以保持平衡。例如，当正常人站立在较小的支撑面上受到一个较大的外界干扰时，稳定性明显降低，身体前后摆动幅度增大，可以通过髋关节的屈伸活动来调整身体重心和保持平衡。

跨步协同动作模式：通过向作用力方向快速跨步来重新建立重心的支撑点，为身体重新确定站立支撑面。当外力干扰过大，使身体的摇摆进一步增加，重心超出其稳定极限，髋调节机制不能应对平衡的变化时，人体启动跨步调节机制，自动地向用力方向快速跨出或跳跃一步，来重新建立身体重心支撑点，使身体重新确定能实现稳定站立的支撑面，避免摔倒。

（二）生物力学因素

生物力学影响平衡的因素主要有3点：一是支撑面积的大小；二是身体重心的高度；三是稳定角的大小。一般来说，重心越低、支撑面积越大、稳定角越大、平衡也就越好；反之亦然。

重心是指物体各部分所受重力的合力作用点。人体是由多部分构成的躯体，身体重心应是各部分重心加权的和，因此，身体重心会受躯体不同位置的变动而移动。例如，成年男性以解剖姿势站立时，重心位于第二骶椎前；若手臂举高或腰部以上负重，会导致重心向上方移动，这样一来要维持平衡就比较困难。降低重心可以增加身体的稳定度，因为在支持底面内，重心可以有更大角度的位移。当身体对抗是向下的重力时，重心线越靠近支撑底面中心，则稳定性越好。相反，重心线越靠近边缘，平衡越困难。

支撑面积是指由支撑部位边缘所包围的面积。例如，如果只有一只脚接触地面，那么支撑面为单脚接触地面的面积；如果两只脚同时与地面接触，那么支撑面包括两只脚之间的面积，如果将两只脚分开（前后、侧向或同时兼有）会增加支撑面的面积；如果以拐杖支撑（增加接触点），则支持底面由双脚和拐杖围绕，若将拐杖置于前方则比较稳定，支撑底面形成一个三角形而非直线。一般认为，支撑面积的大小与稳定度呈正相关。

从物体重心向支撑面某方向边缘引一条射线，该射线与物体重力线的夹角称为该方向的稳定角。哪个方向的稳定角大，哪个方向的稳定性就好，稳定角越小稳定度越差。例如，当已知的力量来自于前后方向，像是接快速球一样时（如站在公交车上），就建议前后站立，目的就是增加前后方向的稳定角。这些对外力的自动反应都是通过增加外力方向的稳定角，来维持身体重心处于支撑面内，从而保持平衡。

（三）生物学因素

从生物学角度而言，影响人体平衡能力的因素还有个体的年龄、身高、体脂率及BMI和肌肉力量等。根据目前国内外学者的研究显示：身高、体脂率及BMI与平衡能力均表现为负相关关系，身高越高、体重越大、体脂率越高、BMI值越大，其平衡能力越差；平衡能力与年龄的关系不是线性相关，而是复杂的曲线关系，年龄对平衡能力的影响与人体肌肉力量大小有很大的相关性，在老年人身上表现明显，老年人随着年龄不断增长，运动机能明显减退、反应差、感觉迟钝、行动迟缓，平衡能力开始出现下降等现象。

（四）身体机能状态

维持身体平衡是在神经系统、感觉器官和运动系统等共同参与和协调下完成的。只有身体机能处于适宜状态时，有关的系统和器官之间才能密切协调配合，发挥良好的生理作用以维持身体特定姿势。假如身体疲劳或健康状况欠佳时，各器官、系统功能下降，必然会导致以下现象的发生：感受器兴奋阈升高，对运动刺激不够敏感，产生的传入信息量（神经冲动）减少；信息传导、传递速度变慢；中枢神经整合与协调能力减弱；肌肉收缩无力。以上变化都会影响身体的平衡，如运动者骨骼肌疲劳时，因肌张力变小、耐力变差，就无法完成与平衡有关的运动技能。运动员在大赛期间，有时心理过度紧张会使机体平衡能力下降，这也是体操运动员从平衡木上掉下来的原因之一。

四、平衡能力的作用

平衡能力是衡量身体素质和人体机能的一项重要指标，是人体进行姿势控制和体育运动的基础，是肌肉力量、本体感觉、姿势稳定性等因素的综合效果表现，是人体一项不可或缺的能力。平衡能力具有以下作用。

（一）平衡训练可以提升运动表现

通过平衡训练可以有效控制身体重心、维持身体平衡，以达到提高运动表现的目的。这种应用多体现在技（心）能主导类项目中，比如射击、射箭等项目，运动员是否具有优异的平衡能力是能否取得良好成绩的关键；再如体操空中转体动作中，运动员平衡能力的差异将直接导致运动成绩的高低。此外，武术、滑雪、滑冰项目对平衡能力也有着较高的要求。而在很多技战能、体能主导类项目中，平衡能力并没有被作为主要的身体素质，但良好的平衡能力是运动员完成各种复杂动作、发挥训练水平的重要保障。如在篮球项目中，我们更多地关注运动员的力量、速度、灵敏、耐力等身体素质，但是在高速运动后的急停以及身体对抗中完成投篮动作时，对身体平衡能力有很高的要求。足球项目也需要强大的动态平衡能力去维持一系列动作的顺利进行，进而取得比赛胜利。短跑项目是相对简单的动作模式，但在冲刺过程中，需要双腿不断地交替失去、恢复和保持平衡性，而这一切都在不到100毫秒的时间内完成，如果没有进行针对性平衡能力训练，人体的神经肌肉系统将会承受异常的压力，导致其无法对专项技术动作的要求做出合理反应。此外，良好的平衡能力还能够促进绝对力量的增长，对举重、投掷等运动项目有着不可或缺的帮助。

（二）平衡训练可以提高运动感知觉

平衡训练强调对细微动作的精细控制，包括颈部、肩部、背部、臀部、膝部和踝部，通过平衡训练可以提高运动感知觉能力，进而提高身体控制能力。大量研究表明，平衡性训练可以恢复人体动态稳定机制，提高神经肌肉效率，并且有效刺激关节内（例如鲁菲尼传入神经、帕西尼传入神经和高尔基传入神经）和肌肉内（例如肌梭和GTO）的感受器，改善本体感觉、运动知觉和神经肌肉效率。

（三）平衡训练可以减少运动损伤

大量研究表明，通过平衡训练可以有效减少运动损伤的发生。在接触性运动项目和非接触性运动项目中，运动员的下肢损伤是非常普遍的现象，下肢运动损伤可导致姿势不稳、姿势不对称以及相应的后遗症。良好的平衡能力能够使肌纤维被合理地激活，有效地控制踝关节、膝关节、髋关节、背部、肩关节和颈部的细微运动。因此，在遇到突如其来的冲击时，肌肉能够协调运动，进而减免不必要的损伤。平衡能力的好坏是决定足球运动员在场上是否会出现运动损伤的重要因素，平衡能力差会导致运动员在比赛或训练时产生经常性的损伤，这不仅影响运动成绩，更严重的则会对运动员自身身体产生巨大的不可逆转的伤害，甚至威胁生命。此外，平衡能力也是超等长训练的理论基础，许多下肢超等长训练需要运动员采用非惯用的模式（如双脚Z形跳、向后跳与单脚跳），这些训练方式都需要稳固的支撑，运动员才能安全正确地进行训练，降低受伤的风险。

（四）平衡训练可以预防老年人跌倒性损伤

老年人由于视觉系统、前庭器官的衰退，机体平衡能力也随之下降，日常活动和体育锻炼中常发生跌倒性损伤。由于老年人往往有骨质疏松和软组织退行性改变，因此，老年人跌倒后骨骼与软组织的损伤率高，并且跌倒一次后可能再次跌倒，这也是老年人伤病和死亡的重要诱因之一。老年人因身体机能的衰退和组织器官的老化，不宜参加高强度的体育锻炼，需要合理地开展健身活动，逐渐提高平衡能力。

（五）平衡训练可以促进运动损伤病人的康复

通过平衡训练可以显著改善本体感觉和神经肌肉的控制，进而提高运动损伤后的功能表现。研究显示，颈椎病、偏瘫、脑外伤、脑卒中、骨质疏松、脊髓压迫症、帕金森症、多发性硬化症等患者，其动态平衡能力都会有不同程度的衰退，在这些疾病的康复训练中，平衡训练常常被作为主要的康复手段。Gune等研究表明，使用电脑平衡仪的生物反馈训练可以加强偏瘫病人在行走时对身体姿势的控制能力。

第二节　平衡能力的训练方法

平衡能力训练已被证实可以有效改善运动感知觉、提高神经肌肉效率、增强运动表现、减少突发性运动损伤以及促进损伤后运动系统功能的重建，因此，平衡能力训练在竞技体育和康复训练中有着非常重要的作用。本部分主要讲授平衡能力的训练设计、训练方法以及平衡能力具体练习。

一、平衡能力的训练设计

（一）训练目标

在设计平衡训练计划时，首先要考虑受训者的训练目标，其中包括：术后康复、提高竞技能力以及损伤预防等。对受训者进行充分的评估后，根据受训者的疲劳程度、身体准备程度、训练经验以及训练禁忌等因素确定训练目标。例如，对于健康的运动员来说，平衡训练目标应具有一定的挑战性，最大限度地刺激运动员的神经肌肉系统以及感知觉能力。而对于以康复为目的的平衡训练来说，务必要等到受训者完全掌握平衡训练的要领后，再逐渐加大训练负荷。

（二）训练手段

平衡训练的手段多样，可以根据受训者的训练目标，通过使用各种训练器械创造稳定和非稳定支撑的外界条件，完成动力性或静力性的平衡练习。平衡能力训练手段一般包括各种垫上徒手练习、平衡盘练习、平衡木练习、滑板练习、气垫练习、软垫练习、泡沫筒练习、榴槤球练习、BOSU球练习、瑞士球练习、Reaxboard平衡训练台练习等。

（三）训练强度

平衡训练的强度一般不是很大，练习主要通过量的刺激来完成肌肉协调用力和关节稳定控制。但在实际的运动中，平衡性并不是孤立的一环，而是与肌肉力量、速度灵敏、关节灵活性、身体协调性等多项基本素质共同发挥作用。因此，平衡训练需要与其他身体素质训练相结合。平衡训练应遵循由易到难，逐渐增加强度的训练原则，采用安全性、系统化、渐进性和功能性的手段，最大限度地刺激运动员的神经肌肉系统以及感知觉能力。平衡训练基本遵循由稳定到非稳定、由静态到动态、由慢到快、由双侧到单侧、由徒手到负重的难度递增顺序。

表 8-1 平衡训练强度的进阶原则和训练变量

训练原则	训练变量
从易到难 从简单到复杂 从已知到未知 从稳定到不稳定 从静态到动态 从慢到快 从双侧到单侧 从睁眼到闭眼 从无干扰到有干扰	身体姿势：坐姿、跪姿、站姿
	运动平面：矢状面、冠状面、水平面
	活动范围：全幅度、部分活动角度
	支撑面：地面、平衡垫、平衡盘、泡沫轴、BOSU球等
	阻力类型：自重、药球、哑铃、弹力绳等
	身体位置：双侧稳定/不稳定、单侧稳定/不稳定

（四）训练量

在平衡能力训练中，一般每组重复次数在6次以上，每个动作至少持续20秒，练习组数一般为2~3组，练习频率每周最少3次。在神经肌肉系统和感知觉能力受到反复的刺激后，要求受训者逐渐体会平衡训练动作的要领并形成神经对肌肉的精准支配能力，进而提高身体的平衡能力。

（五）动作要求

在进行静态平衡训练时，要求受训者的肢体保持合理姿态，保证动作的稳定性和身体的平衡性。在进行动态平衡训练时，要求动作速度相对较慢，待受训者完全掌握动作要领后，再逐渐提高动作速度。另外，训练时注意与呼吸配合，切记不能为了数量而忽略动作的质量。

二、平衡能力的训练方法

平衡能力训练的动作种类丰富，难度变化多样，没有固定的模式。因此，可以根据视觉、前庭系统、本体感觉等生理学因素设计平衡能力训练方法，从而进行单独训练或者综合性训练。根据生理学设计的常用平衡能力训练方法见表8-2。

表8-2 依据生理学设计平衡训练方法

动作难度	本体感觉变化类	前庭感觉变化类	视觉变化类
易 难	垫类（软垫、气垫）静力性 垫类（软垫、气垫）动力性 球类（BOSU球、瑞士球）静力性 球类（BOSU球、瑞士球）动力性 板类（平衡板、滑板）静力性 板类（平衡板、滑板）动力性 Reaxboard平衡训练台静力性 Reaxboard平衡训练台动力性	被动训练法＋静止 被动训练法＋移动 主动训练法＋静止 主动训练法＋移动 综合训练法＋静止 综合训练法＋移动	双眼 双眼＋干扰 主视眼（单眼） 非主视眼（单眼） 主视眼（单眼）＋干扰 非主视眼（单眼）＋干扰 闭眼 闭眼＋干扰

（一）前庭功能训练法

1.被动训练法

被动训练法主要是让人在产生加速度变化的器械上被动地感受加速度的变化（如离心机、四柱秋千、电动转椅、过山车、极速之旅等）。在训练过程中旋转速度要循序渐进，以免引起过于强烈的前庭反应。

图8-1 被动训练法

2.主动训练法

主动训练法是锻炼者主动地选择各种有加速度变换的旋转运动进行训练，如球类运动、器械体操、空翻、滚翻、摇头操、吊环旋转、弹网蹦跳、铁饼、链球、荡秋千等。

图8-2 主动训练法

3.综合训练法

综合训练法是锻炼者采用主动训练和被动训练相结合的方式进行训

练。综合训练比单纯的主动训练和单纯的被动训练效果更好，同时还能全面地提升人体机能。

实际上，所有体育运动均需要改变身体的姿势和位置，只要坚持体育锻炼或运动训练都可以增强机体对变速运动的适应和平衡能力。值得注意的是，前庭功能稳定性从幼年开始训练效果会更好。近年来各种平衡仪生物反馈训练系统相继面市，为人体平衡能力的科学训练创造了良好的条件。训练者可根据各类平衡训练仪的功能以及受训者提高平衡能力的具体要求来制定训练方案，进而指导受训者进行平衡训练。

（二）本体感觉功能训练法

人体运动时所产生的本体感觉常被视觉、位觉或其他感觉所掩盖，而难有明确的主观感觉，故本体感觉又称为"暗淡感觉"。本体感觉必须经过长时间的训练，才能明显而精确地在自己的动作过程中体验到。例如，当运动员建立动力定型之后，动作稍有改变即可察觉，而在学习新动作的初级阶段即便有很大的偏差，也不易察觉。因此，在运动实践中只有通过反复练习，才能获得良好的本体感觉。

本体感觉训练也称感知运动训练、功能性关节稳定性训练，要求运动员在较难保持平衡的条件下保持平衡。本体感觉训练可以促进功能性动作中的关节稳定性、静态与动态平衡以及有效预防运动损伤。另外，本体感觉训练还可以提高动作意识或肌肉运动知觉，提高动作精确性，以最少的消耗完成最佳的运动效果。本体感觉训练可以根据受训者的训练目标，通过使用长条类、板类、垫类等各种训练器械创造稳定和非稳定支撑的外界条件，完成动力性或静力性的平衡练习。

图8-3 本体感觉功能训练

（三）视觉器官功能训练法

人的视力、视野同样受遗传和环境因素的影响，为了提高视觉的功能，除了平时注意用眼卫生外，还可以通过眼保健操、动眼运动等基本手段缓解运动员眼肌疲劳，改善视觉功能。在运动训练过程中，注意运动环境中参照物的选择，多看视频录像，仔细观察教师或教练员的示范动作，多对着镜子强化练习视觉与本体感觉的结合，多站在高处向下方和远处看等，都有利于视觉器官在维持身体平衡过程中发挥积极作用。

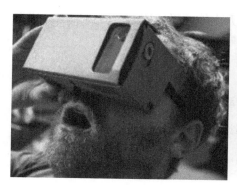

图8-4 视觉器官功能训练

（四）训练学方法

平衡能力除了先天性遗传获得之外，后天训练也十分重要。国内有学者通过对体操平衡木运动员的研究得出：通过后天训练，相关运动员平衡能力得到很大提升，说明通过后天的锻炼对平衡能力提升有显著作用。还有研究表明，在维持机体平衡和保持姿态稳定的过程中，除神经机制外，平衡能力最终是通过椎体束支配骨骼肌收缩实现的，肌肉力量对身体平衡能力也有着非常重要的影响，运动可以有效提高姿势控制能力，坚持运动能够使肌纤维增多、增粗，表现为肌肉力量增大，同时可以增加神经系统兴奋性，使参与收缩的肌纤维增多，因此可以通过提高肌肉力量特别是人体核心区域（腰椎、骨盆、髋关节）的肌肉力量，来改善平衡能力。因此，越来越多的研究将发展人体核心区域力量、提高核心区域的稳定性作为促进人体姿态稳定和提高平衡能力的手段。

另外有学者研究得出：运动训练对于男性某些平衡指标有显著影响，这表明良好的运动训练不仅能增强运动员前庭感觉和本体感觉机能，还能提高神经系统对肌肉的协调能力，对肌肉控制系统和力量的提升有不同程度的良性促进作用，从而使平衡能力得到改善。以上研究说明，通过对平衡能力影响因素的训练干预，可以提升人体的平衡能力。具体训练方法有以下几种。

1.感觉统合训练

感觉统合训练以游戏为主，在运动的过程中结合器材，通过大量的旋转仪器训练提升人体的平衡能力。感觉统合训练对于提升少年儿童的平衡能力作用显著。

2.力量训练

定向性的、有针对性的肌肉力量训练，尤其是核心力量训练，在运动时对维持人体的平衡稳定，以及提高神经肌肉系统的协调配合起重要作用。国外对核心训练的研究表明：核心力量是机体使用能量的来源和枢纽，核心部位的力量与人体平衡能力成正比，人体核心部位力量越充足，相应的平衡能力、技术动作的协调以及运动效率均会有所提高。通过核心力量训练建立强大的核心肌群，增强肌肉群的控制协调，符合人体的"刺激−反应−强化"的一般规律，从而提高人体平衡能力。

3.发挥意象作用，完善身体排列的"身心训练法"

这种训练方法来源于对舞蹈教学训练的多元思考，该方法是一种以"意象"为核心的身心学技法，它强调通过想象来调整和改善习惯性神经肌肉运作，使练习者在静态平衡状态下有意识地控制身体，确保正确的肌肉募集次序和骨骼排列，从而达到体内力量的平衡调节。训练内容包括身体放松训练、动作想象练习和身体排列练习，通过有意识的"意象"刺激，帮助身体协调到最自然、最符合生理原理的状态。

4.非稳定状态下的动作训练，包括减小支撑面积、提高重心等

相对于常规训练的稳定状态，"当人体处于一个相对较高的重心和相对较小的支撑面时，会处于非稳定状态，此时保持平衡的问题就变得更加复杂。"重心越低支撑面越大，平衡的难度越小，反之亦然。

在训练中辅助工具包括泡沫轴、波速球、平衡垫等器械。创造非稳定状态进行动作模式训练，有利于提高神经肌肉的控制能力和本体感受性，从而不断激活神经系统，召集更多更深层的肌肉有效地稳定身体重心，使更多的本体感受器参与到身体控制过程中来，从而提高本体感觉和神经−肌肉的控制能力。

非稳定训练更加注重人体踝、膝、髋等小肌肉的练习。人体在不稳定状态下进行动作练习能促使人体关节周围的小肌肉得到有效刺激，使下肢关节周围的本体感觉系统得到训练，本体感觉系统的增强能有效提高人体关节周围的肌肉力量，有利于增强踝关节稳定性。运动员在非稳定状态下

可以自如地控制身体重心保持身体平衡后，就可以在常规的稳态练习中表现出良好的静态平衡能力和自我控制能力，进而提高人体平衡能力。

三、平衡能力的进退阶练习

根据受训者的身体姿势，平衡训练动作可分为坐姿、跪姿和站姿三种类型。其中坐姿类动作强调人体动力链的躯干环节；跪姿类动作强调髋关节；站姿类动作则强调躯干、髋关节、膝关节与踝关节的整合。练习者根据自身对动作的掌握程度进行进退阶练习。

（一）坐姿平衡训练

坐姿平衡训练是平衡训练的重要手段之一，能够有效提高躯干部位的平衡能力。其中，坐姿静力性动作可刺激躯干部位的深层肌肉，从而提高其稳定性。坐姿动力性动作可以有效提高受训者在动态非稳定情境下保持平衡的能力。按照上述平衡训练的设计原理，坐姿平衡训练动作可按下表进行相应的进退阶练习。

表 8-3　坐姿平衡训练动作进退阶

动作名称	动作难度
静态坐姿	低
进阶1——移动躯干	低
进阶2——移动四肢	低
进阶3——不稳定支撑	中
进阶4——不稳定支撑＋移动	中
进阶5——不稳定支撑＋推举	中
进阶6——不稳定支撑＋旋转	中

续表

动作名称	动作难度
进阶7 —— 不稳定支撑+互动	高
进阶8 —— 无接触不稳定支撑	高

（二）跪姿平衡训练

跪姿平衡训练是平衡训练的重要手段之一，能够有效提高髋部的稳定性和躯干部位的平衡能力。其中，跪姿静力性动作可刺激髋关节和躯干部位的深层肌肉，从而提高其稳定性。跪姿动力性动作可以有效提高受训者在动态非稳定情境下保持平衡的能力。按照上述平衡训练的设计原理，跪姿平衡训练动作可按下表进行相应的进退阶练习。

表8-4　跪姿平衡训练动作进退阶练习

动作名称	动作难度
双膝跪姿	低
进阶1 —— 双膝跪姿+推举	中
进阶2 —— 双膝跪姿+旋转	中
进阶3 —— 弓步跪姿	中
进阶4 —— 弓步跪姿+推举	中
进阶5 —— 弓步跪姿+旋转	中
进阶6 —— 双膝跪姿+不稳定支撑	高
进阶7 —— 双膝跪姿+不稳定支撑+推举	高
进阶8 —— 双膝跪姿+不稳定支撑+旋转	高
进阶9 —— 单膝跪姿	高
进阶10 —— 单膝跪姿+不稳定支撑	高

（三）站姿平衡训练

站姿平衡训练是平衡训练的重要手段之一，能够有效提高身体的整体平衡能力。相比较坐姿能力平衡练习与跪姿能力平衡练习，站姿平衡能力训练则更强调躯干、髋、膝与踝的整合。其中，站姿静力性动作可刺激躯干、髋、膝、踝的深层肌肉，从而提高其稳定性。站姿动力性动作可以有效提高受训者在动态非稳定情境下保持平衡的能力。按照上述平衡训练的设计原理，站姿平衡训练动作可按下表进行相应的进退阶练习。

表 8-5　跪姿平衡训练动作进退阶练习

动作名称	动作难度
双腿站姿	低
进阶1 —— 双腿站姿＋推举	中
进阶2 —— 双腿站姿＋旋转	中
进阶3 —— 单腿站姿	中
进阶4 —— 单腿站姿＋推举	中
进阶5 —— 单腿站姿＋旋转	中
进阶6 —— 单腿硬拉	中
进阶7 —— 单腿深蹲	中
进阶8 —— 双腿站姿＋不稳定支撑	高
进阶9 —— 双腿站姿＋深蹲	高
进阶10 —— 单腿站姿＋不稳定支撑	高
进阶11 —— 单腿硬拉＋不稳定支撑	高
进阶12 —— 单腿深蹲＋不稳定支撑	高
进阶13 —— 不稳定支撑＋行走	高
进阶14 —— 不稳定支撑＋跳跃	高

第三节 平衡能力的测试方法

平衡能力的测评从最初通过肉眼观察、主观判断的简单方法，到可信度和说服力较高的量表检测，再到基于现代科学技术的平衡测试仪器来评价人体平衡功能，已经经过一百多年的发展。

结合现代科学技术的应用，平衡测试系统不断地细化和完善，迄今为止，平衡能力测试可分为静态平衡测试、自动态平衡测试、他动态平衡测试，目前主要采用观察法、量表测评法、实验（平衡测试仪）测评法来评定运动员身体平衡能力。

（一）观察法

顾名思义就是测试者通过对被测人员进行简单的询问和测试从而对平衡能力进行评估的方法。观察法是在平衡能力测评的发展初期广泛使用的一种经典的方法。相比于量表和平衡仪，其操作简单，便于理解和掌握，省时、省力、节约资源等是它的优点，在基层的科学研究中仍然发挥着重要的作用。但是由于其没有具体的量化指标，受主观评价者的水平影响，导致结果不太客观。

（二）量表法

量表法在观察法的基础上应运而生。相比于观察法，量表法具有更好的量化效果，数据更具有可信度和说服力。在平衡仪还没被研发出来之前被广泛地应用在科学研究之中。凭借其简单易行、经济、结果准确的优势被广泛地使用在基层的科学研究中。缺点是测试过程比较琐杂，不适合大规模的筛选和普查。

目前常用的平衡量表主要有Berg平衡量表（Berg Balance Scale，BBS）、Tinetti量表（Tinetti Balance and Gait Analysis）、Lindmark平衡量表等，该测试以计分为主，计分累计越高，平衡能力就越好。其中Tinetti量表可信度和敏感性较高，评分容易而且省时，在国外应用比较广泛。

（三）实验（平衡测试仪）测评法

平衡仪测量法又称定量姿势图测量法，1976年由Terekhov首先利用压力传感器作为检测设备，以测试者的压力中心近似替代重心，从而得到一种定量数字化的平衡能力。

平衡测试仪的出现是人类研究自身平衡功能的一个里程碑，经过不断地完善细化和发展，形成了今天我们所见到和应用的各种各样的平衡仪。但不论何种平衡测试仪，其主要工作原理大体相同，主要由带有压力传感器的测力台、计算机、显示器、平衡显示和控制板、专用平衡处理和分析软件、打印机等组成。通过压力传感器来采集信号，然后将采集的信号转化为电信号，再通过计算机分析处理信号得出结果，计算机就可以实时计算得出测试者的压力中心轨迹，即压力重心于平板上的投影与时间关系曲线即静态姿势图。姿势图可以比较定量、客观地反映平衡能力，便于不同测试者之间进行比较，而且可以得到肉眼观察动作时不易察觉的晃动情况。

其中常用的平衡测试敏感性指标包括：左右最大摆幅、左右平均摆幅、前后最大摆幅、重心轨迹包络面积占比、重心总轨迹长、平均摆动速度等。

根据功能和测试目的分为动态平衡仪和静态平衡仪。其不仅可以用来测量评估人体的平衡能力，还可以通过反馈系统进行针对平衡功能障碍者的训练，通过反馈的数据对平衡能力障碍者制定科学的锻炼方法。但是因为其价格相对昂贵，且需要专业人员操作，所以基层的应用基本很少，大多应用于医院作为康复训练仪器。如表8-6所示，在对平衡测试方法进行应用时，需要考虑到测试方法应因人而异。

表8-6　测试方法适用的人群

测试方法	适用人群
Lindmark平衡量表测评法 Brrunel平衡量表测评法	脑卒中、偏瘫等神经损伤患者
闭目原地踏步 闭目单足站立 平衡木行走 Wolfson姿势性应力试验	健康人群，多为老年人、儿童
Y平衡测试 落地错误评分系统（LESS） 改良的BASS平衡测试 星形偏移平衡测试（SEBT）	运动人群

从平衡能力分类上看，静态平衡能力测试要求人体或人体某一部位长时间处于某种特定的姿势，例如长时间维持站姿状态；自动态平衡测试要求人体在自主运动状态下做到各种姿势间的稳定转换，例如从单腿支撑到多方向单腿跳跃再到单腿支撑的姿势；他动态平衡测试要求人体在受到外界干扰后恢复至稳定状态，例如Wolfson姿势性应力试验，通过向受试者腰部后方施以不同阻力的干扰，来测试受试者维持静态直立位的能力。另外，也可采用稳定性测量仪来反映人体的平衡能力（如Lafayette Instruments Inc.model16030系统、Neuro Com系统、Biodex系统、Tetrax系统），得到肉眼观察动作时不易察觉的晃动情况。常用的平衡能力测试方法见表8-7。

表 8-7 平衡能力测试方法

测试分类	测试方法
静态平衡能力测试	平衡误差评分系统（BESS）、闭眼单足站立、足底压力测试、静态平衡测试仪评定
自动态平衡能力测试	平衡木行走测试、星形偏移平衡测试（SEBT）、落地错误评分系统（LESS）、闭眼原地踏步测试（CCT）、改良版BASS平衡测试、Y平衡测试功能性步态评价（FGA）
他动态平衡能力测试	Wolfson姿势性应力试验、其他种类平衡测试（如BESS测试过程中给予外界力的干扰）

1. 静态平衡测试

（1）平衡误差评分系统（BESS）

目的：测试在不同支撑面上双腿支撑、单腿支撑的静态稳定能力。

器材：平衡泡沫垫、秒表。

人员：一名计时者或记录者。

测试过程：

①BESS的6个姿势如图8-5所示。

②3个站立姿势分别是：双脚并拢；非优势侧的腿单腿站立，对侧腿屈膝约90°；双脚前后相接，优势侧的脚在前。测试分别在硬质的表面和柔软的表面上进行。

③每个姿势都要保持20秒，且闭合双眼，双手放在髋部。

④受试者被预先告知尽可能保持稳定，如果失去平衡，他们应尽可能恢复初始姿势。

⑤错误动作包括：睁开双眼；手从髋部抬起；非支撑脚触地；支撑腿有挪动、跳动或其他移动；抬起脚尖或脚跟；髋关节发生超过30°的屈曲

或外展；前脚掌或脚跟抬起；偏离初始位置超过5秒。每当出现以上错误动作之一，记1分。

⑥BESS测试的错误分数相加即为得分。

（a）坚硬的　　　　　　　（b）柔软的

在不同表面上进行平行站姿测试

（a）坚硬的　　　　　　　（b）柔软的

在不同表面上进行单腿站姿测试

（a）坚硬的　　　　　　（b）柔软的

在不同表面上进行的踵趾站姿测试

图8-5

（2）闭眼单足站立测试

目的：测量人体在没有任何可视参照物的情况下单腿静态支撑的能力。

器材：秒表。

人员：一名测试人员。

测试过程：

受试者可以选择优势腿进行单腿闭眼站立，两手叉腰置于体侧，一腿直立，另一腿屈膝抬起，脚跟紧贴支撑腿腘窝处，支撑脚不能移动。记录受试者保持身体平衡的时间，如果身体不能保持正确测试姿势，进行一次提醒。如仍无法保持正确测试姿势时，即停止测试。

图8-6　单腿闭眼站立

（3）足底压力测试

目的：在足底压力平板上测试双腿静态支撑或单腿静态支撑的稳定能力。

器材：Foot scan分析软件足底压力平板。

人员：一名测试人员。

测试过程：

①将足底压力测试平板放置在测试位置，并与计算机相连。

②受试者双脚或单脚站立于足底压力测试平板之上，点击软件测试按钮开始测试，获取受试者身体重心晃动面积、晃动长度、前后方向晃动长度、左右方向晃动长度等指标。

③用Foot scan分析软件对测试数据进行统计分析。

（4）静态平衡测试仪评定

目的：测试、了解平衡能力的具体情况。

器材：Tetrax平衡功能与训练系统、Metitur Good Balance平衡测试仪等。

人员：一名测试人员。

测试过程：

静态平衡测试要求受力平台和显示器保持稳定，测定人体分别在睁眼与闭眼、双足与单足状态下重心在平板上的投影与时间关系曲线；最后，可以根据静态时压力中心的变化情况进行分析。

2.自动态平衡测试

（1）平衡木行走测试

器材：平衡木。

测评过程：在标准体操平衡木上，受试者需在6秒内从平衡木的一端正向行走至另一端。测试共进行3次。评分细则如下：

表8-8 平衡木行走测评要点

得分	说明
5	在6秒内能够无停顿、流畅地通过
4	虽在6秒内通过，但出现轻微摇晃
3	无法在6秒内通过，出现轻微摇晃、停顿
2	无法在6秒内通过，出现较大程度的摇晃、较长时间的停顿
1	行走过程中从平衡木上掉落
0	行走前从平衡木上掉落

（2）星形偏移平衡测试（SEBT）

目的：反映在闭链功能运动中的多维平衡和支撑腿的神经肌肉控制能力。

器材：胶带。

人员：一名记录者。

测试过程：

①受试者站在星形中心，8条线（长120厘米）两两形成45°角，如图8-7所示。

②受试者保持单脚站立，非支撑腿尽可能依次向远处接近各标志线，同时保持身体朝向不变，之后还原成双脚站立。在此过程中，注意保持身体朝向和支撑腿的姿态。如果受试者没有触及标志线、从星形中心抬起脚、失去平衡或未能保持起始姿势，则测试无效。

③测量从星形中心到触及位置之间的距离。

④受试者在测试前应至少进行4次练习。单脚在每个方向上进行3次测试，然后取平均值。进入到下一个测试动作之前，允许有15秒的休息。

⑤支撑腿和起始方向的选择应是随机的。

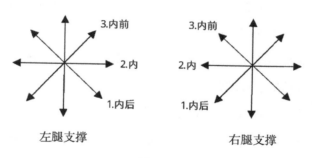

图8-7

（3）Y平衡测试

目的：反映在闭链功能运动中的多维平衡和支撑腿的神经肌肉控制能力。

器材：Y平衡测试套件或胶带和卷尺、记录表。

人员：一名记录者。

测试步骤：

①受试者穿着轻便的衣服并脱掉鞋子，站在中央平台的红线后面，等待下一步指示。

②测试按以下顺序进行：右前方、左前方、右后内侧、左后内侧、右后外侧、左后外侧。

③受试者的手牢牢地放在臀部上，然后根据指示受试者用右脚尽可能向前滑动盒子，然后返回到起始直立位置。

④受试者应该用同一只脚重复这个动作3次，在用右脚成功完成3次后，用左脚重复这个过程。

⑤一旦受试者每只脚在该方向上成功完成3次，就可以进入下一个测试方向。

⑥测试员应记录盒子每次滑动的距离，以计算受试者YBT综合得分。

计算YBT表现分数：

假设记录结果分别为a_1、b_1、c_1、a_2、b_2、c_2，它们分别代表左/右脚向三个方向推动测试板的距离。

综合分数 = （a+b+c）/（腿长*3）*100%。

双侧差异 = [（$a_1+b_1+c_1$）-（$a_2+b_2+c_2$）]/[（$a_1+b_1+c_1+a_2+b_2+c_2$）/2]*100%。

若综合分数＜95%，提示支撑腿可能存在较高损伤风险。

若双侧差异＞5%，提示左右侧支撑腿力量或平衡差异较大。

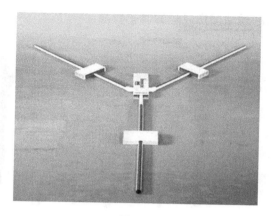

图 8-8

（4）落地错误评分系统（LESS）

目的：识别跳跃转换至落地支撑的错误动作模式及非平衡现象。

器材：卷尺、30厘米高跳箱、标记胶带、两个机架式摄像机（包括三脚架/支架）、记录表。

人员：一名记录者。

测试过程：

①如图8-9所示，受试者站在跳箱上。

②然后指示受试者向前跳跃，使两下肢同时离开跳箱，落地点应刚好越过直线，然后在落地后立即跳跃至最大高度。

③受试者可以练习到对完成动作感到满意为止。在测试过程中，测试员不对完成动作的情况做任何评论或指导。

④已安装的两个机架式摄像机应记录到三次跳跃落地试验。一个从前面记录，另一个从侧面记录。每个摄像机应放置在距落地区3米处，以精确捕捉到跳跃落地动作。

⑤LESS得分的正常范围为5～5.5，若得分高于这一范围，提示落地

错误动作而诱发的运动损伤风险的概率较高。

图8-9　准备跳下落地再次起跳

表 8-9　落地错误评分的细节要求

正面评估		侧面评估	
站姿	两脚间距与肩同宽（0） 两脚间距比肩宽（1） 两脚间距比肩窄（1）	足首次着地	脚趾到脚后跟（0） 脚后跟到脚趾（1） 整个脚掌着地，无过渡（1）
足的旋转角度	正常角度（0） 一定的外旋（1） 一定的内旋（1）	膝屈曲位移幅度	较大（0） 适中（1） 较小（2）
首次落地足是否同时接触地面	是（0） 否（1）	躯干屈曲幅度	较大（0） 适中（1） 较小（2）
膝外翻程度	无（0） 轻微（1） 明显（2）	矢状面上关节移位	柔和的（0） 介于柔和与僵硬之间（1） 僵硬的（2）
躯干侧屈程度	无（0） 轻微（1）	整体印象	出色的（0） 普通的（1） 糟糕的（2）
总分			

在实践应用中，教练员往往无法使用摄像机，并花费人力物力财力进行严谨的LESS测试。在这种情况下，教练员需从多个方向仔细观察并判断运动员在两次落地过程中髋膝踝足是否处于中立位。

（5）闭眼原地踏步测试（CCT）

目的：测试在无视觉反馈下，踏步的平衡性。

器材：粉笔、秒表、量角尺、卷尺。

人员：一名记录者。

测试过程：

一般使用的测试方法有两种，第一种是受试者闭眼并脚站立于1个直径40厘米的圆圈内，以每分钟120步的频率踏步，要求踏步高度与支撑脚踝关节等高，记录其中一只脚踏出圆圈的时间，时间越长，动态平衡能力越好；第二种是受试者闭眼并脚站立，记录两脚跟中点的位置，然后以每分钟120步的频率踏步1分钟，要求踏步高度与支撑脚踝关节等高，踏步停止后再次记录两脚跟中点位置，把两次记录脚跟中点位置偏移的角度和距离作为评价动态平衡能力的指标。

（6）改良版BASS平衡测评

目的：根据受试者的十次单腿跳跃落地得分，反映多方向跳跃落地支撑时维持平衡的能力。

器材：卷尺、标记胶带/记录胶带、节拍器（60拍/分钟的响亮音频提示）、记录表。

人员：一名记录者。

测试过程：

①受试者右脚站在开始标记上并目视前方。在跳到下一个标记前（标记#1），被允许简单地看一眼目标标记，然后跳跃至该标记旁，并保持落地支撑位5秒。

②在保持落地支撑位时，应目视前方。

③右脚完成测试后，换左脚进行。

④测试过程中，受试者根据节拍器每秒发出的音频提示与记录者的口头提示完成测试。

评分细则：受试者每次成功落地会获得5分。受试者在落地支撑位每保持1秒的支撑平衡，他们就会再获得1分奖励，这意味着受试者每完成一次完整的跳跃落地、维持5秒的落地支撑将会获得10分，十次共计100分。分数越高意味着跳跃落地的平衡越好。

落地失误：用非支撑脚接触地板；用支撑脚的脚后跟接触地板；落地瞬间未能做到稳定支撑。

若落地完全失败，此次跳跃落地得分记0分，若受试者能在落地支撑位保持平衡位置5秒，则可以得到5分的平衡分（即0落地分，5平衡分）。若脚覆盖标记，则会被扣掉3分。

平衡失误：用支撑脚以外的任何其他身体部位接触地板；支撑脚有多余移动动作；如果受试者完全失去平衡，则不会奖励额外的平衡分。

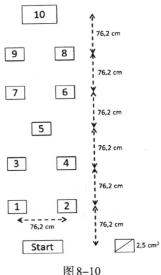

图8-10

（7）功能性步态评价（FGA）

目的：测试受试者在不同行走条件下的平衡能力，分数越高，表示平衡及步行能力越好。

器材：长6米、宽30.48厘米的道路，道路两侧摆上引人注目的标识筒；两个鞋盒作为障碍物；一处有台阶的地方；一个秒表。

测试过程：

①水平地面步行。受试者从道路起点处出发，与平常走路一般走到道路终点，过程不作停留。

评分细则：

在5.5秒内走6米，不使用任何辅助设备，速度快，没有失衡，步态正常得3分；在7秒内走6米，需要使用辅助设备，步行速度较缓慢，步态有轻微偏差得2分；需要超过7秒才能移动6米，步行速度缓慢，步态不正常，身体不平衡，或偏离在25.4～38.1厘米得1分；不能在没有辅助的情况下行走6米，严重的步态偏差或不平衡，偏离大于38.1厘米得0分。

②改变步行速度

受试者开始与平常走路一般走1.5米，当发出"走"的口令时，以自己最快速度走1.5米，当发出"慢下来"的口令时，以自己最慢的速度走1.5米。

评分细则：

可以顺利改变步行速度并且不会失衡，能体现出正常走路速度、快和慢步速的显著步速差别得3分；可以改变步行速度，但变化很轻微，还需有器械作为辅助，过程中没有或少有步态偏离得2分；步行的速度改动很小，或者步行的速度有显而易见的变化，然而脚偏离规定路线，或者提高速度时重心偏移但能恢复平衡完成测试得1分；不能完成此项测试（或过程中身体摇晃失衡或扶墙或被人扶着）得0分。

③步行时水平方向转头

受试者开始与平常走路一样，当发出"向右看"的口令时，只有头向右侧转。直到发出"向左看"的口令，头向左侧转。直到发出"直视"的口令，头部回到起始位置。

评分细则：

顺利转头，无步态改变得3分；顺利完成转头，过程中有轻微步行速度和步行姿态的改变得2分；在转头时步行速度变缓或步态跟跄，然而能恢复并完成测试得1分；在转头时严重扰乱步态失去平衡而停止得0分。

④步行时垂直转头

受试者开始与平常走路一般行走，当发出"向上看"的口令时，继续往前走，头向上抬。直到发出"向下看"的口令时，继续往前走，头向下。直到发出"直视"的口令时，继续往前走，头部回到最开始的位置。

评分细则：

完成转头而没有任何步态改变得3分；顺利完成转头，但伴有轻微步速和步态改变得2分；在转头时步行速度变缓或步态跟跄，然而能恢复并完成测试得1分；在转头时严重扰乱步态失去平衡而停止得0分。

⑤步行和转身站住

受试者从正常的步行开始，当发出"转身站住"的口令时，尽快转向相反方向并站住。

评分细则：

受试者以身体为轴3秒内安全转动并迅速停止，不失去平衡得3分；身体安全转动并迅速停止时间大于3秒且不失去平衡或3秒内安全转动，并以轻度不平衡停止，需要轻微移动步子来保持平衡得2分；转得慢，需要口头提示，或者需要几个步伐移动来保持平衡接着再转和停止站住得1分；不能安全转身，需要帮助完成，测试得0分。

⑥步行时跨越障碍物

受试者开始以正常速度行走，当走近鞋盒时，跨过去，而不是绕开它，然后继续往前走。

评分细则：

受试者跨过两个堆叠的鞋盒（约22.86厘米），而不改变步态速度，不失去平衡得3分；跨过一个鞋盒（约11.43厘米），而不改变步态速度，不失去平衡得2分；能够跨过一个鞋盒，但必须放慢速度，并调整步子，再安全跨过鞋盒，可能需要口头提示得1分；在没有帮助的情况下不能完成得0分。

⑦狭窄支撑面步行

受试者在地面上行走，双臂交叉在胸前，脚跟接脚趾的方式对齐，走3.6米，在一条直线上的步子最多计10步。

评分细则：

受试者能够（脚跟接脚趾）行走10步，没有摇晃得3分；能走7~9步得2分；能走4~7步得1分；走不到4步，或在没有帮助的情况下不能完成得0分。

⑧闭眼行走

受试者从起点闭上眼睛以正常速度步行到终点。

评分细则：

7秒内从起点走到终点，无辅助，速度良好，不失去平衡，步态正常，偏离不超过15.24厘米得3分；大于7秒小于9秒的时间内从起点走到终点，使用辅助装置，速度较慢，步态偏差较小，偏离15.24~25.4厘米得2分；从起点走到终点的时间超过9秒，速度慢，步态异常，失去平衡，偏离25.4~38.1厘米得1分；不能在没有辅助的情况下行走，严重的步态偏差或不平衡，偏离大于38.1厘米，或不能完成任务得0分。

⑨向后退

受试者背对起点向后走。

评分细则：

受试者从起点步行到终点，无辅助装置，速度良好，无失衡现象，步态正常，偏离不超过15.24厘米得3分；受试者从起点步行到终点，使用辅助装置，速度较慢，步态偏差较小，偏离15.24～25.4厘米得2分；受试者从起点步行到终点，速度慢，步态异常，身体不平衡，偏离25.4～38.1厘米得1分；不能在没有辅助的情况下行走6米，严重的步态偏差或不平衡，偏差大于38.1厘米或不能完成任务得0分。

⑩上下台阶

受试者就像平常上下楼梯一样，走上楼梯，然后在上面转身走下去。

评分细则：

受试者交替脚上下楼梯，不用扶扶手得3分；交替脚上下楼梯，必须使用扶手得2分；两只脚上一格楼梯，并且必须使用扶手得1分；不能安全地上楼梯得0分。

3.他动态平衡测试

他动态平衡测试常采用Wolfson姿势性应力试验（Wolfson postural stress test，WPST）或在其他平衡测试中给予受试者多方向、不同大小的外力干扰。

（1）Wolfson姿势性应力试验

测试步骤：受试者双脚开立与肩同宽，腰部系一条皮带，在皮带上连接一条绳子，要求绳子经过滑轮与加重设备相接，通过加重装置的重量增减向受试者后方腰部分别施以体重的1.5%、3%、4%的重量，采用计分方法评定受试者保持静态直立位的能力。由于此测试需要固定滑轮，选定配重，不太容易实施，后人便对其进行了改良。改良的Wolfson测试要求受试者保持站立姿势不变，腰部皮带上挂握力计。测试者分别从前、后、左、右四个方向牵拉受试者，当受试者不能保持平衡时停止牵拉。握力计读数可作为受试者抗干扰指数，读数越大，平衡能力越好。

（2）动态平衡测试仪评定

动态平衡测试的测试内容主要有感觉整合测试（SOT）、运动控制测试（MCT）、应变能力测试（ADT）和稳定性测试（LOS）等。动态平衡测试可以将影响平衡能力的3个感觉系统区别开来进行研究，从而能够进一步确定引起平衡障碍的原因并指导治疗。

目前在国外较常用的平衡测试仪主要有Balance Performance Monitor、Balance Master、Equitest等，其中后两者不但可以对平衡能力进行静态、动态测试，而且可以对具有平衡能力障碍的患者进行训练治疗。

【思考题】

1.平衡能力主要有哪几种？各自的作用是什么？

2.平衡能力的主要特征是什么？

3.平衡能力受到哪几方面因素影响？

4.平衡能力训练的训练学手段有哪几种？

5.平衡能力的具体作用有哪几方面？

6.平衡测试仪具体测试指标有哪几种？

7.试述平衡木测试的目的与操作过程。

8.试述星形偏移平衡能力测试的操作过程。

9.试述平衡能力当前的几类测试方法，并举例。

第九章 协调能力训练研究

[**本章导语**]本章从协调能力概述、协调能力的训练方法和协调能力的测试方法3个方面，系统地阐述协调能力的相关理论，使读者更加清晰地掌握协调能力的训练内涵，更好地应用协调能力的训练理论与方法。

第一节 协调能力概述

一、协调能力的概念

对于协调能力的概念，国内外专家学者们分别从哲学、社会学、运动学、生理学、心理学及生物学等不同学科和领域展开了广泛的研究和探索，并提出了不同的学说和理论。

协调能力是指人体在运动时机体各器官、系统、各运动部位配合一致完成动作的能力。它是动作行为发生过程中神经、肌肉、感知觉三大系统之间合理配合，快速一致的结果，包括节奏、控制、平衡、定向、衔接、分辨、反应和感知能力等。

从运动学上看，"协调"本身是抽象的，但因它存在于一切动作当中，故又可通过形象的动作加以直观表现。对动作的"协调"要求，其实也就是对动作变化的要求，"变化"赋予了"协调"的生命价值。运动协调是相互联系着的器官系统共同参与的整体运动，运动技术的形成是个体按照动作的空间、时间、节奏等要素进行练习的结果。协调能力好就能在训练中把握动作的要素与特征，并使之配合得当，从而更快地掌握新技术。

从生理学上讲，协调能力是神经系统的机能，神经通过兴奋和抑制的协调配合，调节带动肌纤维的伸缩与张弛产生运动。协调能力强就能合理运用已掌握的各种技能储备，使大脑皮层的暂时性神经联系较快地建立起来，加快对新技术的掌握。运动技术的形成是条件反射的建立与巩固。

从心理学上讲，协调能力同时也反映着人们"顺利完成某种活动所必须的并影响活动效果的心理特征"。人们的"能力"都与人的社会属性密切相关，因为人是有思维、有意识、有需求的高级动物，除了有本能的需求外，还需要享受，需要发展，人参加体育运动无论是自发的还是强制的，皆起源于人的某种社会需求。当运动打上了人为的烙印后，运动的价值和意义便发生了质的变化，"运动协调"从此也上升到高一级层次。运动协调是靠大脑皮质中枢与肌肉效应之间建立起的神经联系实现的。协调能力与人的神经类型有关，受视觉、听觉、本体感觉、思维与想象、分析与综合心理能力的影响，与观察力、思维力、想象力和记忆力有着紧密直接的联系，离不开知识与经验的积累，它们直接影响身体活动的协调效果。由于人与人之间的个性差异、文化知识、思想观念及教育环境的不同，能力的大小各有不同，运动协调能力必然存在着差异。

从动力学特征看，神经协调的目的是支配肢体的活动，保证运动的质量与效果。因此，运动协调的过程是以肌纤维为单元，以肢体动作为基本单位，以时间序列和空间位置为感觉这几种要素构建而成的。依据这种认识，可以建立一个"运动协调"的运动结构模型框架，以此表明产生动力的各个要素之间形成的纵横交错的协调关系（图9-1）。

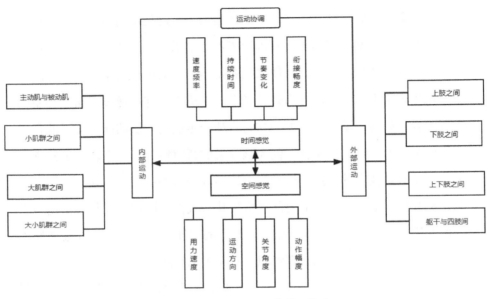

图9-1 "协调"动力结构模型框架

简单地说，协调能力是人的机体协同完成练习动作的能力，是驾驭自己的能力。协调能力包含着人对动作的认识和理解能力；包含着按自己的意志控制全身各部分的肌肉，在时间、空间里相互合作的能力；包含着以最轻松、最省力、最合理、最美观的配合方式，模仿、发挥、完成一系列复杂动作的能力；包含着一个人的记忆力、判断力、观察力、鉴赏力、表现力和对动作的适应能力。协调能力的发展伴随着人体内许多固有机能的充分调动，伴随着其他多种素质的综合提高，伴随着动作美的心理感受。因此，"能力"的大小是衡量运动协调的量化标准，"能力"的好坏也是判断人的综合运动天赋的重要内容。

二、协调能力的影响因素

根据"运动协调"与身体素质、运动技能及心理素质之间的相互关系，可将影响协调能力的主要因素归纳为以下6点：

（一）先天遗传及内环境的变化

主要是指生理上的变化会干扰人的心理，容易影响动作的协调性。如身体状况欠佳、伤病疼痛等等。

（二）外环境的变化

自然环境和社会环境的变化会干扰个体的心理因素，如季节、气候、人员、地点等条件的改变；训练和比赛环境的改变；外界的要求、压力、不习惯，容易引起心理上的紧张、松懈或过度兴奋；还有对"协调"的认知和需求程度等等，都有可能影响动作的协调性。

（三）训练内容的变化

如运动负荷的增加造成的疲劳、节奏频率的加快、动作难度的改变、动作数量的增加等等，特别是需要许多小肌群参加快速活动的动作时，会因不适应而造成暂时性动作变形。

（四）运动技能的储存数量

运动技能是条件反射的建立，运动技能储存的数量越多，越能顺利地建立新的条件反射，掌握新的技术动作，从而表现出良好的协调能力。

（五）其他身体素质的发展水平

动作速度、弹跳力、柔韧性等身体素质与协调能力关系密切。这些素质的发展水平直接影响完成动作时把握动作技术的空间、时间、节奏等特征以及各部分肌肉的协调配合。因此，从某种意义上说，协调能力的发展要依赖于其他身体素质的发展与提高。

（六）心理素质的变化

协调能力与注意力集中、思维敏捷、信心坚定、意志顽强等心理素质有直接关系，这些心理素质影响到协调能力的发展与提高。

三、协调能力的表现形式

协调能力的表现形式是技术动作，其基础是有机体内环境和各器官系统之间的内部联系，是神经协调、肌肉协调及感知觉协调三大协调系统的统一。

神经协调是指在完成各种动作练习时，神经系统兴奋和抑制的相互协调配合，其中包括神经系统中不同组织结构的参与和高、低级中枢之间的相互支配。

肌肉协调除受神经系统支配和控制之外，还与肌肉本身的结构特点、成分构成及感知觉系统的适应性等密切相关，具体是指肌肉的适宜和合理用力。其中包括必须参加工作的肌肉用力的大小和时间程序（指肌肉紧张和放松的相互配合）。如在短跑的后蹬一瞬间，髋关节、膝关节的伸肌、足关节跖屈肌都处于向心收缩，髋关节、膝关节的屈肌和踝关节的背屈肌肌群均处于放松舒张状态；而在随后的向前摆动阶段，三关节的伸肌群由紧张变为放松，其屈肌群则从放松变为向心收缩。这充分表明了肌肉在完成技术动作中准确、合理、协调工作的能力，包括肌内协调和肌间协调。肌间协调就是肌肉组间紧张和放松信息的相互传递，协调功能必须在不同的组成部分和肌肉间发挥作用，而肌内协调则类似于汽缸工作，肌肉内部各肌纤维之间必须协同与整合。

感知觉协调是指身体各部分环节在空间和时间上的配合。如体操的空翻动作，跳水的转体、空翻等多个动作的变化，这些都要求个体身体各部分环节在空间和时间活动上高度协调配合。包括内感受器协调和外感受器协调，其中内感受器是指人体内肌肉、肌腱、关节内部感受运动刺激的感受器以及内脏和血管里感受压力变化及血液化学成分变化的感受器等；而外感受器是指人体表面的眼、耳、鼻、舌、皮肤等感受光、声、化学、温度等外界环境刺激的感受器。

依据不同的分类标准，协调能力可分为不同的类型。首先，从协调能力与其运动专项的关系来看，可分为一般协调能力和专项协调能力。一般协调能力主要受遗传影响，先天协调能力的好坏与神经系统的协调能力有直接关系，不易受后天影响。一般协调能力决定合理完成各种运动技能（无论任何运动项目）的能力。每名经过全面基础训练的青少年运动员都要具备充分的一般协调能力。因为，一般协调能力是专项协调能力发展的基础。

专项协调能力是指快速、省力、精确、流畅地完成专项技术和与专项技术密切相关的各种练习动作的能力。它与专项的特点紧密关联，并有助于运动员更有效地参加训练和比赛。优秀的专项协调能力是多年重复与专项相关的技能和技术环节训练的结果。

其次，从系统和整体的观点来看，协调能力是指人的机体内部与外部环境之间有效配合的能力，包括心理能力、生理能力、适应调整能力、协同配合能力及运动智力等多种能力（图9-2）。

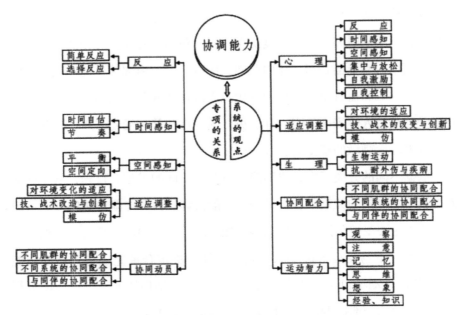

图9-2　依协调能力与运动专项和系统整体的关系分类

再次，从协调能力的时空特点及其与体能和心理感知觉能力的关系来看，可把协调能力分成肢体间的协调能力、感官–肢体间的协调能力、动作的主客体间的协调能力、不同动作方式间的协调能力、肌肉工作性质类的协调能力（图9-3）。

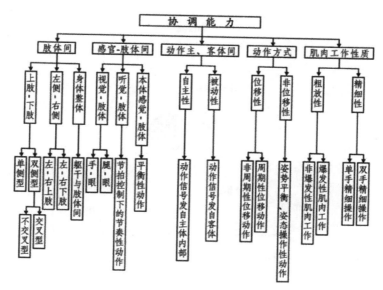

图9-3 依协调能力的体能和心理因素分类

四、协调能力与其他竞技能力间的相互关系

协调能力是竞技能力的重要组成部分，它既不从属于体能（身体素质），也不从属于技能（技战术能力）和心智能力（心理认知能力和感知觉能力），是另一类独立存在的竞技子能力。协调能力与体能、技能及心智能力一起共同构成了竞技能力，是整体竞技能力结构的重要组成部分，并有机地把体能、技能及心智能等各种能力协同整合起来，形成一个三维立体的竞技能力整体（图9-4）。

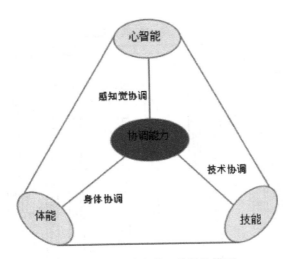

图9-4　竞技能力的三维结构模型

协调能力与体能、技能及心智能力之间既相互区别又密切联系。首先，协调能力的发展水平直接或间接地影响了身体素质、运动技能及心理感知觉等竞技子能力的发展水平和表现；其次，协调能力的发展也必然受到身体素质（如力量、速度、耐力、柔韧、灵敏等）、专项技术及感知觉能力（本体感觉、情感意志、认知水平等）的影响和制约；再次，协调能力把其他各竞技能力要素（体能、技能、心智能力）更好地协同整合起来，并以整体放大的叠加效应在专项竞技中表现出来。

竞技能力的三维结构模型，一方面，更好地解释了国内外"高龄"运动员，在其体能、技能及感知觉能力等竞技子能力处于停滞或下降阶段时，其整体竞技能力却仍能保持在较高的水平，并在奥运会等重大比赛中获得较好运动成绩的主要原因。另一方面，三维结构模型既可比一般竞技能力结构模型更加准确而深入地揭示专项竞技表现规律，又可在专项运动中促进各竞技子能力要素的纵向发展与提高，并能有机地加强各竞技子能力要素之间的横向联系。这无疑将会大大地充实体能训练的理论体系，进而推动体能训练实践的迅速发展。

五、影响青少年协调能力发展与提高的原因

（一）对青少年身体素质全面发展认识清楚，但训练中落实得不好

绝大多数教练都认为少儿乃至青少年的训练必须注重全面发展，否则会影响对技术的掌握与运动成绩的提高。但是在实际训练中对协调能力的安排从时间上得不到保证，对其练习效果也没有监督检查，因此难以保证训练的质量。

（二）在进行其他身体素质的训练中误以为身体素质的转移可以代替协调能力的发展

从运动训练学理论可知，在对个体进行全面身体素质的训练过程中，针对某一素质训练时该素质的提高还会对其他身体素质的提高起到促进作用，这种现象被运动训练学理论称为"身体素质的转移"。有部分教练认为在身体素质训练中既有专项素质，又有经常进行的与提高技术与成绩密切相关的速度、力量、耐力等一般素质的训练。在上述诸多身体素质的训练中再另外安排协调性能力的训练会占用主要身体素质的训练时间。身体素质训练的实践表明，身体素质的转移是客观存在的，在进行速度、力量、柔韧性的训练与提高过程中肯定会提高协调能力的水平，但是这只能说是可以促进而绝不能代替协调能力训练。如果只依赖于身体素质的转移来发展协调能力是远远不够的，还必须采取更直接的形式来进行发展。

（三）对协调能力在运动技能掌握过程中所起的积极作用认识不足

在业余训练中之所以出现对协调能力不够重视的主要原因，就是对协调能力在个体掌握运动技能、提高运动技术及成绩中所起的积极作用认识不足。人们普遍认为青少年业余训练中课时短、时间少，出成绩见效快的

方法就是重点抓专项技术和专项身体素质，以及身体素质中认为对成绩增长有密切关系的速度、力量、耐力等素质，认为抓协调能力似乎是远水解不了近渴。其实并非如此，在篮、排、足、乒乓等球类项目中，协调能力的好坏将直接关系到基本技术掌握的优劣。即使在单人项目中也依然如此，如在跳高和撑杆跳高中，在过杆的过程中四肢与躯干和头哪一部分先过杆、哪一部分后过杆、各部位如何协调配合，如果不具备良好的协调能力是绝对掌握不好的。因此，在对青少年进行身体素质训练时必须有计划地进行协调能力发展。

六、协调能力的作用

（一）协调能力对优化体能训练效果的促进作用

从身体素质之间的相互关系上看，我国的《运动训练学》认为"身体素质是体能的重要组成部分"，"体能主要分为力量、速度、耐力三大类"，它们三者之间是相互影响、相互作用、相互促进、相互提高的横向关系。力量是速度和耐力的基础，速度和耐力对力量具有反作用；力量的提高会带动速度和耐力的提高，速度的提高也会带动耐力和力量的提高，同样，耐力提高后，力量和速度会相应地增长。速度和耐力的提高有赖于力量的提高，也是力量提高的必然结果。

1.协调能力是力量、速度、耐力素质发展的重要保证

身体素质由多种形态构成，力量、速度、耐力是同一类形态，柔韧性是一类形态，协调性与灵敏性是同一类形态。力量、速度、耐力、柔韧、灵敏这几项素质虽然各占一方空间，但却都是在与协调的融合中诞生的。它们相互依赖，相互影响，相互作用，你中有我，我中有你，且层次分明，各有特征，它们的发展都不能超越协调为它们提供的空间范围。而

协调能力的提高，可为其他素质提供更为广泛的发展空间，其他素质提高的幅度越大，需要的"协调"范围也就越大。因此，把协调能力与其他素质这种相互促进、逐步深入的微妙关系称为"纵向协调"关系。纵向协调可以间接地用力量、速度、耐力素质的发展水平加以衡量与评价。由此看来，力量表面上来源于肌肉的功能，而肌肉功能必须依靠神经系统的"协调"功能才能实现。"协调"是大脑中枢神经系统至肌肉功能的中介机制，肌肉的运动是"协调"的结果，先有"协调"的运动，才有肌肉的运动。"协调"好比是催化剂，并不具有独立的意义，然而，当它与肌肉动作结合时，产生的功效才能充分地显现。所以说，协调能力是力量、速度、耐力素质发展的重要保证。

2.力量、速度、耐力素质的发展是"协调"的结果

从肌肉运动的本质上看，"躯体运动必须由全中枢神经系统的参与才能实现"，肌肉的力量只是运动的表面特征。实质上，力量、速度、耐力的发展和变化意味着旧的协调被打破，新的协调得以建立。如做杠铃挺举时，若杠铃的重量超过人的适应能力，原有的轻松连贯动作就会变得吃力而不连贯，可是随着对力量负荷的适应，又会回到轻松连贯的动作。这种适应，一方面说明个体力量的增加，另一方面说明协调能力的提高。速度的提高也受协调性影响，如果协调性跟不上，要么提速提不上，要么会有摔跤的可能。耐力训练受协调性的影响更加明显，一旦身体产生疲劳，协调性的敏感度会明显降低，力量和速度都会明显减弱。苏联运动生物力学专家拉托夫经过研究指出，完成动作的成败主要取决于肌肉工作的协调能力，而不是肌肉的力量，强调个体出现的动作错误中95%是肌肉协调能力不佳的结果。

（二）协调能力对优化运动技能训练效果的作用

1.协调能力是形成运动技术的基础

"运动技术是指个体运用自身能力完成动作的方法"。协调能力和运动技术之间是相互依存、相互渗透、相互促进、相互影响、相互融合、相互作用的合作关系。运动技术的掌握是肌肉和神经系统根据动作的形态需要协调完成的，运动技术掌握的速度与协调能力密切相关，运动技术的巩固与提高有赖于协调能力的提高和改善。运动技术不能脱离动作"协调"而独立存在，协调能力的提高也必须借助于运动技术表现出来。协调能力的发展对运动技术动作的掌握有明显促进作用，协调的难易程度，往往是由运动技术环节的多少和复杂程度所决定的。运动技术的数量越多，其技术环节就越多，其协调的难度就越大。因此，运动技术动作掌握得越多，越有利于协调能力的发展，技术越复杂，就越需要提高协调能力。

2.协调能力的发展可直接促进运动技术的掌握

协调能力并不等于运动技术，而是协同完成运动技术所必须具备的能力。协调能力越高，学技术动作越省时，学复杂动作越轻松，对技术动作的掌握和加快动力定型越有利。因此可以说协调能力的发展直接促进了运动技术的掌握与提高。

3.对协调能力的要求可间接地影响运动技术的学习

在训练中对协调能力的发展要求与运动技术的发展要求存在着两种不同角度的根本区别，主要表现在：（1）要求范围方面的不同。个体在进行运动技能的学习时，是以特定的动作组合作为专门提高的动作对象，动作范围相对狭窄，局限于某个运动项目。而协调能力的发展，对动作的范围没有任何限制，可泛指所有动作、所有的运动项目，力求通过多种动作的练习，达到协调能力的广泛提高。针对这种广泛的协调能力，与前面身体素质关系中所提到的"纵向协调"能力不同，所以，将其称为"横向协调"

能力。（2）要求的侧重点不同。在学习运动技术时，需要反复地练习，侧重对技术环节的严格把关，质量要求相对苛刻，有具体的衡量标准和评价指标。学习的目的是牢固掌握目标动作，力求达到动力定型，运用自如。而在发展协调能力时，对动作的质量要求则相对宽松，侧重动作的优美和连贯程度。其目的是以模仿各种不同的动作技术广泛积累动作经验，注重体验动作的细微变化，强调对动作初步印象的本体感受，有意识地建立条件反射动作的暂时性神经联系，争取打通更多的神经通路，增加技术技能的储备，以提高神经系统的敏感度，加强对相似动作细节的分辨能力，从而促进技术动作之间的正迁移，加快对各种不同动作的学习速度。力求按照规定的动作结构要素、时间顺序和空间布局，迅速地复述目标动作，实现迅速而准确地改变身体姿势的目的。

总之，对"协调"训练的这些特殊要求，无形中起到了调节情绪、心态和运动负荷，扩展思维和眼界，积累知识和经验，减少运动损伤，延长运动寿命等许多意想不到的作用，可间接地帮助技术动作的掌握。

（三）协调能力对优化心理能力训练效果的作用

影响比赛成绩的因素有很多，除了身体素质和技术因素之外，心理素质也是倍受关注的重要因素。比赛时任何人都会紧张，但有的人从表面上是看不出来的，仍然能正常发挥技术水平，而有的人会因心理紧张，出现一些动作不协调的现象，影响比赛成绩。如长跑个体的绊倒、体操个体的失误、篮球个体的投偏、足球个体的射高、排球个体的"开炮"等等。以上这些非正常的表现，大都是因紧张而发生动作变形的结果。良好的心理素质，除了依靠良好的训练水准、丰富的比赛经验、合理的心理调整之外，还离不开良好的协调能力。有关"协调能力对心理素质的影响"问题，长期以来少有人对其进行归纳，实际上，用注意动作的协调性，来调节心理感受的方法经常被采用。例如，比赛前教练员提醒个体"多想技术动作要领""放松一点"，这些都是对动作的"协调"要求。应该看到，是"协调"将身体素质、技术技能与心理能力和智能有机地结合起来，协调素质好，有利于增强自信心，比赛中会减少因紧张而造成的神经麻木、动作僵硬，动作变形的概率就会降低，有利于比赛的正常发挥，甚至"超常发挥"。

第二节　协调能力的训练方法

一、协调能力训练的意义

协调能力是一种非常复杂的生物运动能力，是除体能和技能之外的又一种身体运动能力。从三者之间的关系（图9-5）不难看出，协调能力是构成身体运动能力的因素之一，但它又与速度、力量、耐力、柔韧性等身体素质和运动技能有着密切的联系。协调能力的发展水平主要受个体中枢神经系统的机能、个体的个性心理特征、身体素质的发展水平及运动经验等因素的影响。

图9-5　协调能力与体能和技能之间的相互关系

从运动技术教学过程来看，运动技能的形成是条件反射的建立与巩固，协调能力好，就能合理地运用于所掌握的各种技能储备，使大脑皮层的暂时联系很快建立起来，加快对新技术的掌握。从训练的角度出发，评定技术动作的训练效果，是从定量和定性两个方面入手的。数量和质量构成了技术动作特征的两个方面，而质量特征中的诸因素主要是受协调能力的制约。协调能力好，就能把握好动作的空间、时间、力量、节奏、准确、稳定等技术特征中的要素，从而提高动作质量、改进训练效果。从某种意义上讲，协调能力是形成运动技术的重要基础，是提高技术训练水平的重要保证。

二、协调能力训练的实施

（一）有针对性地发展各种协调能力

在各类运动项目中对协调能力的要求是不同的，如周期性项目中主要要求走、跑、游、划桨等运动时的协调能力；在体操、技巧等项目中主要要求整个身体或身体某部位在空中运动的协调能力；在各种球类项目中要求根据临场变化，及时改变动作，组合运用协调能力等等。因此要根据项目的需要，有针对性地发展各种协调能力。

（二）增加运动技能的储备发展协调能力

个体的运动技能储备越多，就越有利于协调能力的发展，并为形成新的更复杂的协调能力创造条件。在增加运动技能储备的训练中，要根据个体的具体情况选择那些有利于促进协调能力发展的运动技能，并特别注意提高个体的"空间感觉"，因为任何运动的协调能力表现都与能否准确判断空间有关。提高个体"空间感觉"，可多做一些在动作的空间、时间和用力上不相同的练习，各种改变方向的跑、躲闪、转体的练习，各种调整身体方位的练习，各种追逐性的练习以及对各种信号做出应答性的练习等。

（三）发展协调能力的训练应与发展其他身体素质结合起来

在发展身体素质的训练过程中就包含协调能力训练，但并不是身体素质发展了协调能力就必然会提高，因为协调能力的一个重要反映就在于将发展了的身体素质通过合理的技术充分发挥出来，并转化为运动成绩的提高。所以，要将身体素质的发展与协调能力的训练有机结合起来。这就要明确哪些身体素质与协调能力关系密切，哪些训练手段既有利于身体素质的发展又有利于协调能力的发展。一般地讲，平衡能力、反应速度、弹跳力、动作速度、速度力量以及各关节的柔韧性等身体素质与协调能力关系密切；各种综合性的练习、游戏以及各种球类运动等是促使身体素质和协调能力同时发展的良好训练手段。其中平衡能力对协调能力的发展十分重要。平衡能力是指保持身体稳定姿势的能力，平衡能力取决于姿态静力性反射及随意调节能力的提高，以及内感觉校正能力的增强。而内感觉校正能力的增强是协调能力提高的重要机制。由此可见，发展协调能力必须与发展其他素质相结合。

（四）在技战术训练中注意发展协调能力，特别是发展专门技术的协调能力

在田径技战术训练中注意发展个体的空间感觉、时间感觉、肌肉用力的感觉；在体操技术训练中注意发展个体的平衡感、节奏感、前庭分析器的功能等。这样也有利于整体技战术训练效果的提高。

三、协调能力训练的基本要求

（一）克服不合理的肌肉紧张

任何一个动作的协调完成都是肌肉在大脑皮层支配下紧张与放松合理交替运动的结果。个体在完成某一个动作时，有的肌肉必须紧张，而有的肌肉又必须放松，紧张与放松的肌肉又往往是交替在工作，即紧张的肌肉要很快过渡到放松，放松的肌肉要很快地紧张起来，只有这样动作才能协调。因此，克服不合理的肌肉紧张是培养协调能力所必需的。不同等级个体肌肉收缩和放松能力是不同的（见表9-1）。

表 9-1　不同水平个体肌肉收缩和放松潜伏时间（秒）

等级	肌肉收缩潜伏时间	肌肉放松潜伏时间	差
新手	0.2980	0.3820	0.0840
三级个体	0.2708	0.3730	0.1022
二级个体	0.2500	0.2532	0.0032
一级个体	0.2375	0.2425	0.0052
健将	0.2301	0.2185	-0.0119

由表9-1可见，随着训练水平的提高，肌肉收缩和放松的潜伏时间在总的趋势上逐渐接近，高水平健将肌肉放松潜伏时间比收缩潜伏时间还短，可见他们的肌肉放松能力是相当强的。

（二）考虑个体的年龄特征

协调能力发展的敏感期为6~13岁。其中，6~9岁主要发展一般协调能力，此时应与大量的技术练习相结合。9~13岁多以发展专门协调能力为主，应密切结合专项技术进行。13~14岁可达到个人高峰，个别人也可持续至15岁，即此时大脑皮层和延脑的中枢神经系统已充分发育成熟。专家认为，13~15岁即青春发育期开始后的几年里，协调能力发展不稳定（这是由于心理及体内内分泌腺产生急剧变化所引起的）；16~19岁发育趋向于结束，身体素质也得到很大改善，使机体基本能满足完成复杂、困难动作的技术要求，所以可表现出极好的协调能力。德国学者葛欧瑟研究认为，发展协调能力的年龄区间为6~14岁。其中发展一般协调能力的年龄为6~10岁，发展专门协调能力的年龄为11~14岁。另外，6~12岁为发展节奏感的敏感期，7~14岁为发展灵敏性、反应及空间定向能力的敏感期，9~13岁为发展平衡与精准能力的敏感期（图9-6）。可以说，10~12岁是青少年协调能力发展的关键期。

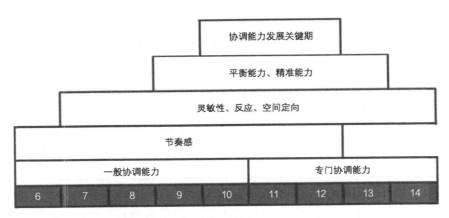

图9-6 发展各协调能力敏感期的适宜年龄区间

因此，协调能力训练应根据敏感期特点，同身体素质训练和运动技术训练结合起来进行。在身体素质训练的同时，也内在地包含着协调能力训练和动作技术训练。

（三）根据专项需要发展专门的协调能力

动作过程中的协调能力具有正确性（适宜和准确）、快速性（及时和时间）、合理性（适宜和省力）、应变性（稳定和变化）、和谐性（合适和一致）等多种特征。这些特征的表现与专项技术、战术动作的性质关系密切。例如，田径中跑的协调性特征表现为快速性、合理性；球类运动中的协调性特征表现为应变性、快速性；体操动作中的协调性特征表现为正确性、合理性、和谐性；一对一对抗项目中的协调性表现为合理性、应变性、快速性等。所以对进入专项训练阶段的个体进行协调能力训练时，应根据专项的要求，着重发展具有专项特征的协调能力。此时协调能力的培养多结合专项身体和技战术训练进行，使协调能力的发展适应专项运动的需要，满足提高专项成绩的要求。

（四）注重协调能力训练的整体性和系统性

运动协调能力的训练需要人体的各个部位能够按照一定顺序准确地进行活动，协调能力的发展与提高，应该注重各项身体能力之间的相互配合，同时也要注重机体各系统之间共同提高。可以说，协调能力的发展与提高是在机体整体能力共同提高的基础上和躯体各器官系统配合的情况下达成的。因此，在协调能力训练中需要重视训练的整体性和系统性。

（五）注重协调能力训练的针对性和特殊性

协调能力训练应该根据不同运动项目有所侧重和针对，从而使个体最合理、最省力、最美观地来完成技术动作。同时，同其他身体能力训练相比，协调能力训练的侧重点又具有特殊性，它的提高往往需要身体各项能力达到一个平衡点，是人体对各身体器官的一种驾驭能力。因此，在协调能力训练中需要重视训练的针对性和特殊性。

（六）注重协调能力训练的层次性和阶段性

协调能力既与各项身体能力之间有着密切的纵向关系，又与技术动作有着密切的横向关系，同时还与身体形态等许多方面都有关系。因此，协调能力的训练应该注重训练中的层次性，根据不同的年龄阶段性地来进行。

（七）重视协调能力与其他身体素质训练的有机结合

身体素质中的各项素质之间都是相互影响，相互制约的，而协调素质的优劣也是其他各项身体素质协同配合的一种表现，因此，在协调素质的训练中要重视与其他身体素质训练有机结合，合理安排训练内容及形式。

（八）重视全程性多年训练思想指导下发展协调能力

协调能力的发展是一个循序渐进的过程。按时间先后顺序引入运动协调能力表现的空间特征大致可以分为个体自身协调、自身与外界环境之间的协调以及协调能力的衰退三个时期，自身协调发展时期可以分为未经训练时的"自然协调"属性和基础训练阶段的"控制能力"两个阶段，而自身和外界环境之间的协调也可分为较高运动水平后的"灵敏素质"和专项高水平发展的"内外融通"两阶段，衰退时期则可以认为是前二者的综合，这和全程性多年训练阶段划分思想具有一定的对应关系。但这些也应以个体年龄、遗传特征和身体发育客观规律为基础，具有一定的个体差异性。

四、协调能力的训练方法

（一）神经协调能力训练方法

神经协调训练即放松能力训练，是指充分利用放松的机会发展协调性的练习方法。首先，应注意选择适当的练习内容与放松动作相结合，也可穿插几个小肌群的抖动动作或舞蹈动作，其目的是边放松边体验在疲劳状态下对自身动作的支配能力。

（二）肌肉协调能力训练方法

肌肉协调是力量增长机制中的神经适应机制，是依靠神经募集肌纤维和神经冲动发放频率的提高来实现的。不同肌群甚至同一肌群不同运动单位之间应具有一定神经肌肉协调性。

　　肌肉协调能力主要是通过协调性力量训练来获得。协调性力量在训练实践中，又常被称为"活力量"，是大量的紧紧围绕着专项技术所做的协调性和控制性的力量练习，多以徒手和轻负重方式进行，突出解决如何去使用力量和释放力量。因此，协调性力量训练是指通过克服自身体重或运用自由力量器械（如杠铃、哑铃、壶铃、实心球、弹力带等），进行的无固定轨迹的加速、减速等的专门性的力量训练形式。协调性力量训练更强调神经肌肉系统、本体感觉及呼吸调节系统之间的协调配合，强调主动肌、对抗肌和协同肌之间兴奋、协同、抑制与放松。

（三）反应能力训练方法

　　反应能力是指神经系统和动作的快速应答能力，其强弱将直接影响协调能力的发展水平。在训练实践中可通过视觉、听觉及本体感知觉等来感受外界刺激，并迅速按规定动作做出反应的方法进行训练。对网球运动员来说，在视、听、触觉中，视觉约占83%，因此应多设计视觉信号刺激的反应能力训练，并且训练时间不宜太长。具体练习方法主要有：抓小棍子练习、抓反应球训练、掷海绵球训练等。

（四）节奏能力训练方法

　　节奏能力是指练习过程中个体在完成动作的时间和力度上呈现出来的快慢、强弱有序变化的能力。常采用的练习方法有：（1）用固定的频率完成不同长度的分段距离。（2）用固定的频率完成固定的练习。（3）用高于比赛平均频率完成一定距离和固定动作的练习。（4）竞速运动训练中，可设置3~4个分段距离，保持成绩，增加频率。要求第一个分段距离用比赛速度完成，下一个分段距离与上一次练习相比，多增加一个周期动作或减少一个周期动作。（5）可采用变换训练法提高个体控制节奏的能力。如在网球运动员节奏能力训练中，应特别注意每个击球时间，都应该保证运动员可用两种以上有力度且稳定击球的能力。（6）在力量训练中，注意用力的快慢、稳定、控制及呼吸等的配合。

（五）平衡能力训练方法

平衡能力是指维持身体平衡的本领，包括静态平衡能力和动态平衡能力两种。人体运动总是与维持相对稳定的身体位置，即与保持平衡相联系。而平衡是通过对抗使身体偏离适宜位置的力（如惯性力和支撑反作用力等）而达到的相对稳定状态。人体保持稳定姿势的能力是保证人体基本静态位置的关键能力，也是人体有效完成某一技术动作的基础能力。个体的平衡能力受到自身关节周围保持关节稳定的肌肉力量和运动中全身肌肉系统工作能力的影响。其中，提高关节稳定性的训练方法，将在养护性力量训练中进行详细探讨。而动态平衡能力受到中枢神经系统和肌肉控制动作能力的影响，因此，在加强关节稳定性的同时常采用如下方法提高神经－肌肉系统的平衡控制能力：（1）在有视觉和运动感觉的条件下，或在只有运动感觉的情况下完成负重练习。通过改变负重量，并准确控制用力的大小，来提高控制肌肉的工作能力。（2）在各种器械上模仿比赛动作（如瑞士球、平衡盘等）。要求在最大用力50%～100%的范围内改变用力的大小。（3）在力量训练器上通过不断改变阻力的大小，提高个体在改变阻力的情况下完成练习的能力。

（六）空间定向能力训练方法

空间定向能力是指个体对外界物体或现象的空间位置的判断及其对自身运动的空间位置判断的能力。空间定向能力的主要评价指标就是对技术动作的精准控制水平，控制动作的精准性作为完成某一技术动作的关键因素，对个体的空间定位能力起着决定性作用。如网球运动员要求具有较高的空间定向能力。一方面，要求运动员能够准确地判断来球的方向、位置、力量和落点，从而能够迅速做出反应，并快速移动到最佳位置回击球；另一方面，要求运动员在击发球等技术动作中，能够精准地控制用力的时机和大小、击发球的方向和落点以及在动作过程中呼吸的快慢等。

（七）感知能力训练方法

空间感知能力训练：空间感知能力是运动和学习的基础。在各种感觉动作中，空间方位感觉是与学习具有密切关系的心理能力。运动固然有赖于肌力、平衡作用及对自我身体的认知，但如果对容纳自身的外部空间缺少认知，则运动本身便失去了场所。空间感知能力常有各种转法、指认方位、辨认空间、空间重组、造型回忆、两侧感及移动步法等练习方法。

时间感知能力训练：时间感知能力是指个体对完成练习在时间序列上的准确判断能力。训练重点在于时间间隔准确判断训练、判定运动深度训练及判定空间姿态训练三方面。时间感知能力的培养常采用以下方法：（1）变速完成比赛距离的练习。预先设定练习目标（如时间目标），可规定进行速度为最大速度的95%、90%、85%、75%、70%，要求运动员尽可能按规定的速度完成练习。（2）要求运动员完成在练习距离中规定的段落，并逐渐增加规定段落的距离。（3）练习后要求运动员将实际练习速度与主观感觉速度进行对比，以提高个体的时间感知能力。

距离感知能力训练：距离感知能力是指个体对距离的准确判断与控制能力。在网球运动中，距离感知能力对能否快速、准确、合理地完成网球击球等技术动作有着十分重要的作用。

专门感知能力训练：专门感知能力是在完成各种专门性练习的过程中得到发展的。如网球运动员的专门感知觉能力与网球项目的运动方式及运动环节密切相关，是通过从小在相应的环境里或从小驾驭球拍的训练中所获得的特有的感知觉能力。

（八）肢体协调能力训练方法

肢体协调能力的训练主要包括上肢协调能力训练、下肢协调能力训练及整体协调能力训练。

　　上肢协调能力的训练方法通常有：（1）双上肢交替上举；（2）双上肢交替摸肩上举：左、右侧上肢交替屈肘、摸同侧肩，然后上举；（3）双上肢交替前伸：上肢要前伸至水平位，并逐渐加快速度；（4）交替屈肘：双上肢起始位为解剖位，然后左、右侧交替屈肘，手拍同侧肩部，逐渐加快速度；（5）前臂旋前、旋后：肩关节前屈90°，肘伸直，左右侧同时进行前臂旋前、旋后的练习，或一侧练习一定时间，再换另一侧练习；（6）腕屈伸：双侧同时进行腕屈伸练习，或一侧练习一定时间，再换另一侧练习；（7）双手交替掌心拍掌背：双手放于胸前，左手掌心拍右手掌背，然后右手掌心拍左手掌背，如此交替进行，逐渐加快速度；（8）指鼻练习：左、右侧交替以食指指鼻，或一侧以食指指鼻，反复练习一定时间，再换另一侧练习；（9）对指练习：双手相应的手指互相触碰，由拇指到小指交替进行；或左手的拇指分别与其余四个手指进行对指，练习一定时间，再换右手，或双手同时练习。以上练习同样要逐渐加快速度；（10）指敲桌面：双手同时以五个手指交替敲击桌面，或一侧练习一定时间，再换另一侧练习。

　　下肢协调能力的训练方法通常有：（1）交替屈髋：仰卧于床上，膝关节伸直，左右侧交替屈髋至90°，逐渐加快速度；（2）交替伸膝：坐于床边，小腿自然下垂，左右侧交替伸膝。（3）坐位交替踏步：坐位时左右侧交替踏步，并逐渐加快速度；（4）拍地练习：足跟触地，脚尖抬起做拍地动作，可以双脚同时或分别做。

　　整体协调能力的训练方法通常有：（1）原地踏步走：踏步的同时双上肢交替摆臂，逐渐加快速度；（2）原地高抬腿跑：高抬腿跑的同时双上肢交替摆臂，逐渐加快速度；（3）其他：跳绳、踢毽子等等。

第三节　协调能力的测试方法

协调能力的测量形式一般有测量按固定的路线移动所需要的时间、测量在规定时间内所完成动作的次数，以及测量掷远的距离及准确性等。

（一）足球曲线运球（图9-7）

开始测试时，受试者站在起点线后，听到开始信号后出发（计时者开始记录时间），双脚交替按箭头方向进行运球，并带球依次绕过标志桶，绕过最后一个标志桶则快速回到起点线处。

测试要求：按照既定路线行走。

评分标准：计时者停表记录其所用时间，共测2次，以"秒"为单位，保留小数点后2位，取最佳成绩。足球曲线运球所需的时间越短，则受试者的协调性越好。

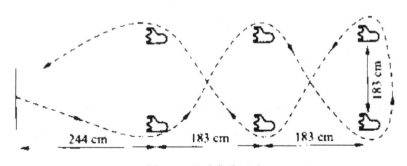

图9-7　足球曲线运球

（二）象限跳（图9-8）

开始测试时，受试者站于象限"1"中，双脚并拢，双腿微屈膝。听到开始口令，双脚按1→2→3→4→1的顺序跳跃，总共跳10次轮回。

测试要求：受试者双脚要同时起跳、落地，不得踩线；跳错象限时，应提醒受试者，跳错次数大于2次，应重新再来，受试者每完成一次轮回，测试员应向受试者提示次数。

评分标准：记录10次循环跳所需时间。

图9-8　象限跳

（三）哈勒循环测试（图9-9、图9-10）

开始测试时，要求测试者从起点处出发跃过垫子，然后以最快的速度跑向中心点，然后在中心点向右变相跑到第1组标志杆处，从1号标志杆外侧绕过后在2号和3号标志杆之间折回（以个体正面方向为例从左至右将每组标志物依次编号为1～3号）。绕完第1组标志杆后迅速跑向中心点，然后以同样的方式去绕第2和第3组标志杆，再绕完第3组标志杆后必须迅速绕过中心点跨过垫子以最快速度跑到终点（图9-9）。

测试要求：哈勒循环测试的场地是面积为6米×5米的矩形场地，场地内包括9个测试点。场地内摆放9个标志杆组成的三组障碍物（1号障碍物到3号障碍物逆时针摆放），在距离起点1米处放一块垫子（图9-10）。受试者在测试的过程中不可触碰到任何标志杆，不能触碰到垫子和中心点。若受试者违反以上要求或在跑动过程中跑错路线则判定为本次测试失败。测试失败受试者休息2分钟后再次进行测试。在正式测试之前受试者可以先进行1～2次测试来熟悉跑动路线和规则。

　　评分标准：受试者躯干过终点线的时间为整个哈勒循环测试的成绩。
所有受试者测两次有效成绩取平均值作为测试成绩。

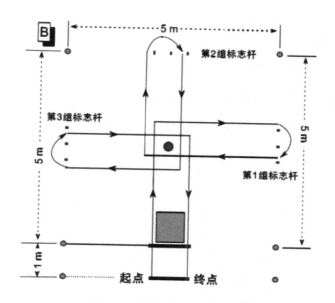

图9-9　哈勒循环跑动路线平面图

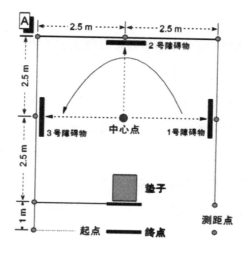

图9-10　哈勒循环测试场地布置

（四）EP-711双手协调器测试（图9-11）

开始测试时，受试者通过双手（即右手完成上下移动轨迹，左手完成左右移动轨迹）。

测试要求：可按圆的轨迹正常移动。

评分标准：根据被试者完成一周所用的时间及错误次数，用稳定性指标（碰边次数 × 时间）之倒数表示双手协调稳定性指标。

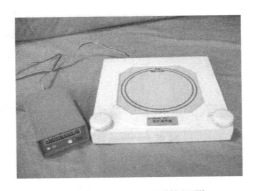

图9-11　EP-711双手协调器

（五）BD-II-304A型动作稳定器楔形槽测试（图9-12）

开始测试时，受试者将金属针插入楔形槽左侧最大宽度处或曲线槽中央最大宽度处（必须插到与中隔板接触）。然后悬臂，悬腕，垂直地将针沿槽向宽度减小的方向平移，至最小度处为止。

测试要求：移动时不与中隔板接触。此过程中均不允许针接触槽的边缘，如有接触发生，则蜂鸣器会发出声音。

评分标准：用稳定性指标（碰边次数 × 时间）之倒数表示手眼协调稳定性指标。

图9-12　BD-Ⅱ-304A型动作稳定器楔形槽

（六）往返横跨测试（图9-13）

开始测试时，受试者在一侧标志线外站定后，尽最快速度两脚依次越过横杆至另一侧标志线外，再立即跨回原位。

测试要求：防滑地毯1条，其中标记了间距为1米的两条横跨标志线；多功能标志锥组合1套，横杆置于两条标志线中间，在低跨中横杆高度设置为11厘米，在高跨中横杆高度设置为40厘米。

评分标准：最终记录20秒内的横跨次数作为测试成绩。

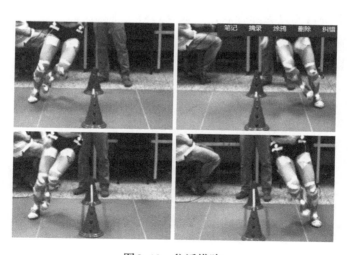

图9-13　往返横跨

（七）节奏跑测试

开始测试时，受试者从起点用站立式起跑，运用"右脚—左脚—左脚—右脚—右脚—左脚—左脚—右脚"的节奏，跑跳至终点进行计时测试。

测试要求：在平整的跑道上，确定好长范围的测试距离，设置起点和终点。准备好秒表、记录表，测试队员稍微做几分钟简单的跑跳热身练习，以防止意外受伤。脚着地的顺序不能出错，否则测试无效。

评分标准：用秒表记录好从起点跑跳至终点的时间，按时间多少进行评分，作对比研究。

【复习思考题】

1.结合实际，谈谈你就协调能力训练需要进行哪些方面的科学研究？

2.协调能力训练与其他身体能力训练的联系有哪些？

3.通过阅读协调能力训练的相关学科知识和理论，谈谈对协调能力训练方法和测试的看法。

4.结合协调能力训练特点，谈谈自己的学术观点。

第十章　疲劳与机能监控的研究

[**本章导语**]本章内容共两节，其中第一节疲劳与机能监控的概念与作用，主要是通过介绍二者的相关概念和作用，了解疲劳与机能监控在功能训练测试与评估中的作用和意义，认识到疲劳与机能监控是衡量训练是否对机体造成疲劳的重要途径。第二节疲劳与机能监控的测试方法，主要是介绍多种疲劳与机能监控的测试，包括生物力学测试、生理指标测试、生化指标测试和主观心理测试。通过本章学习可以了解选取各种测试的目的，掌握身体运动功能训练中的测试流程，并熟练地对各种测试进行操作。

运动训练的目的是提高运动员的运动能力，经过"疲劳-恢复"的过程提高机体对训练负荷的适应能力，以达到提高运动能力的效果。在运动员训练过程中，保持运动员良好的机能状态，对充分发挥技术和战术具有重要作用。

在训练过程中，科学合理地对运动员进行疲劳与机能监控，能够全面精准地掌握运动员在训练过程中的机能状态情况和变化规律，以及训练负荷耐受情况，为教练员更准确地调控运动负荷以达到最佳训练效果，以及为防止运动员出现疲劳和损伤的发生，提供参考指导和辅助帮助。疲劳与机能监控在竞技体育中是进行科学训练的重要组成部分。

第一节 疲劳与机能监控的概念与作用

一、疲劳与机能的概念

所谓运动性疲劳，即机体的生理过程和（或）心理过程不能维持其机能和意识在一定水平上以致不能维持预定的运动强度，导致机体的运动机能出现短暂减退的现象。运动性疲劳是严重影响人体机能状态、运动能力和运动成绩的因素，它包括两大类：运动性生理疲劳和运动性心理疲劳。在训练过程中，超出机体和心理承受能力的训练负荷、生理负荷和心理负荷都可以导致生理疲劳和心理疲劳。运动性生理疲劳是指运动导致机体运动能力下降所产生的疲劳，运动性心理疲劳是指情绪消耗、成就感的降低和运动贬值的一种综合表现。生理疲劳和心理疲劳在训练过程中往往是同时存在的，并且相互之间会产生影响。

关于运动性疲劳产生的可能内在机制，目前存在众多学说，包括：能量衰竭学说、代谢产物堵塞学说、保护性抑制学说、内环境稳态失调学说、突变理论、自由基学说、肌肉-神经接点疲劳理论、外周多层次影响的疲劳理论、钙离子代谢紊乱学说、疲劳链学说、中枢神经递质失衡学说等。

运动机能是机体在运动过程中应有的作用和能力，主要反映人体的活动能力、器质性功能和完成动作的能力，它的研究内容主要包含科学提升运动员运动表现、提升普通人的运动能力以及运动康复等。运动员机能水平与运动项目、训练水平、运动员的身体机能状况、运动量是否适宜以及运动训练后恢复状况等因素有密切关系。

通过应用生物力学、解剖学、生理学和认知动力学都可以来评定机体的运动性能和功能活动。运动机能和运动伤病康复、运动中预防保护以及无序运动的控制管理都有关联。

二、疲劳与机能监控的概念

"运动训练的疲劳和机能监控"是近年来才逐渐被人们熟悉的一个概念。运动训练的疲劳与机能监控是训练监控的一个主要组成部分，它通过生物力学、生理生化和心理等测试手段和检测方法，测定运动训练过程中运动员体内与疲劳和机能相关的指标，以评判运动训练对运动员机体所造成疲劳程度和机体恢复程度，以及运动员在运动过程中机体对运动负荷的适应情况及训练效果（运动员训练时的负荷强度、训练方法和手段的效果、合理性以及机体对运动训练产生的适应信息等）的评定，帮助教练员了解并正确评价训练效果，为教练员合理制定和调整训练计划提供科学依据，从而促进运动训练与恢复手段的科学化。

生理生化监控是运动训练机能监控的一种最常见方法，通过运动训练过程中运动员生理生化指标的变化，评定运动员训练及比赛时的负荷强度和负荷量、机体对运动强度和运动量产生的适应情况，以及训练方法和手段的合理性与有效性等，帮助教练员了解训练效果，正确评价和调整训练方案。机能指标运用于各种比赛训练监控中，多年来国内外学者对运用血液生理生化指标评定运动员机能状态进行了大量研究，结果表明血液生物学指标能够准确、客观、定量地反映运动员的身体机能状态，为教练员及时调整训练负荷，采取合理的恢复手段，提高训练成绩提供依据。

随着科学技术和竞技体育水平的迅速提高，运动训练的科学化越来越受到重视。科学的训练监控是科学化训练的重要组成部分，科学定量地把握训练中的运动负荷量和强度，监控运动员的身体机能状态，是提高运动训练水平和运动员竞技能力的重要保证。尤其是当疲劳与机能监控和现代计算机技术相结合，通过系统计算机和网络技术，以及人工智能等方法，可以轻松实现对运动员的运动机能状态进行实时监控，从而大大提高了运动员机能状态评定与诊断的准确性与效率。

三、疲劳与机能监控的作用

在训练过程中对运动员及时有效地进行疲劳与机能监控是科学训练的重要保证，它不仅仅关系到运动员的机体健康和机能恢复，而且还关系到训练质量的高低。疲劳与机能监控可以有效预防、缓解运动员疲劳，促使运动员积极地投入训练和比赛，提高运动成绩。

运动训练的疲劳与机能监控对运动训练的作用，主要体现在以下几个方面：

1. 评价训练负荷的大小及合理性

测定某些针对性很强的疲劳与机能监控相关指标来反映疲劳程度（生物力学、生理生化、心理指标）、训练负荷强度（生理生化）、训练负荷量（生理生化），并通过相关的运动训练学和疲劳与机能监控相关指标来评定训练效果。

2. 评价功能性训练方法和手段的合理性与有效性

在训练中监测生物力学、生理生化、心理疲劳与机能监控指标的变化是否符合功能性训练的目的与要求来评价功能性训练方法的合理性和有效性，其主要意义在于评价功能性训练方法的针对性，了解其是否能够达到提高运动能力的目的，能够达到什么水平和标准，并提出改进建议等。

3.评价辅助性训练方法和手段的合理性

评价准备活动、训练间歇时间、恢复性训练方法、放松方法和赛前训练等的合理性，并对减体重或增体重等以非提高专项能力为目的的训练方法和手段进行科学评估。

4.评定身体机能状态

阶段性地利用多项生物力学指标、生理生化指标、主观心理指标对运动员承受训练负荷的能力、训练后的状态进行综合评定和诊断，特别是在大负荷训练期间判断运动疲劳，防止过度疲劳和运动损伤的发生，及时了解运动员的机能状态及体能恢复情况，为教练员提供训练安排的依据和建议。另外，合理运用基础理论、实验技术和测量方法检查与评定运动员的机能状态，有助于运动员选材、医务监督、控制训练负荷，有效地挖掘人体的运动潜力，提高竞技能力等。

5.评估恢复过程、恢复方法和手段的效果

优秀运动员的恢复手段和方法主要包括合理的训练安排（充分的准备活动、合理的训练交叉和间歇、合理的恢复性训练）、合理的膳食及营养补充、运动营养品的合理使用、有效的物理性恢复手段和中医药恢复方法、适宜的心理恢复措施等。这些方法的合理性和有效性可以通过运动员某些生理生化指标的变化来反映，并据此对这些方法和手段进行改进。

6.为探讨创新性训练方法提供帮助

运动训练的疲劳与机能监控为创新训练方法提供评价手段，也是运动训练创新性训练方法的源泉。

第二节 疲劳与机能监控的测试方法

随着高水平比赛需求的不断提高，对运动员进行疲劳和机能监控的必要性也越来越明显。目前，进行疲劳与机能监控的测试方法是多体系、多方面的，总体分为四大类：生物力学测试、生理指标测试、生化指标测试和主观心理测试。实施合理、可信、敏感的疲劳与机能监控测试能够为运动员和教练员提供重要的信息。

本节主要介绍不同疲劳与机能监控测试的方法，为今后在实践和研究提供依据。

一、疲劳与机能监控的生物力学测试

在对集体性项目的大学生运动员进行高强度疲劳训练之后，检测到了18种不同神经肌肉指标的下降。从CMJ中得到的神经肌肉指标（离心时间、向心时间、到达峰值力量/功率时间、滞空时间：收缩时间比）被认为是准确的神经肌肉疲劳测定。在AFL中，通过观察一个赛季发力-时间指标变体（滞空时间：收缩时间比）表明其能够敏感地反映渐进的负荷提升。未来的研究仍需探明CMJ衍生出的各项指标是否能够敏感地反映运动员训练负荷变化。

在高水平运动队中，简单临床关节活动度测试（JROM）通常会被作为赛季前筛查测试中的一部分。事实上，相比于每个赛季只在赛季前测试一次，在赛季期进行规律的JROM测试可能能够提供更多有关结构性疲劳和潜在伤病风险的信息。JROM测试简单快速地评估关节解剖学部位的本质，可能能够提供对于结构状态和潜在伤病风险的更深入理解。

二、疲劳与机能监控的生理指标测试

（一）心率

心率是心脏周期性机械活动的频率，即心脏每分钟搏动的次数，以次/分钟（b/min）表示。心率是运动训练中疲劳与机能监控常用的生理指标之一，主要应用于运动员机体的有氧和无氧代谢能力监控，及训练后恢复情况的监控。在心率监控中常在运动后即刻和次日晨测量心率（脉搏），以观察运动员对不同训练与比赛负荷的反应，进而评价和控制其训练强度与计划。根据运动后恢复心率可判断运动量的大小：小运动量，5~10分钟可以恢复；中等运动量，5~10分钟未完全恢复且较运动前快2~5次/分钟；大运动量，5~10分钟未完全恢复且较运动前快6~9次/分钟。最新研究发现心率检测表可以有效地检测运动员在运动前、中、后的心率变化，佩戴方便，操作简单。

运动员基础心率的常用测试部位是手腕（桡动脉）、颈部（颈动脉）、太阳穴（颞浅部动脉）及左心前区（心室搏动），基础心率测试时间以运动员早晨刚醒来、未起床前为宜。运动员运动后心率的常用测试部位为颈部（颈动脉）和左心前区（心室搏动），运动后心率通常测试10秒心率次数计算每分心率，且测试运动后即刻、运动后30秒心率、运动后60秒心率以观察运动员对运动负荷的反应及机体恢复情况。心率指标主要应用于训练强度的控制、训练后恢复。

（二）血压

普通人的正常血压为收缩压12~18.7kPa（90~140 mmHg）/舒张压

8~12 kPa（60~90 mmHg）。清晨运动员的血压稍低于普通人，训练期间若晨压较平时高出20%或收缩压在18~20 kPa以上时可能为过度训练。

（三）体重

体重指标在田径训练监控中应用也较为广泛。体重测试即用体重计对身体质量进行测定，田径运动员在体重测试时应当考虑日生物规律对体重的影响，最好选择每天的同一时间段进行测试。体重指标主要用于教练员粗略判断运动员阶段训练后的恢复情况。

生理指标的监控比较简单方便，检测效果较好，随着科技不断发展，越来越多的监测仪器发明问世，检测方法越来越简单，检测结果也越来越准确。

三、疲劳与机能监控的生化指标测试

大量研究已经验明，团队运动诱发的一系列生物化学、激素水平和免疫学应答，目前尚未找到能够检测运动员疲劳状态的绝对指标。此外，相对高昂的费用和某些场景下费时的分析通常使得这些指标难以实际应用在团队运动环境当中。现已有一系列指标被尝试用来检验运动员潜在的肌肉损伤水平。

（一）血红蛋白

比赛阶段，当测试队员的血红蛋白均值低于安静时的基础值则暗示存在过度疲劳及有运动性贫血的趋势，此时应加强休息和营养补充，但还需要结合其他生化指标和疲劳的自我主观感觉去综合评定和考虑，血红蛋白的个体差异性也需要科研人员与教练员参考个体机能指标档案，从而更好更准地监控运动员的机能状态。另外，还应该对测试值较低的运动员进行重点观察，特别是对有贫血倾向的运动员及时采取相应的营养补充措施。

在训练监控实践中，建立运动员的个体评价标准也是十分必要的。

正常成年男子血红蛋白标准含量为120~160g/L，女子为105~150g/L。有研究发现，运动员在大运动量训练开始时，血红蛋白下降，经过一阶段的系统训练，身体逐渐对运动量适应，血红蛋白回升。在训练期间血红蛋白正常，成绩提高，说明机能状态良好。若男子低于120g/L，女子低于105g/L，称为运动性贫血，此时应注意调整训练，在饮食中适当补充铁和蛋白质。在耐力训练后15分钟内取尿测定，浓度越高说明训练量越大。次日清晨取尿测定，明显下降说明恢复良好，运动适宜，没有明显下降说明训练量过大。

（二）免疫球蛋白A和白介素6

通过使用测流装置，唾液免疫球蛋白A（S-IgA）正在成为一种评估运动员黏膜免疫能力的指标。目前在团队运动项目中几乎还没有相关的纵向数据研究，尤其是围绕着比赛和训练期的数据。缺乏实际应用和检测单个样本的高昂成本也许能够解释为什么目前关于集体性运动项目在训练期和比赛期生物化学、激素水平和免疫学水平的数据仍然有限。

白介素6（IL-6）由于产生的量比其他所有细胞活素都高，因此被作为一项炎症反应的统一指标。IL-6在运动停止后即刻达到峰值，然后在24小时后快速回归到基线值。

（三）血乳酸

血乳酸是机体骨骼肌内生成的乳酸透过细胞膜进入血液的浓度，通常以mmol/L为单位表示。血乳酸是田径训练监控中仅次于心率的监控指标。20世纪60年代，德意志民主共和国的Mader首先将血乳酸指标应用于功能训练。测试血乳酸一般采用微量测试法，取指血测试血乳酸。根据运动持续时间和个体差异等情况确定运动后取血时间，通常选择运动后即刻至4分钟的时间段取血。

运动后乳酸有一个变化曲线，短距离项目运动后2~4分钟达到峰值，而长距离项目运动后血乳酸峰值在即刻至1分钟之间。并且，只有运动后血乳酸的最高值才能更好解释运动后能量代谢过程和恢复情况。两次血乳酸测试的间隔时间应当充足，避免或减少同一次训练课多次实施，必须进行多次血乳酸测试时也应当考虑间隔的充足和训练课安排相近。不充足间隔会导致前一运动的代谢影响至后一运动，引起血乳酸测试结果难以解释。

通过运动方式和测试条件保持一致的血乳酸比较研究发现，田径运动员测试时间（如上午与下午）、训练周期安排、饮食等因素，均可以影响血乳酸分析的准确性。

（四）血尿素

血尿素是蛋白质和氨基酸分子内氨基的代谢终产物，在肝细胞内经鸟氨酸循环合成后释放入血，其反映机体内蛋白质和氨基酸分解代谢状况，应用血尿素偶联试剂盒或干式生化分析法对运动员机体外周血进行测试。血尿素指标主要应用于运动员训练后恢复情况的监控，也是评定训练负荷量和机能恢复程度的重要指标之一。

尿素的代谢也受运动强度，主要是运动负荷大小的影响。如果对大强度的高负荷刺激不能做出有效适应调整，就会出现尿素量增加的现象，因此机体疲劳程度和评定机能状况可以参考血尿素的浓度变化。

（五）血清肌酸激酶

肌酸激酶（CK）是催化肌酸和ATP与磷酸肌酸和ADP之间相互转化的代谢酶，是短时间高强度运动时能量补充和运动后ATP恢复反应的催化酶，其反映运动员机体肌肉系统的损伤程度。采用血清肌酸激酶偶联试剂盒或干式生化分析法对运动员机体外周血进行测试。血清肌酸激酶指标主要应用于运动员训练后恢复情况的监控。

年龄会影响血清肌酸激酶的水平，青少年运动员运动后血清CK活性的升高幅度比成年运动员要小；性别会影响血清肌酸激酶的水平，男性血清CK活性高于女性；体脂会影响血清肌酸激酶的水平，去脂体重大者安静时的血清CK值高；肌肉组成会影响血清肌酸激酶的水平，快肌纤维比例越大，安静时的血清CK值越高；高原训练会影响血清肌酸激酶的水平，从平原地区初到高原进行训练时，血清CK明显上升。

肌酸激酶在足球和橄榄球比赛后即刻上升，并在赛后24~48小时内达到峰值，然后在赛后48~120小时后回归到基线值。即便被广泛使用，CK在运动后活动的确切机制，以及其与肌肉功能恢复之间的关系仍尚存疑问。

（六）血清睾酮、皮质醇

睾酮与皮质醇是内分泌系统的重要调节激素，其反映机体内分泌系统的机能状况，二者比值比单一指标敏感度要高。应用放免法或化学发光法对运动员机体外周血进行测试。血清睾酮、皮质醇指标主要应用于运动员训练后恢复情况的监控。

血清睾酮多用在耐力性项目评定运动员的训练量。训练后运动员血睾酮没什么变化，说明负荷不足，运动刺激不大；训练后血清睾酮下降，但幅度不大，说明运动负荷合理；若血清睾酮下降达25%以上，并持续不回升，说明运动负荷安排过大。

血清睾酮和皮质醇是与运动能力相关的两种激素，是内分泌系统的机能评定指标，在运动训练过程中，负荷安排是否合理直接关系到训练的效果。血清睾酮、皮质醇是监测运动训练负荷强度的一个较为科学的指标，体育工作者应该根据其变化特点合理地安排训练，制定训练计划安排，使运动员机体处于最佳状态，从而提高运动成绩，预防运动过度。

综上所述，在运动员训练过程中有多种指标可以反映运动员机能状态。生理指标检测比较简便易行，但对运动员机能状态的反映不够全面；生化指标检测复杂，其中取血对运动员身体有损。随着科技的发展，越来越多的检测手段应运而生，使检测过程更加简便，结果更加精准。

四、疲劳与机能监控的主观心理测试

在功能训练过程中可以通过主观心理测试对运动员进行疲劳和机能监控。主观心理测试中多应用自陈问卷量表，包括匹茨堡睡眠质量指数量表（PSQI）、心境状态量表（POMS）、运动员心理疲劳问卷（ABQ）、马斯拉奇心理疲劳量表（MBI）和伊德斯运动员心理疲劳量表（EABI）。

（一）匹茨堡睡眠质量指数量表（PSQI）

匹茨堡睡眠质量指数量表（Pittsburgh Sleep Quality Index，PSQI）适用于一般人睡眠质量的评估，研究证实：中枢疲劳的一个重要表现为睡眠障碍，PSQI可以用于反映运动员的睡眠情况，作为评价中枢神经系统机能状态指标的间接客观指标。

（二）心境状态量表（POMS）

心境状态量表（Profile of Mood States，POMS），也叫心理状态剖面图，为信度、效度较高的情绪状态评定量表，测量的维度与竞技状态有密切关系，目前被广泛应用于竞技体育来评定衡量运动员当前或近期的情绪状态。文献表明，POMS可以有效评价运动员在比赛中的情绪状态，并且能够有效预测比赛成绩。POMS是研究情绪状态与运动效能之间一种良好的工具。

POMS量表包含紧张、压抑、愤怒、精力、疲劳和慌乱6个分量表。简式POMS量表，包括紧张、愤怒、疲劳、抑郁、精力、慌乱和自尊感7个情绪分量表，同时提供一个总体情绪纷乱程度指标（Total Mood

Disturbance，TMD）。成功的运动员"紧张""压抑""愤怒""疲劳"和"慌乱"程度都较低，而"精力"较高。尤其是成功的世界级运动员，除了精力之外，其余5种心境状态都低于普通人的平均水平。心境状态量表的填写不是按照固定的顺序，它是根据科学的检测研究把积极与消极词语混乱地排序，这样就能有效地测量所要监控的人员心境状态的实际情况，使其具有可信度与科学性。测量可以选择在运动前、运动后，或者统一安排在运动员比赛或者训练的一个星期之内进行作答，运动员在填写时务必要认真填写，根据自己对训练、比赛前后的实际感受填写这些形容词，然后由科研人员统一收集，并签上运动员的姓名。值得一提的是在测量中切勿标注运动员将要比赛的主力与替补运动员的名单，这样所测的值更加准确科学，如果赛前就知道比赛的出场主力运动员会影响到运动员的情绪变化，量表测出来的值不准确，简单来说就是尽可能地排除外界干扰因素。

多项研究证明，运动员比非运动员显示出更积极的情绪状态，这也是好的运动员心理素质比常人好的一个重要原因，体育比赛的比拼不仅表现在身体素质的表层上，而且更多的是成熟稳定的心态特征。优秀运动员所得的量表分度值中精力的得分值要高于其他非优秀的运动员，非优秀运动员的精力得分值要高于普通人，而消极的情绪得分值依次是优秀运动员、非优秀运动员、普通人，得分值与消极情绪呈正相关，得分越高说明运动中消极情绪对运动员的心理影响越大，容易表现出焦虑、烦躁等负面情绪。适度的运动训练对于得分值有较好的作用，使得分值变化不大，在心境状态量表的剖面图中出现冰山样的曲线，从一定意义上说明这种强度的运动对运动员的心理有着较好的锻炼与引导作用。

（三）运动员心理疲劳问卷（ABQ）

运动员心理疲劳问卷（Athlete Burnout Questionnaire，ABQ）是在运动领域应用最多的测量运动员心理疲劳的问卷。ABQ具有测量运动员心理疲劳的有效性，能够用来测量运动员的心理耗竭。ABQ由15个条目组成，包括三个分量表，即心理疲劳三因素结构（情绪和体力耗竭、成就感的降低和对运动的消极评价），其可以基本涵盖高水平竞技运动员训练过程中出现的心理疲劳现象。

（四）马斯拉奇心理疲劳量表（MBI）

目前，应用最为广泛、使用频率最高的测量心理疲劳的自陈问卷是马斯拉奇心理疲劳量表（Maslach Burnout Inventory，MBI）。MBI通用版由Maslach等编制，15个条目，包括三个独立的分量表，即情绪耗竭、去人性化和个人成就感。诸多研究者使用该量表进行了相关研究。Goodger等对相关的运动性心理疲劳研究文献进行梳理，发现在过去的20多年里教练员心理疲劳中有95.4%的自陈报告研究采用MBI进行测试。由此可见，该量表在测量教练员心理疲劳中具有极其重要的地位。而对于运动员群体来说，其职业特性与教练员还是有一定差异的，尤其是在去人性化方面差异较大，运动员心理疲劳没有去人性化的问题，取而代之运动心理疲劳的测量主要是采用自陈报告的形式，应用比较多的有马斯拉奇心理疲劳量表、伊德斯运动员心理疲劳量表和运动员心理疲劳问卷。

（五）伊德斯运动员心理疲劳量表（EABI）

伊德斯运动员心理疲劳量表（Eades Athlete Burnout Inventory，EABI）是第一个针对运动员群体建立的心理疲劳问卷，是在Maslach及其同事关于心理疲劳工作的基础上，Eades对有过心理疲劳经历的大学生运动员进行访谈而编制的。该问卷由36个条目组成，包括6个维度，即运动能力的消极自我概念、情绪和体力耗竭、心理退缩、由教练员和队友引起的运动贬值、运动员与教练员期望的协调性和成就感。该问卷虽然是第一个测量运动员心理疲劳的问卷，但是由于其存在测量学问题而受到质疑和批评。

有研究认为，从心理测量学的角度上看，EABI因素结构与提出的定义并不完全一致。Gould等发现成就感、运动员与教练员期望的协调性这两个分量表内部一致性信度很低。由于这一局限，EABI因此受到批评。Vealey等发现，删除5个信度低的条目以后，由31个条目构成的量表的信效度是比较好的。Gustafsson等通过对980名运动员的研究发现，EABI在删掉心理退缩、运动员与教练员期望的协调性这2个信度比较低的分量表后，得到的四维度模型经证实性因素分析表明，具有可接受的效度，并具有理论上的意义。

【思考题】

从书中的监控方法中挑选并设计出一套适合监控集体项目运动员疲劳和机能状态的监控体系。

第十一章　筋膜训练理论与方法

[**本章导语**] 近年来，随着筋膜的研究逐渐深入，发现其可以直接作用于人体的运动功能，甚至影响竞技能力的表现；同时还发现通过有效的筋膜训练，可以帮助人体保持好的外在形态和行动灵敏性。本章分为三节，分别就筋膜的概念与作用，以及筋膜训练的相关理论进行了阐释，并就各种筋膜训练方法进行了实例讨论。读者在掌握了筋膜与肌筋膜的概念和联系后，通过对筋膜的解剖学知识学习，可以了解筋膜的相关特性和病理变化特征，以及为什么进行筋膜训练；此外，在知晓筋膜训练原理的同时，还可以掌握筋膜训练的原则和应用时的注意事项，并最终通过学习了解不同的筋膜训练方法。

第一节　筋膜的概念与作用

一、筋膜的概念

筋膜不是凭空出现的，其具有自身的结构和功能，中西医学者也都认可筋膜这一解剖结构，但尚未有统一的科学定义来界定筋膜含义，目前可被接受的认知是筋膜的结构、成分是与其适应环境、生存等生物学功能相适应的。筋膜包裹了几乎所有的器官，形成身体结构并提供支撑，但一直以来，对筋膜的认识仍然未得到应有的重视。尽管医生、教练员、康复师等从业人员都了解筋膜的存在和相应的功能，但在各行业的具体应用过程中，却经常忽略筋膜在运动中的功能。例如运动员经过长期训练却难以突破阶段性瓶颈时，教练员和队医总把注意力集中在肌肉、神经、骨骼和身体素质等方面，极少考虑筋膜对竞技能力的影响。

1. 什么是筋膜

筋膜（fascia）通常是指包裹和连接肌肉、肌腱、骨骼、血管、器官和神经的纤维结缔组织，分布有时密集，有时松散；纤维结构有时高度规则，有时非常散乱。关于筋膜的组成尚存争议，但学者们基本认同其是由纤维、细胞、基质组成，且各组成元素间按照不同的比例排列而成。

在2008年版《大英百科全书》中，筋膜被定义为一层覆盖或连接身体结构的结缔组织。此外，还有学者认为筋膜广义上的概念是遍布于人体结缔组织中的软组织成分，它包含了关节囊、腱膜、韧带和肌腱等结构。

2. 什么是肌筋膜

肌筋膜（myofascial）从其英文词缀角度看，myo指代肌肉，因此被认为是与骨骼肌相关的结缔组织。《解剖列车》认为肌筋膜是肌肉组织和伴随它的结缔组织网，具有成束和不可分割的特性，它的本质是筋膜结构，外观上类似于覆盖物、隔膜和连接物。

另外，虽然其他种类的筋膜并不直接与肌肉相关，但在一般的专业交流和部分资料中，也将肌筋膜与筋膜归为同义；还有一些文章和观念中甚至将其取代了"肌肉"。但不论如何称呼，我们要有整体观，在手法操作或其他处理方式中触碰肌肉时，是无法避免触碰或影响其周围筋膜组织的。

肌筋膜在运动系统中对进行机械运动和维持生理功能都起到了十分重

要的作用。人体在完成动作的过程中，肌筋膜起到了至关重要的作用；这是由于每一块肌肉、每条肌束，甚至每条肌纤维都是被一层肌筋膜包裹着的，这些肌筋膜将肌纤维的力量进行传递，协助肌束移动，从而让肌肉能够完成相应运动功能；此外，肌腱和腱鞘也都属于肌筋膜，肌肉的两端需要通过肌腱附着在两块或两块以上的骨骼上，而肌腱负责将力传导至骨骼；另外，肌筋膜和肌肉的组合能够将身体的各个部位连接起来，不同部位的筋膜都可串联起来。

二、筋膜的作用

在电子显微镜下观察筋膜，可以发现它是由没有形态结构的透明胶态基质形成的具有一定弹性、硬度和抗弯能力及固熔体性能的半晶体结构，成束的胶原、弹性纤维和网状纤维"镶嵌"其中。胶原是细胞外最重要的不溶性纤维蛋白，是构成细胞外基质的骨架。胶原在各种动物的结缔组织中都存在，是结缔组织极其重要的结构蛋白，起着支撑器官、保护机体的作用，是决定结缔组织韧性的主要因素。结缔组织将全身细胞黏合，连接器官与组织，具有防御、支持、保护、提供营养等作用。广义的结缔组织，包括液状的血液、松软的固有结缔组织和较坚固的软骨与骨；而筋膜所属的结缔组织，主要是指松软的固有结缔组织和软骨结缔组织。

筋膜随着力学适应的逐步演化，让人体、系统、器官、组织结构、功能、代谢和健康情况向有利的方向发展。相对于位于皮下的浅筋膜，位于深层的深筋膜（固有筋膜）由致密结缔组织组成，有学者认为其是"肌肉的辅助装置"，可认为肌筋膜为深筋膜，并随肌肉分层而分层。在四肢，由于运动较为剧烈，深筋膜发达，坚韧且厚，形成的筋膜鞘可将作用不同的肌群分隔。

第二节　筋膜梳理的相关理论

　　人体的骨骼、肌肉、筋膜和神经系统遵循"用进废退"的适应性原则，在体内不断地更新和淘汰。如当某部分筋膜使用效率低下时，人体本身会将其视作多余的功能，而逐渐使其丧失应有的功能，当筋膜缺乏梳理出现粘连和老化时，会导致四肢关节僵硬，身体灵活度降低，影响身体形态，且容易出现运动损伤和疼痛等症状。反之，经常进行身体各部的筋膜梳理，可以保留各筋膜的应有功能，让身体一直保持最佳状态，促进骨骼强化，肌力增长，增加与神经系统之间的联系，使人体外在形态保持年轻，行动灵敏迅捷。

一、筋膜梳理的科学原理

（一）筋膜的弹性

　　筋膜是由胶原蛋白等具有弹性的物质组成。其特征是，可以将施加在它身上的例如压力一样的能量，继续以能量的形式储存和释放。筋膜在释放能量前会持续处于受到压力的状态，直至将接收到的能量完全释放出去，并且构成结构的材料决定了作用力和反作用力之间的关系，当材料具有较大的能量储存能力时，就会更有力地恢复原形，弹簧的原理就是如此，包裹肌肉的筋膜，尤其是肌腱也是如此。

　　附着在肌肉上的筋膜除了具有弹性特点外，一般还呈现略微的波浪状，而这种结构使其能够更好地拉伸和储存能量。筋膜的波浪状结构越明显，它的弹性和储存能力就越大。因此正确的训练可以保证筋膜维持波浪状结构。

　　肌腱等筋膜结构具有弹性，能够产生弹性势能并储存能量。在动物界，能够跳跃高度达到3米高、10米远的羚羊，以及跳远能够达到13米、时速达到60千米的袋鼠的表现不能用肌肉力量来简单地解释，它们的运动功能需归功于其筋膜的工作机制。有研究显示，人类筋膜储存机械能的能力不亚于羚羊筋膜，且超越了其他灵长类动物。

（二）筋膜经线和张力网络

　　人体是由不同的张力元素构成的整体性网络，目前学者们已经识别出一些由肌肉和筋膜共同构成的较大的筋膜经线，它们对身体的协调性和保持动作的连贯性上都起到了很大的作用。这就需要跳出传统的单一肌群力量训练，并进行全身筋膜系统的传递和远程连接功能的训练，从而提升身体协调性，让整条筋膜经线畅通无阻并顺畅地工作。其中较为重要的是具有支撑和运动功能的后表线、前表线、体侧线和螺旋线。

　　1.后表线：它位于身体后侧，起始于足部的足底筋膜，向上不断移行至前额，起到支撑身体，保持直立站姿的作用，可让头颈部和上背部后仰。见图11-1。

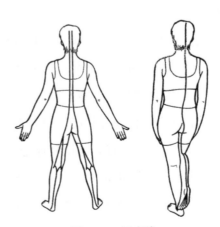

图11-1　后表线

2.前表线：它位于身体前侧，起始于脚趾，向上移行至骨盆，后经腹部和咽部至头部。虽然中间有分隔，但当人体站立时，它们是作为一个统一体自下而上地发挥稳定上半身，控制其前倾、躯干屈曲、抬头和低头等运动功能。见图11-2。

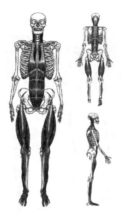

图11-2　前表线

3.体侧线：它位于身体两侧，起始于足跟，经过外踝，沿躯干侧面移行至头部；负责保持前表线和后表线间的平衡，使下半身稳定，避免跌倒；另外它还有让身体侧弯和预防身体过度前倾和扭转的功能。见图11-3。

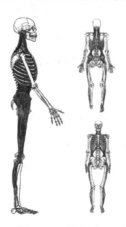

图11-3　体侧线

4.螺旋线：它环绕人体，像两股螺旋形线条绑住身体。起到维持身体在各个平面的平衡和让人体扭转的运动功能。在行进过程中，螺旋线能够精确控制行进方向。见图11-4。

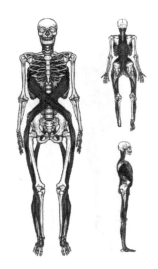

图11-4　螺旋线

筋膜和肌肉协作做功效果远优于单个肌肉，人类可以毫不费力地行走几个小时，就得益于连接成串的筋膜。它起始于足底筋膜，经过跟腱与一连串的肌肉筋膜达到背部，再沿背部达到颈部和头部；这条筋膜经线储存了大量的能量，且不依靠肌肉就可以释放和转换动能，以保障人类行走能够高效和持久。

人类行走所用到的筋膜不仅仅是上面的，还是由贯穿骨骼和四肢、连接四肢的全身性筋膜网络实现的，这也是筋膜特点。较新的研究证实，人体内存在很长的筋膜经线，可以有针对性地对其进行训练。

（三）张拉整体结构模型

张拉整体结构原是一种建筑结构，是在20世纪中叶由美国艺术家和建筑学家提出的（见图11-5）。它是由稳定结构和弹性结构构成的，其中弹性结构能够承受张力变化，稳定结构之间并无接触，而是通过弹性结构来互相连接的，弹性结构让整个模型处于张力状态。在筋膜领域，有学者认为人体结构也符合张拉整体结构模型的特征，即肌肉和筋膜构成的筋膜经线与骨骼分别组成了弹性结构和稳定结构，组成了能够在人体运动时可做出敏锐动态反应的张力系统。在运动时，肌肉并不是单独工作的，而是和遍布全身的筋膜网络协调作用。例如当上肢一侧肌肉在做功时，通过筋膜会影响另一侧的肌肉。

图11-5

（四）脊柱的帆船原理

很久以前，医学家就使用帆船的桅杆、索具和船帆来解释脊柱的力学结构。在帆船上，桅杆不承受负荷，只是作为张力系统中一个稳定的结构存在，而众多的索具则牢固地固定在桅杆上，以保持帆船在行驶和安静状态下的稳定。见图11-6。

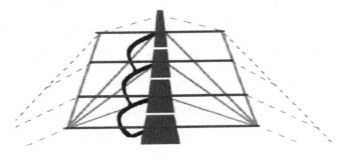

图 11-6

帆船的这个系统与人体的脊柱很相似，脊柱并未承受巨大重量，还可以在张力和拉力的作用下完成屈曲伸展等动作。例如在背部韧带和肌肉保持张力的作用下维持脊柱的直立状态，起主要作用的纵向竖脊肌在腰椎处会尤其宽厚，且脊柱两侧的其他肌肉具有横向的支撑功能。

二、筋膜训练的层次与类型

筋膜的基本功能包括四部分，即塑形、运动、供给和沟通。其中塑形是指能够包裹、填充、支撑和保持结构形状；而运动是指传送和储存肌力、对抗阻力；供给则是通过输送体液和供给营养来完成新陈代谢；沟通是接收和传递神经信号和刺激。相对应筋膜的功能，可将筋膜训练划为四个层次，即拉伸、弹振、再生和感知。

（一）拉伸练习

拉伸练习可以帮助筋膜完成塑造人体形态的功能。目前很多训练动作都能够带动筋膜延展，并影响周围筋膜。近代的拉伸练习始终是运动训练中很重要的一部分，对运动员、舞蹈演员等需要良好身体形态的专业人员尤甚。它可以提高身体的柔韧素质，保持肌肉和关节的良好状态，并且后期的科学研究还发现，拉伸练习可以改善更多的问题，从生理学角度看，长期进行拉伸练习，能够降低血压和脉搏。其机理是筋膜经过拉伸，将刺激信号传递至自主神经系统，刺激副交感神经，让身体保持放松状态。这也是瑜伽冥想能够平复紧张情绪、减轻压力的根本原因。

另外，在人体实验中，瑜伽的拉伸动作能够有效缓解人的背部疼痛。美国的一项研究发现瑜伽中的拉伸动作对背部疼痛的疗效与传统背部肌肉训练一样显著。20世纪80年代，拉伸练习的形式发展多样，包括动态拉伸和静态拉伸。动态拉伸需要练习者完成一些动作，再快速弹起恢复原来的姿势，而静态拉伸则要求长久地保持某个拉伸姿势，从锻炼筋膜的角度出发，动态拉伸和静态拉伸都可作为筋膜训练的内容，两者分别适用于生理结构不同的筋膜，并且会带来不同的效果。但分别对单块肌肉进行拉伸实际上是没有必要的，因此，在我们的训练计划中，筋膜训练是一项针对肌肉与筋膜的全身性训练和拉伸训练。训练以简单的练习为主，通过拉伸练习可以非常有效地锻炼全身的肌肉和筋膜。

（二）弹振练习

弹振练习也可称为弹振训练，即肌肉先做反向的离心收缩，此时肌纤维拉长，然后快速地进行向心收缩，使肌纤维缩短。如跳跃或摆动上半身，能够提升筋膜的能量储存能力，帮助筋膜发挥运动的基本功能，这类练习可以锻炼人体所有的筋膜，特别是肌腱。弹振练习应用了弹性势能的作用，原理是人体中的筋膜具有储存势能的功能。在反向的离心运动中，筋膜进行势能储存，后紧接着进行向心运动时，将储存的能量快速释放。

在做弹振动作的过程中，最初利用了身体的初始张力，即先做一个运动的反向动作，比如标枪运动员在投掷前先向后引动手臂，让肩关节的肌腱和其他筋膜积蓄力量（见图11-7）。全身性的弹振练习能刺激筋膜经线在练习过程中向任意方向做弹振动作。

图 11-7　标枪运动员弹振动作过程

（三）再生与恢复

在筋膜梳理时可以使用泡沫轴、按摩棒、筋膜球和筋膜枪等工具来进行肌肉松解，让筋膜再生并且恢复活力，条件有限时也可以用网球或橡皮球等作为筋膜梳理的替代工具。

再生与恢复的共同特征是运用物理机制，通过对筋膜施压促进筋膜中的液体交换来完成梳理。筋膜就像一块海绵，筋膜梳理能够帮助筋膜将新陈代谢后的产物和淋巴液排出，再吸入新鲜的体液，液体交换过程可帮助筋膜完成新陈代谢，改善筋膜以及相关器官的营养供给。因此，再生与恢复能够完成筋膜基本功能中的供给功能。此外，机械的按压能够刺激筋膜内的机械刺激感受器，使感受器将信号传向自主神经系统和肌肉。因此，有效的再生与恢复能缓解筋膜和肌肉紧张，甚至解决肌肉僵硬、筋膜粘连的问题并促进筋膜再生。通过再生与恢复不仅可以增强人体对自身的感知能力，还能提高身体的灵活度。目前泡沫轴滚压练习较为常用，它可以作为日常的训练内容，还可以用于消除肌肉僵硬、缓解伤痛和过度劳累后的肌肉酸痛等紧急情况。

（四）感知训练

感知训练可以有效完成筋膜的另一个基本功能 —— 沟通。运动的感知可以极大程度地影响人体完成各种运动和大脑活动。在运动科学、训练科学和心理学中，这种对自己身体的感知能力和身体的自我形象认知是评估训练效果的重要内容。

在筋膜训练中，人体通过将注意力集中在非常细微的动作上或者留意方向和位置上的细微变化来觉察感官刺激，从而锻炼对感官刺激的感知能力。这些感知练习能够加强身体的感知能力，训练对身体细微变化的专注力和探索能力。在筋膜训练的相应练习中，参与者可以把自身当作一台精密的仪器，去检测身体很多细微的差别，而所有的练习内容都需要借助筋膜来增强人体对动作和身体协调的觉察能力，提高身体的灵敏度。

在了解各种层次训练方式后，需要根据不同人群的需求和个体情况进行评估，来合理选择适宜的筋膜训练内容。

三、筋膜训练的原则

通常动作单调、强度低、节奏无变化的重复性动作对筋膜训练无明显作用。因此在安排筋膜训练时需符合一些训练原则，使筋膜训练的效果达到最佳。

（一）多全身性练习内容，少局部性练习内容

在设计筋膜训练动作时，尽量设计让身体更多部位参与的动作为好，这样可以避免局部练习中只有部分肌肉参与。以跳跃动作为例，它可以比深蹲动作动员更多的肌肉参与；此外，相较于深蹲动作，跳跃动作还可以刺激更多的下肢肌肉产生离心收缩，提高筋膜延展性。

全身性的练习在训练内容上范围较为广泛，还可以增加训练强度和改善全身筋膜的协调性。

（二）多筋膜线较长的动作，少筋膜线短的动作

当训练某条特定的筋膜线时，训练到整体筋膜线的效果会较分段训练好。如单纯的负重屈肘训练只会刺激到肱二头肌附近的筋膜，而用训练带完成鞭打动作，则可以刺激到整个前手臂筋膜线，假如在鞭打过程中加入转体动作，还可以训练到螺旋线。下肢动作也是同理，训练带抗阻踢球动作中较单纯的抗阻屈膝更能刺激到几乎整条前线筋膜。躯干练习由单纯的器械练习变为转身抛接药球，还可以练习到上、下半身的螺旋线。

因此，当以筋膜训练为目标时应该尽量调整动作训练内容，按照筋膜的走向进行设计，并涵盖同一筋膜线的更大范围。

（三）发力顺序由躯干核心支柱区到四肢

正确的发力顺序可以将筋膜的力量完全发挥出来，降低运动损伤出现的风险。以壶铃摆为例，假如手臂先发力，而肩关节不稳定，会导致肱骨头移位，严重时出现运动损伤。因此在进行筋膜训练时，无论是基于优化力量发挥，还是稳定关节，避免运动伤害的角度，都应遵循由近而远，由躯干核心到四肢依次收缩的原则。

（四）训练动作逐渐进阶，避免重复的单调动作

通常进行系统的筋膜训练需要较肌肉力量训练花费更多的时间，这取决于训练的复杂程度和难易程度。当训练动作简单和重复时，对筋膜的刺激程度会相对较小，进而影响训练效果。反之，当复杂程度和难易程度可以逐步提高的话，训练效果会得到相应提高。

在筋膜训练过程中，人体对训练方式存在逐步适应的过程，这就需要持续性地增加动作的复杂程度和避免动作重复。例如，越野跑会因跑步环境因素，较场地跑训练效果更好。因此，要取得最快的筋膜训练效果，需考虑很多因素来逐渐提高训练难度。

（五）根据个体差异和具体要求设定训练负荷

筋膜训练与肌肉训练存在差异，即高负荷和低负荷的刺激对训练的结果不尽相同，且无优劣之分。这就要求进行区别对待，需要高负荷刺激的筋膜使用高负荷的筋膜训练刺激，而需要低负荷刺激的筋膜则使用低负荷

的筋膜训练刺激。

人体的筋膜局部的差异性，使得筋膜训练不应只追求持续的增加训练负荷，或大负荷的训练，需根据需要安排高和低的训练负荷，来全面刺激筋膜。

（六）动作完成需有节奏变化

筋膜可以很快地适应单调的训练节奏，进而影响训练效果。这就要求筋膜训练的节奏需要不断变化，即使类似的训练动作也可以通过改变训练节奏来对筋膜形成新的刺激。

四、筋膜训练的注意事项

（一）避免训练动作过于僵硬和不流畅

进行筋膜训练时，训练动作需轻柔有弹性，不能在完成过程中过于僵硬或卡顿。例如，在跳绳过程中，足跟落地会导致动作过于僵硬，对筋膜的弹性没有任何帮助，且会对足跟产生巨大的冲击力，增加损伤风险。反之，在跳绳过程中，如果可以用前脚掌轻柔落地，则可以通过训练刺激来提高筋膜的弹性。

（二）避免突然变向

在进行筋膜训练时，没有准备的突然变换动作方向，对筋膜弹性的训练非但没有帮助，甚至会增加损伤风险，尤其在无法流畅地完成训练动作时，突然转变上肢和下肢的运动方向，会造成动作更加卡顿。因此，需避免在筋膜训练过程中突然转换方向，追求动作完成得更加连贯和完整，且只有在动作非常流畅时，才可安排变换动作方向。

（三）避免过于依赖肌肉收缩发力

在完成筋膜训练时，需尽量利用筋膜的弹性来完成动作，而不是依赖大肌肉群的主动收缩产生的力量，同时要尽量控制动作的完成质量，让动作在完成过程中轻松且流畅。只有增加了筋膜的参与度，才会让动作更加流畅，让筋膜在动作模式训练中发挥作用。

五、不同肌肉状态对筋膜的影响

在大众对筋膜的认知观念中，一般认为只有进行"伸展"才能让筋膜产生拉力刺激，然而肌肉力量训练同样可以使筋膜产生相应的刺激，这包括肌肉的向心收缩和离心收缩。

当肌肉完全处于放松状态时，肌肉内平行、串联、横向和肌肉外的四种状态的筋膜都没有承受任何拉力状态。但当进行主动收缩时，肌肉内横向和串联的筋膜承受到了压力；而当被动伸展时，肌肉处于放松状态，由于肌肉比其两端的肌腱组织更柔软，筋膜中所承受的拉力被平行和肌肉外两部分分担了；而当肌肉在伸展的同时载荷，肌肉的长度相对增加，同时肌肉主动用力收缩，所以承受拉力的筋膜为串联、平行和肌肉外三种。见图11-8。

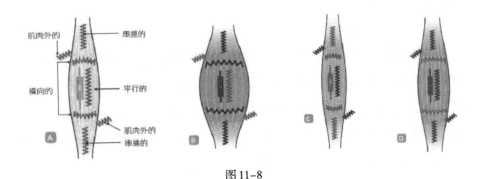

图11-8

第三节　筋膜训练的方法

当进行筋膜训练时，我们需要将身体内的筋膜网看成一个系统，而不是只针对系统中的一部分或者单独的一个部位来进行训练，这样所有的练习动作都会通过筋膜的张力网络对筋膜系统整体产生影响。假如某一部分筋膜并非处于最佳状态，当出现粘连和紧绷状态时，会对其他部位筋膜产生影响。

筋膜训练一般需要准备简单的训练器材，比如泡沫轴、花生球等，如果没有专业器材，可以用生活中的日用品来替代，比如使用瓶装水替代哑铃，网球替代筋膜球，板凳替代训练凳，压脉管替代训练带等。见图11-9。

图11-9　训练器材

在筋膜训练前还需谨慎地思考参与者是否适合筋膜训练，如是否有年龄较大、活动不便的人群，以及尚存在未完全愈合伤口的人群等。另外，儿童的参与需有成年人陪同。此外，还需注意筋膜训练不是肌肉训练，过度训练不会对筋膜产生益处。最后，进行筋膜训练还需避免在外界有干扰的情况下进行有规律的练习，避免因电视、手机等外界因素干扰身体的感知能力。

筋膜训练的四个层面，即拉伸、弹振、再生和感知练习，与前面章节介绍的功能相对应，在下面的内容中，我们将分别进行举例介绍。

一、拉伸训练

（一）胸椎转动拉伸

练习目的：增加胸椎的活动幅度，保持其灵活性和伸展性。

动作要领：站立姿势开始，一腿向前跨步，下蹲呈弓步姿势，上体正直，两臂前平举，然后两臂和上体向前弓步腿的一侧转动，直至最大幅度时停顿2秒，左右交替进行。见图11-10。

注意事项：两臂与地面平行，两臂之间夹角约为90°。

图11-10　胸椎转动拉伸

（二）仰卧扭转拉伸

练习目的：拉伸腰部肌群。

动作要领：仰卧姿势，左手拉右侧大腿，换方向则右手拉左侧大腿；最大幅度保持5~10秒。见图11-11。

注意事项：尽可能扩大拉伸的幅度。

图 11-11　仰卧扭转拉伸

（三）肩关节拉伸

1. 举手过头拉伸

练习目的：拉伸前锯肌、背阔肌、三角肌、小圆肌。

动作要领：站姿，双手体前交叉扣掌；慢慢抬起手臂至头顶；最大幅度保持 5～10 秒。见图 11-12。

注意事项：忌向后弯曲躯干来增大双手的活动幅度。

图 11-12　举手过头拉伸

2.手臂前置后拉式拉伸

练习目的：拉伸三角肌、小圆肌、冈下肌。

动作要领：站姿，一条手臂伸直穿过胸部前方，另一手臂由下向上屈肘扣住伸直手臂的前臂；借助屈肘手臂的回拉将伸直手臂尽可能地贴紧胸部；在最大张力点保持5~10秒，再换手臂进行练习。见图11-13。

注意事项：保持上身挺直，不要旋转。

图11-13　手臂前置后拉式拉伸

（四）臀肌拉伸

1.臀大肌拉伸

练习目的：拉伸臀大肌，同时提高身体的稳定性。

动作要领：向前跨出一小步，单脚支撑，膝微屈，双手抱另一条腿的膝关节，向同侧胸部靠近，脚尖勾起；同时支撑腿伸髋、伸膝、脚跟踮起，保持2~3秒。始终保持背部挺直，支撑腿的髋、膝、踝在一条直线上，不能出现屈髋或背部后仰的动作，并保持上体稳定。见图11-14。

注意事项：上体保持正直，身体不要前倾和后仰。

图11-14　臀大肌拉伸

2.臀中肌拉伸

练习目的：拉伸臀中肌，同时提高身体的稳定性。

动作要领：向前跨出一小步，单脚支撑膝微屈，一手置于膝关节下方，另一手置于踝关节处，将另一条腿向同侧胸部靠近，拉伸腿脚尖勾起；同时支撑腿伸髋、伸膝、脚跟踮起，保持2~3秒。背部挺直，不要出现屈髋或背部后仰的动作，身体保持稳定。见图11-15。

注意事项：双手的位置一定要准确，身体保持正直。

图11-15　臀中肌拉伸

3."4"字屈髋坐拉伸

练习目的：拉伸臀大肌、梨状肌。

动作要领：身体站立，左腿直立，右腿脚踝置于左腿膝盖上部，双臂伸直放于胸前，屈髋屈膝，形成左腿单腿支撑，保持2秒，交换支撑腿，重复前面的动作。见图11-16。

注意事项：保持身体稳定，在运动过程中始终保持腰背部挺直，支撑腿膝盖不超过脚尖。

图11-16 "4"字屈髋坐拉伸

（五）上肢拉伸

1.肘部后拉式拉伸

练习目的：拉伸肱三头肌。

动作要领：站姿，举起手臂，弯曲一只手肘，将手置于脑后，另一只手抓住对侧的肘部；慢慢地将后弯曲的手肘向后拉；在最大张力处保持5～10秒，再换手臂练习。见图11-17。

注意事项：缓慢拉伸，警惕关节最微小的疼痛。

图11-17 肘部后拉式拉伸

2.扭转墙壁支撑拉伸

练习目的：拉伸胸大肌。

动作要领：侧身站在墙壁或者其他固定点旁边，一只手掌放在略靠上身后方处，稍低于肩部，靠近墙的脚放在另一只脚前方；略微扭转上肩部远离支撑点，手保持不动；感觉手肘前部张力最大时保持5～10秒，再交换另一侧练习。见图11-18。

注意事项：拉伸时始终伸直肘关节。

图11-18　扭转墙壁支撑拉伸

3.前臂拉伸

练习目的：拉伸手臂肌群。

动作要领：站姿，双臂放在身体前方，一只手掌向下抓另一只掌心向上的手掌，向下牵拉被抓手掌，充分伸展手腕和肘部，最大幅度保持5～10秒；动作结束后交换手掌，重复上述动作，拉伸屈腕肌群；一只手掌心向下，用另一只手握住它，向下朝外牵拉，最大张力点保持5～10秒，再交换手掌练习，拉伸伸腕肌群。见图11-19。

注意事项：防止腕关节的过度弯曲。

图11-19　前臂拉伸

（六）下肢拉伸

1.大腿后侧拉伸

练习目的：拉伸股二头肌、半膜肌、半腱肌。

动作要领：站姿，双脚打开与肩同宽；上半身往前弯腰，双手往地面伸展；保持最大幅度5～10秒。见图11-20。

注意事项：动作缓慢，忌突然猛拉，保持膝关节伸展。

图11-20　大腿后侧拉伸

2.大腿前侧拉伸

练习目的：拉伸股四头肌。

动作要领：站姿，两脚分开与肩同宽；重心左移放在左腿上，向后屈右膝，朝臀部抬起脚踝，右手向下抓住脚踝外侧，轻轻提拉；最大幅度保持5~10秒，再换腿，重复以上练习。见图11-21。

注意事项：拉伸腿保持舒适范围，避免过度拉伸压迫膝关节。

图11-21　大腿前侧拉伸

3.小腿后侧拉伸

练习目的：拉伸腓肠肌、比目鱼肌、跟腱。

动作要领：面朝墙或台阶站立，左腿往后膝关节屈，右腿伸直，右前脚掌贴于台阶或墙面，同时脚跟尽量靠近台阶或墙面；左膝逐渐伸直带动重心前移，拉伸右小腿；保持最大幅度5~10秒，再交换另一只腿练习。见图11-22。

注意事项：动作缓慢进行，防止拉伸腿膝关节过度伸展。

图11-22　小腿后侧拉伸

4.小腿前侧拉伸

练习目的：拉伸胫骨前肌。

动作要领：跪在体操垫或者瑜伽垫上，弯曲膝关节直到坐在小腿上；从地面抬起膝盖，同时保持脚背与垫子接触，用手臂支撑其身体的重量；最大幅度保持5～10秒。见图11-23。

注意事项：在拉伸过程中，脚背、脚踝感到疼痛时停止动作。

图11-23　小腿前侧拉伸

二、快速伸缩复合训练

（一）下肢训练

该训练可以提高下肢动作的力量与爆发力，强化下肢肌肉的弹性力量，提升发力的速率，发展人体的稳定性。

1.无预摆双脚跳

动作要点：双脚呈运动姿站立，面向跳箱，双臂微屈于髋部两侧，双脚与肩同宽，腹部收紧；双臂向上快速摆起，以手臂带动身体快速伸髋伸膝，双脚离开地面，向前跳上跳箱；在落下时，屈髋屈膝缓冲的同时，双臂下摆回体侧，呈运动姿站立2秒。可通过单腿起跳和落地来提高训练难度。见图11-24。

图11-24　无预摆双脚跳

2.无预摆横向跳栏架

动作要点：双脚呈运动姿站立于栏架一侧，双臂微屈于髋部两侧，双脚与肩同宽，腹部收紧；双臂向上快速摆起，以手臂带动身体快速伸髋伸膝，双脚离开地面，向一侧跳起；在落下时，屈髋屈膝缓冲的同时，双臂下摆回体侧，呈运动姿站立2秒。见图11-25。

图11-25　无预摆横向跳栏架

3.无预摆横向交换跳

动作要点：运动姿单脚站立，另一侧脚抬离地面，双臂微屈于髋部两侧，双脚与肩同宽，腹部收紧；双臂向上快速摆起，以手臂带动身体快速伸髋伸膝，双脚离开地面，向身体一侧跳起；在落下时，一侧脚着地，屈髋屈膝缓冲的同时，双臂下摆回体侧，呈异侧单腿运动姿站立2秒。可通过旋转90°和跳箱来增加训练难度。见图11-26。

图11-26　无预摆横向交换跳

（二）上肢训练

该训练可以提高上肢动作的力量与爆发力，有助于增强肩关节的稳定性，强化胸大肌和肱三头肌的弹性力量，发展稳定性。

1.胸前推球

动作要点：身体直立，面向墙壁，躯干与墙壁保持约1米的距离，双手持药球于胸前，手臂伸直；这时将药球拉至胸前，尽最大力量快速向墙壁推出药球；当药球反弹至手时，抓住药球，回到起始姿势，重复进行。可将站姿变化为跪姿、分腿跪姿、分腿蹲、军步姿等。注意接球的位置不要太靠近胸部，连续推球，药球不要在胸前停留；背部要挺直，腹部收紧。见图11-27。

图11-27　胸前推球

2.头上扔球

动作要点：身体直立位准备，面向墙壁，躯干与墙壁保持约0.6米的距离，双手持药球于头上，手臂弯曲；这时将药球拉至头后，尽最大力量快速向墙壁扔出药球；当药球反弹至手时，抓住药球，回到起始姿势，重复进行。可将站姿变化为跪姿、分腿跪姿、分腿蹲、军步姿等。注意接球的位置不要太靠近胸部，连续推球，药球不要停留；背部要挺直，腹部收紧。见图11-28。

图11-28　头上扔球

3.转体扔球

动作要点：身体直立位准备，面向墙壁，躯干与墙壁保持约0.6米的距离，双手持药球于腰前，向身体后方旋转躯干，把药球拉向髋部后侧，通过髋部发力，带动躯干、肩部、手臂，把动力传到药球，尽最大力量快速向墙壁扔出药球；当药球反弹至手时，微屈手臂，一只手在药球下方，另一手在球的后方，回到起始姿势，重复进行。可将站姿变化为跪姿、分腿跪姿、分腿蹲、军步姿等。注意接球的位置不要太靠近胸部，连续推球，药球没有停顿；背部要挺直，腹部收紧。见图11-29。

图11-29　转体扔球

4.俯卧撑

动作要点：俯卧平板支撑位，手在肩部正下方，通过屈肘使胸部贴近地面或跳箱，尽最大力量快速推起自己的身体离开地面或跳箱；手做好落地缓冲准备，屈肘支撑身体下落，当身体贴近地面时，再次迅速推起。注意收紧腹部和臀部，身体呈一条直线。见图11-30。

图11-30　俯卧撑

（三）躯干训练

仰卧起坐动作要点：参训者呈仰卧起坐姿态，足跟着地，屈髋屈膝，收紧腹部，尽量保持背部平直，双手做好接球准备，面向同伴；同伴将药球掷向参训者伸出的手，参训者后仰缓冲，当接近地面时，药球拉至胸前，尽最大力量屈髋收腹将药球推给同伴，如此反复进行。注意要通过腹部发力，带动肩部、手臂将药球推出。见图11-31。

图11-31　仰卧起坐

三、再生训练

再生训练可以刺激筋膜，促进组织内的体液进行交换，进而起到修复损伤、促进筋膜再生的目的，在这个过程中，需要使用到泡沫轴或筋膜球。以下我们将常用的运用泡沫轴放松全身筋膜的动作进行展示。

小腿三头肌		每侧30秒，共60秒
胫骨前肌		共30秒
股四头肌		共30秒

续表

股后肌		每侧30秒，共60秒
髂胫束		每侧30秒，共60秒
大腿内收肌		每侧30秒，共60秒
臀大肌		每侧30秒，共60秒
肩背肌		共30秒
背阔肌		每侧30秒，共60秒
腰背肌		共30秒
肱二头肌		每侧30秒，共60秒
肱三头肌		每侧30秒，共60秒

四、感知训练

1.颈部放松训练

动作要点：两腿分开与肩同宽，躯干屈曲至头部轻度压住训练凳平面，双手扶训练凳；颈部完全放松后缓慢转动，体会转动时的细微变化。见图11-32。

图11-32　颈部放松训练

2.鳐鱼势

动作要点：仰卧位，两侧小腿放于训练凳上，小腿下压后让骶骨慢慢抬离地面；之后让骨盆做弧形、螺旋形、波浪状动作，像鳐鱼在水中游动的动作。见图11-33。

注意事项：动作需缓慢，注意力集中，在完成后将骨盆缓慢放回地面。

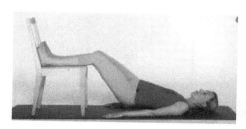

图11-33　鳐鱼势

【思考题】：

1.筋膜是如何参与运动的？

2.结合自身健康和运动需求，应用筋膜的相关原理，思考如何安排筋膜训练？

3.筋膜训练的原则和注意事项有哪些？

4.结合运动需要，设计一套筋膜训练计划。

第十二章　动力链训练理论与方法

【本章导语】动力链是人运动过程中重要的组成部分，是身体运动功能训练的核心环节。动力链强调的是多关节、多肌群在神经的调控下表现出的整体功能状态。在运动中产生的加速、减速、制动等外在运动表现都是身体各个独立部位协同合作的结果，动力链训练也是竞技能力提高和伤病预防的重要环节。本章共分三节，其中第一节主要阐述动力链的概念、分类和生理学机制，第二节主要从康复和体育两个领域阐述动力链应用的相关理论，第三节重点介绍动力链训练方法。通过本章学习进一步理解动力链的工作机制，掌握动力链训练方法。

第一节　动力链相关理论概述

一、动力链的概念

人体运动是由不同种类的动作组合形成的，动作和姿态是运动的基本单元，所有的动作组合都是在一定姿态下完成的，不同的动作组合形成了体育技能或日常生活中一系列身体行为。国外学者在20世纪50年代最早提出了动力链（Kinetic Chain）概念，但目前国内外对于动力链的定义以及分类并没有形成一致，动力链被看作是身体运动功能训练的核心，因为动力链强调的是多关节、多肌群在神经的调控下表现出的整体功能状态。三维功能科学理论将人体看作是一个复杂的、个性化的和任务导向的功能系统，是一个由神经系统、骨骼肌肉、心血管系统等组合而成的功能综合体，肌肉链、关节链、神经链、内分泌链、能量链等多个子系统共同构成了一个在功能上无法分割的人体动力链系统。以肌肉动力链为例，在屈髋过程中屈髋肌群作为动力肌群，此时腹肌和竖脊肌等需要保持足够肌张力，为髋部的运动提供稳定的骨盆位置，它们相互配合完成屈髋动作。Zattara等人还通过肌电证明了肌肉发力顺序的规律，发现单侧手臂快速挥动时，力量的传递和肌肉激活顺序是从腿到手臂，最先激活的肌肉是对侧小腿肌群，之后依次向上传递通过躯干到达手臂。

综上所述，动力链就是运动时身体结构相互配合、相互作用的功能表达。在这个过程中如果动力链上的某一个结构或功能出现了问题，其他结构的功能会进行弥补出现代偿，运动表现就会受到影响。

二、动力链的分类

不同类型的动力链对于人体会产生不同的作用，在训练中只有训练方式和实战越贴合，训练的效率才会越高，因此了解动力链类型，对于训练具体实施和操作具有重要的指导价值。

1955年Steindler对不同运动项目和动作类型研究后，提出了两种动力链运动类型，一种称之为闭合式动力链运动，另一种是开放式动力链运动。闭合式动力链运动是指人体在运动时肢体远端固定产生的各种运动形式，在做练习时往往需要多肌群多关节的共同参与。开放式动力链运动是指人体在运动时肢体远端在没有阻力的情况下自由活动，在做练习时，可以针对局部单一关节和肌群进行刺激。在日常生活中和体育运动时，各种动作一般都需要不同肌群、不同关节相互配合，协调完成，因此闭合式动力链运动在训练中被认为是更有效的训练方式。同时相对比于开放式动力链，闭合式动力链在训练中对于关节的损害更小，因为闭合式动力链训练对于关节一般产生收缩式的压力，而开放式动力链训练对于关节往往会产生剪切力，例如做腿伸直的动作时，股四头肌需要参与收缩完成伸膝动作，股四头肌完全收缩时，膝关节完全伸直，由于两个关节完全锁死，是关节最稳定的状态，但这时膝关节会承受很高的压力，进而对关节造成一定伤害，所以在康复领域很多康复师推荐采用闭合式动力链的方式进行。开放式动力链和闭合式动力链最大的不同就是完成一个动作参与关节的数量。闭合式动力链工作往往是多个关节参与，相关肌群协同配合完成的。而开放式动力链工作往往是单一关节参与，相关局部肌群协助完成动作。

从运动功能的解剖学视角来看，人体作为一个有机整体是一个巨大复杂的开放系统。人体可动环节有200多个，从功能性和经济性的角度出发，Hanavan将人体模型分为15个环节，即头、胸背段、腰腹段、左右上臂、左右前臂、左右手、左右大腿、左右小腿、左右脚。这15个环节以主要运动关节相连接，形成人体完整的运动链系统，又依据运动关系将其分为躯干、左上肢链、左下肢链、右上肢链、右下肢链5个子系统运动链。躯干主要指连接颈椎、胸椎、腰椎的整个脊柱，以及和四肢相关联的肩胛胸壁关节、腰骶关节等。上肢链主要由肩关节、肘关节、腕关节、掌指关节构成。下肢链主要包含髋关节、膝关节、踝关节、足趾关节。

人体的各运动链之间是相互影响相互协同的，通常将一侧上下肢和躯干视为一条长链，每个关节均为链扣。运动过程中，人体各环节构成的链式链接系统可以将能量或力量由一条链（或身体的一部分）连续传导到下一条链，力量从一个关节的肌肉收缩发起，沿各个关节叠加传递至末端关节表达，完成有效的整体发力。

三、动力链的生理学机制

骨骼是人体姿势和形态的基本构成单元，对人体主要起支撑作用，为肌肉和肌腱提供附着点，是人体肌肉的杠杆系统。按动力链划分，骨骼是构成动力链环节的刚体支撑部分。人体的骨骼按形状可以分为长骨、短骨、扁骨和不规则骨四类。在运动时，受附着的肌肉和肌腱的拉力与张力作用，骨骼间发生位置的相对改变，进而引起附着在该骨骼上的肌肉和肌腱的应力改变，在张拉整体结构的作用下会引起其他肌肉的链式连续反应。

人体骨骼分为中轴骨和附肢骨两大部分。中轴骨构成人体的躯干动力链系统，并组成骨腔，内含人体的脏器，保护着人体的重要生命系统。附肢骨构成人体主要的动力链系统，即上肢和下肢动力链系统。人体在实现各种运动功能表现的过程中，可以将其看作是由若干个功能与结构单元组成的机体系统。从关节和肌肉物理上的连接角度看，相关环节之间是相互影响的，比如每一块骨头上都附着多块肌肉的肌腱，这些肌肉各自力线方向都不相同。

从动力学上讲，人体动力有两种传导方式：一种是正向动力学机制，力由肌节收缩产生，通过肌肉表达，传递到肌腱，带动附着骨头产生关节运动；另一种方式是逆向动力学机制，这种机制主要是以肌肉筋膜被动张力结构产生的反弹作用力来传导力。被动拉长的肌肉和筋膜会产生弹性势能，形成与外力相反的作用力，这种反向作用力施加到肌肉上，且大小相等，方向相反。生物张拉整体结构很好地诠释了动力的传递。张拉整体结构是一种内在平衡结构体系，结构的外形由系统有限封闭而广泛连续的张力来保证，同时不受非连续、外来局部压力的干扰。

从生物力学角度理解，肢体的运动是在肌肉收缩过程中形成力量或能量，在不同关节间的传递，各关节和肌肉的功能最终在整个动力链上综合表现出来，因此人体各个环节必须协调有序地完成各自功能，才能使远端肢体在最佳位置，以最佳速度，在最佳时机完成设定动作。动力链是由不同的关节和肌肉构成的，在运动过程中，任何关节肌肉组合都可以产生相应的动作，但产生动作不一定是最优化的动力链模式，这就需要训练神经系统更加优化地使用身体。例如在跑步蹬伸过程中，髋关节、膝关节和踝关节都需要做伸展动作，但髋膝踝三个关节的伸展幅度是由三者配合形成的，是大脑调控的结果。另外下肢肌群如何分工配合完成下肢蹬伸动作是关键，腘绳肌和股四头肌都是跨关节肌群，股四头肌有屈髋和伸膝的作用，腘绳肌有伸髋和屈膝的作用，中枢神经如何调整两块肌肉共同完成伸膝伸髋对于动作表现来说至关重要，如果相互有对抗那就会直接导致蹬伸能力的下降，动力链的传导效率就会受到影响。

学者牛永刚在其博士论文中将不同动力链的特点进行了分析，较为详细直观地描述了人体不同结构动力链的功能和特点，如表12-1所示。他认为动力链是由不同的系统一起构成的，不同系统间需要相互协作共同完成外在的动作表现，不同系统动力链之间是既独立又统一的关系。

表 12-1　人体运动链各组成要素工作特点与方式

运动链要素	骨骼	肌肉	关节	筋膜组织	神经系统	体液网络	呼吸系统
传导速度与形式	刚性力学传导	可变力学传导	变向加速或减速力学传导	720mph机械信号（张力/收缩力）	7~170mph生物电信号	红细胞1.5min流动、渗透压或化学（酶）反应	视心跳和呼吸频率改变理化传导
连接形式与范围	关节囊连接肌腱连接肌肉连接	肌腱与骨骼单关节肌多关节肌	不动关节单轴关节双轴关节多轴关节	肌筋膜连接遍布全身筋膜纤维网络	遍布全身的神经网络	遍布全身的体液网络	心肺、胸部和腹部以膈肌为主的各主、被动呼吸肌
运动副形式/元素	形封闭	力封闭	连接点	伸缩环/空间	时间	物质	节律
对运动支持形式	静力和坚硬支持	产生和传导动力	运动环节	动态、弹性和平衡支持	调控与协调	三种供能方式三个腺轴	增压/调压、维持稳定
调控方式	杠杆	动力收缩控制	支点杠杆调节	静力非收缩控制，受振动影响	感受器与效应器肌梭调节控制交感与副交感神经	pH值、激素、氧浓度、体温等	呼吸、氧浓度等

（引自牛永刚博士论文）

　　肌肉链和神经链等属于独立运作的系统，各系统运转的流畅度受到组成元素功能的影响，组成元素之间的衔接越流畅高效，动力链就越会有高质量的表现。不同系统动力链之间又是统一运转的，人体完成任何动作都需要这些结构系统协调工作，每个系统在工作中承担的角色往往又不相同，神经动力链是人体控制系统，人体所有动作的形成都受到神经系统控制，神经间传导的效率和准确度会直接影响人体动作表现。

　　骨关节动力链是人体的平衡系统，不同关节在运动中扮演的角色是不同的，灵活性和稳定性相互切换辅助动作的完成，一旦某些关节功能不良，其他关节就需要代偿弥补，动作的整体平衡就会被打破。

肌筋膜动力链是人体的动力系统，在神经系统的控制下，肌筋膜系统收缩或拉长产生运动，肌筋膜的主动张力和被动张力的变化是动力产生的根源。

呼吸链是人体的调节系统，氧气的摄入和呼吸时，身体的稳定程度对运动的精准性和质量都有着影响。例如射击射箭项目，运动员在扣动扳机和拉弓时呼吸对于其动作的稳定至关重要。

体液链是人体的运输系统，人体所需的能量和人体产生的废物都需要在体液链稳定的状态下完成，运输环境受到破坏，动作的质量就会受到影响甚至被终止，运动员在比赛最后阶段出现的抽筋疲劳都和体液链工作无法满足机体需求有关。

第二节　动力链训练理论在不同领域的研究

一、动力链训练在康复领域的研究

（一）肌筋膜调控机制

筋膜学的应用和研究在康复领域非常广泛，人体肌骨疼痛的产生和肌筋膜的状态有着千丝万缕的关系。骨关节和肌肉的衔接，不同肌肉间协同以及肌肉收缩都需要筋膜的辅助和影响。例如，胸腰筋膜是人体面积最大的筋膜之一，它覆盖胸段和整个腰部，包裹着椎体两旁的肌肉，与腹横肌筋膜一起作用于躯干，形成躯干类刚体，维持腰部和骨盆的稳定。同时，胸腰筋膜又与臀肌和腘绳肌等肌筋膜相连，对于脊柱和骨盆稳定以及下肢力量传导起着重要作用。胸腰筋膜功能一旦紊乱会直接导致腰背疼痛的出现，同时还会影响髋膝关节功能，诱发肌骨疼痛。

（二）动力链理论在康复中的应用

由于事故或意外，人体某些结构遭到破坏，导致相关功能丧失，通过手术或其他医学干预身体结构可以修复，但相关功能并不能马上恢复，需要通过康复干预才能得到改善，在康复的过程中就涉及单一关节或肌肉的功能、多关节或多肌群的协同功能两个方面。

单个平面上的肌肉运动会隔离某个关节或某些部位的肌肉。单关节练习会使高强度练习成为可能，并且神经会在短期内就产生适应性，可在初期获得力量并使肌肉肥大，对于意外事故导致的肌肉萎缩患者，单一肌肉训练可以起到很好的恢复效果；而多关节训练要产生高强度比较困难，神经适应时间会延长，同时也延长了肌肉肥大和力量获得的时间，但多关节训练可以很好地提高神经对多肌群工作的协同效果，恢复不同关节的正常属性，多关节训练也是康复训练的最终手段。因此，可以在康复过程中的某些阶段进行单一平面动作训练，提高某一关节或肌肉的功能，使其在整个动力链中发挥正常的作用。但康复训练从一开始就要强调功能姿势、动作模式和肌肉活化次序，不能让神经适应代偿性的动力链工作状态。动力链中某一环节出现问题，可以通过单一关节训练解决，但最终目的是恢复整个动力链的正常工作能力。只有这样才能恢复肌肉正常的生理机能，进而恢复正常的、符合生物力学原则的身体运动模式。

二、动力链训练在体育领域的研究

近些年，身体运动功能训练在竞技体育领域是一个热门的研究方向，其中人体动力链作为功能训练的重要组成部分，更是被很多学者和教练所关注，因为动力链训练重点是能量的高效传递和多系统的协同配合，它直接反映了身体整体的运行状态，神经的控制功能、关节的结构功能、肌肉的收缩功能三者缺一不可，一个系统出现功能障碍或者功能失常都需要其他系统代偿，最终导致整体运动表现产生"蝴蝶效应"，任何系统的一个小问题可能经过几次传导被放大造成整体的失败。

　　动力链训练被认为是运动功能训练的核心内容，Mike Reinold认为动力链本身价值有限，真正的价值在于了解人体特定部位如何通过动力链的结构来影响其他部位状态的规律。因此，能够了解动力链的运作机制和规律，在训练中你就能够准确找到动力链能量损失或薄弱环节，对于运动员的竞技表现会有至关重要的价值，某一关节或肌肉问题的解决或许就可以直接提升运动员的竞技水平。Sciascia等人认为对于动力链影响的因素有很多种，其中包括核心区力量、髋关节活动度和力量、肩胛功能、肩关节活动度和力量、脚踝灵活性等。高效的动力链功能表现为降低关节负荷，输出最大的速度和最大力值；不良的动力链会导致能量传导过程中，力量过多集中在某些远端关节上，最终出现运动损伤和疼痛。例如投掷项目，有研究显示，髋关节和躯干在整个能量和力的传导过程中，贡献率占大概50%，在投掷过程中髋关节和躯干一旦出现功能受限或失常情况，会直接导致肩部和肘部等远端关节的压力升高、髋关节受限、肩部损伤。

　　教练员在指导运动员技术的时候，在重视技术客观规律的同时，还应该思考运动员身体各结构和系统是否符合技术需求，能否达到完成技术的需要。例如，教练员要提高短跑运动员的步幅，除了相关技术层面还应该考虑运动员髋关节、踝关节是否能够达到提高步幅所需的关节角度，如果髋关节受限，腰椎势必会产生代偿，影响步幅提高的效率，同时加大腰椎局部压力，导致出现损伤。另外，还需思考运动员的下肢肌肉动力系统是否能够为步幅提高提供足够的向心和离心收缩能力，如果步幅的提高幅度超出了肌肉承受范围，可能会引发肌肉拉伤等运动损伤出现。

（一）前置姿势调整机制

关节的运动和肌肉的激活顺序直接相关，一般表现顺序为由近到远，这种肌肉激活带动关节依次变化的方式被称作前置姿势调整机制（Anticipatory postural adjustments，APAS）。例如，在做正踢腿动作时，腿和躯干环节保持近端稳定以实现远端环节的最佳灵活性。

"鞭打"动作是典型的动力链动作，一直是运动学、动力学和生物力学分析研究的一个重要动作，实践证明动力链传导的普遍模式是由肌肉工作将地面应力通过核心向肢端传导。由于躯干近端质量大，远端质量小，动量沿近端环节向远端环节依次传递过程中，近端关节需要依靠制动将动量向远端环节传递，这样可以使远端环节获得较大的动作速度。肌肉兴奋可以产生作用力，主动肌群和协同肌群兴奋，拮抗肌群抑制可以产生相互作用力，力作用于关节增加关节控制和负荷，相邻关节通过位置的变化，能量被依次传导。力量经过各环节传递后，最后表现在远端肢体上的力量是各个环节力量的叠加。在力量传递过程中，任何破坏时序性和协调性的行为都将影响整个运动表现。大量研究证明，近端肌肉兴奋产生的相互作用力是远端功能有效发挥的保证。

（二）相邻关节运动机制

人体是由多关节组成的一个整体，每个关节虽然独立存在，但在运动过程中需要协同配合，扮演不同的功能角色，它们是一个有机联系的整体，一个关节功能出现问题，其他关节就需要通过额外工作来代偿问题关节，动力链整体传导的效率就会受到影响，竞技表现就无法达到最优化，甚至由于关节代偿导致运动性疲劳，造成运动损伤疼痛的出现。

根据Gray Cook提出的相邻关节运动（Joint By Joint）机制，每个相邻的关节之间一般会表现出灵活性和稳定性两种不同的关节功能，灵活性的关节和稳定性的关节交替作用构成完整的动作，这个过程中如果某一关节功能不良，就会导致相邻的下一个关节代偿，同时具备灵活和稳定两种功能，增加关节负担。例如，在跳跃落地缓冲过程中，踝关节属于灵活关节，膝关节属于稳定关节，如果踝关节的灵活度不够，就会导致膝关节剪切力的增加来代偿额外的压力，长期下去会破坏膝关节结构导致运动损伤的出现。

著名身体运动功能训练专家Mike Boyle将人体关节在运动中的主要功能进行了归纳，如图12-1所示，虽然一个关节具备两种不同功能，但在运动中会有不同的功能表现。

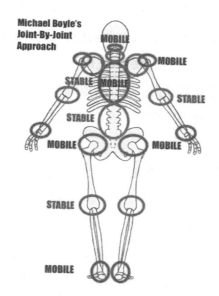

（注：MOBILE表示灵活关节，STABLE表示稳定关节）

图12-1　人体关节在运动中的主要功能

（三）人体动力链代偿机制

人体不同的肌肉和关节形成不同的肌肉和关节动力链，完成一个动作需要多种动力链协同配合，其中有发挥主要作用的动力链，也有协同作用的动力链。无论哪种动力链，如果其功能失常或能力不足就需要其他动力链增加额外工作来弥补，弥补的过程就是代偿的过程，功能不足的动力链通常被称之为弱链。功能完整的动力链都是建立在人体解剖学正常的肌肉关节结构之上的，符合解剖学结构的关节位置和运动被称之为共轴关节。

　　动力链需要遵循连续性和整体性原则，人的大脑在工作时无法识别单一肌肉，大脑的指令只能以某个动作模式发出。例如，臂弯举和深蹲动作模式。人体的运动系统会根据肌肉和肌腱中的压力感受器或张力感受器的变化来进行连续性的反馈调节，与此同时，还会在由于关节角度变化引起的肌张力变化中，通过肌肉链或筋膜链之间的力学特性来做出力学调整。因此完成某个动作模式，人体薄弱的肌群和关节在"动力链涟漪效应"（弱链的原始点就如同投入水中的石子一样，会在水面上形成一圈一圈的涟漪）的作用下会被放大，造成其他肌群和关节的负担加重，久而久之出现疲劳损伤，最终进入身体弱链数量增加、运动表现进一步下降的恶性循环。

（四）动力链在体育领域的应用

　　动力链训练在体育领域应用非常广泛，动力链效能的好坏对于预防运动员非接触性运动损伤的出现、专项竞技能力的提高都有非常重要的作用，通过分析运动员动力链的主从结构，提升主体结构效能、促进从属结构改善、优化主从结构关系，才能增强人体不同环节工作的协同效应，保证各个肌群的工作方式、神经脉冲的释放频度、肢体环节的发力顺序与竞赛实际需要相符合。

　　根据功能解剖学的分类方式，可以把身体分为上肢链、核心链和下肢链三种。其中，上肢链和下肢链左右各有一条。在训练中根据不同肌肉链的属性和作用，可以设计不同的肌肉链动作来训练相应肌肉链。

从解剖学来看，上肢动力链系统通过锁骨和肩胛骨构成的上肢带与躯干相连接，同时与肱骨连接构成肩关节。它由肩胸关节、肩关节、肩锁关节、肘关节、腕关节等上肢关节共同构成。肌肉根据每个关节属性和运动轴功能分群、分层排列，血管和臂丛神经穿行其中。上肢动力链的主要动作包括推、拉、旋转等形式，它是人体运动幅度最大、动作最丰富的动力链系统。

核心链主要由骨盆、脊柱构成，核心链顾名思义是身体各种动作的核心环节，上肢链和下肢链在做单独的动作时，核心链的稳定和协同作用可以直接影响其工作效率；在全身动作过程中，核心链传导能量和力量将上下肢链有机地串联在一起，起到了承上启下的关键作用。躯干是人体核心区的位置所在，核心区是几乎所有运动链的中心，因此，核心稳定性对于人体整个运动链的力量和能量的传导具有极其重要的功能与作用。核心的稳定可以为四肢的发力动作提供稳态支撑环境，是上下肢力量传递过程中的重要通道与环节。

下肢动力链系统，由髋关节、膝关节、踝关节等下肢关节构成，肌肉根据关节运动轴分群、分层排列，血管和支配下肢运动的神经穿行其中。下肢动力链构成的主要动作包括推、拉、旋转等形式，其重要功能有支撑体重、改变身体方向、缓冲身体等。

第三节 动力链训练方法

动力链的训练对于伤病的预防和竞技表现都是十分重要的，在精准身体功能评估的基础上，动力链训练应该遵循连续性和整体性原则。训练时要考虑核心躯干的功能，核心躯干配合上肢和下肢完成动作，整体上下肢协同完成动作都需要根据运动员身体功能和项目特点精细编排。由此可以看出核心躯干功能对于整个动力链的重要作用，核心躯干在运动中起到了承上启下的作用，根据能量近端向远端传导的原理，核心躯干功能可以起到让肢端节能的效果。在动力链训练时必须考虑核心躯干的参与，协调四肢完成动作。

　　根据项目特点我们需要有区别地进行核心控制以及核心力量的训练（见图12-2）。核心区训练首先需要关注的是躯干支柱的控制能力，运动员的核心区训练应该结合体育项目特征，这样才能有效地在专项动作模式下刺激肌梭和高尔基腱器官等本体感受器，本体感受器不断把信号传给大脑，大脑根据刺激不断调节身体，形成神经肌肉反馈，提高核心控制能力。

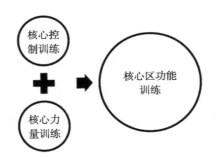

图12-2　核心区功能训练

　　核心区力量训练应该更多地偏重于耐力训练，除了个别运动项目的需求，核心作为上肢和下肢力量传递的中枢并不需要具备强大的力量水平，在运动中躯干应该有长时间保持一个合理体位的能力，这样才能保证力量更高效地传递，同时降低运动损伤的风险。如果核心区力量很好但耐力水平很低，在运动过程中上下肢的力量传导就会受到影响，核心区协同下肢发力共同为运动提供动力，看上去这样似乎力量会变得更大，但实际上腰部由于和下肢共同工作，无法保持中立位，动力链的传导会受到很大影响，腰部通过前屈和后伸提供动力，配合髋关节屈曲后伸来提高运动表现，随着运动时间的延长，腰部耐受性变差，由于脊柱本身周围韧带、肌肉等软组织在其坚固性和力量上都要弱于四肢，最终导致运动损伤的发生。

　　本节将核心区控制能力训练分为静态核心区控制训练和动态核心区控制训练两种（见图12-3），两者训练有先后顺序，教练员在应用时需从静态核心区控制开始，因为静态核心区控制可以让中枢神经对躯干的动作模式有个正确的记忆，同时唤醒相关的深层稳定肌群，为动态核心区控制训练做好初级准备。动态核心区控制训练是为了让练习者在动态过程中保持躯干支柱的稳定性，教练的目标就是让练习者的躯干支柱在动态训练中处于自我调控状态，始终保持较好的稳定性。

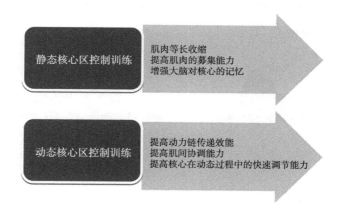

图12-3　核心区控制能力训练

（一）静态核心区控制训练

静态核心区控制的训练方式有很多，但训练一定要由易到难循序渐进，过早地进行高难度训练只会增加练习者身体的代偿，表现出静态核心稳定的假象，并不能提高动力链的效能，因此教练员在训练过程中一定要观察练习者的身体是否能够正确地高质量地完成动作，如八级腹桥就是很好的核心训练方式。下面我们介绍几种由易到难的静态核心区训练模式，供教练员参考借鉴。

1.躯干前侧核心区控制训练

（1）仰卧位

婴儿最初的体位就是仰卧在床上，四肢做一些简单的动作，逐渐形成对躯干的控制。因此本书对动作的设计也选择了从仰卧位开始，这些动作很简单，所有人都能够练习。

①双膝触肘式

动作要领：练习者仰卧于垫上，屈髋屈膝，脚不离开地面；屈肩屈肘90°，努力让肘关节靠向膝关节；保持不动，如果感觉颈部不适可以将颈部微微后仰。见图12-4。

图12-4

②单膝触肘式

动作要领：练习者仰卧于垫上，屈髋屈膝，脚不离开地面；一侧屈肩屈肘90°靠向对侧膝关节，另一侧膝关节慢慢伸直；保持不动，如果感觉颈部不适可以将颈部微微后仰。见图12-5。

图12-5

③双膝触肘离地式

动作要领：练习者仰卧于垫上，屈髋屈膝，脚离开地面；屈肩屈肘90°，努力让肘关节靠向膝关节；保持不动，如果感觉颈部不适可以将颈部微微后仰。见图12-6。

图12-6

④单膝触肘离地式

动作要领：练习者仰卧于垫上屈髋屈膝；一侧屈肩屈肘90°靠向对侧膝关节，另一侧膝关节慢慢伸直；保持不动，如果感觉颈部不适可以将颈部微微后仰。见图12-7。

图12-7

在做仰卧位的核心训练时，有一些练习者由于腹部控制能力差，神经肌肉的募集顺序有问题，会出现颈部代偿的情况，练习者静态收缩一段时间，腹部不觉得酸痛，颈部却酸痛异常，这是由于在上述核心训练时，胸锁乳突肌代偿发力，造成颈部疲劳。Skaggs等人通过研究发现二腹肌的激活可以使胸锁乳突肌自然放松，根据这一研究，练习者在做仰卧位静态核心激活时，嘴巴闭合，舌头顶住上腭，激活二腹肌，降低胸锁乳突肌的活跃度，颈部的酸痛会得到减轻。

（2）俯卧位

俯卧位是仰卧位的进阶，婴儿在爬行过程中学会了手脚配合，躯干在爬行时是稳定的，俯卧位的静态核心区控制练习不仅仅练习到了躯干，同时还刺激到了四肢肌群，是身体每个部位都可以参与的动作。

俯卧动作可以作为评估动作来使用，在任何训练之前教练员都应该评估练习者的身体状况，平板支撑可以很好地反映练习者核心部位的控制情况。教练员在测试时可以在练习者身上放一个小球，如果小球向左右两边掉落，说明练习者骨盆的控制存在问题，可能有骨盆旋转的情况，这时需要进一步排查解决；如果小球向练习者腰部中心滚动则说明练习者有塌腰的现象，腹部肌群的控制能力以及肌耐力可能偏差，还可能是练习者大脑没有形成一个正确的动作模式记忆，这时就需要教练员根据练习者的实际情况加以分析解决。

①四点式平板支撑

动作要领：练习者肘关节撑于地面，大臂与地面垂直，肘关节90°屈曲；躯干保持中立位置，髋、膝、踝呈一条直线，脚尖点地；整个过程身体保持不动。见图12-8。

图12-8

②三点式平板支撑（足部抬起）

动作要领：练习者肘关节撑于地面，大臂与地面垂直，肘关节90°屈曲；躯干保持中立位置；一侧髋、膝、踝呈一条直线，脚尖点地，另一侧臀部发力伸髋，保证上身与臀、髋、膝、踝呈一条直线；整个过程身体保持不动，听到教练口令后换另一侧。见图12-9。

图12-9

③三点式平板支撑（肩部抬起）

动作要领：练习者肘关节撑于地面，大臂与地面垂直，肘关节90°屈曲；躯干保持中立位置，髋、膝、踝呈一条直线，脚尖点地；缓慢抬起一侧手臂，腕关节、肘关节、肩关节在一条直线上；整个过程身体保持不动，听到教练口令后换一侧。见图12-10。

图12-10

④两点式平板支撑

动作要领：练习者肘关节撑于地面，大臂与地面垂直，肘关节90°屈曲；躯干保持中立位置，髋、膝、踝呈一条直线，脚尖点地；对侧肩和髋部缓慢抬起，腕、肘、肩、躯干、髋、膝、踝在一条直线上；整个过程身体保持不动，听到教练口令后换一侧。见图12-11。

图12-11

2.躯干体侧控制训练

人类在几千年的进化过程中，身体由四肢爬行逐步过渡到使用双脚行走，腹背部的肌群在进化中逐渐强于两侧的肌群，身体两侧的腹内外斜肌在训练过程中应该予以重视，尤其是如篮球、足球这样对抗性较强的项目，额状面的稳定性直接决定了运动员的运动表现，同时减少了潜在伤病的发生，有些国外专家实验得出身体侧撑保持在70秒以上的运动员在运动中腰部损伤概率会大大降低。下面是几种常用的由易到难的体侧稳定性训练方式。

（1）屈膝式肘侧撑

这个动作是身体两侧肌群练习的最简单的动作，这个动作针对性强，参与的关节肌肉比较少且易于操作，针对初学者尤其是身体两侧腹斜肌能力较差的练习者，这个动作是非常有效的。

动作要领：练习者肘关节撑于地面，大臂与地面垂直，肘关节90°屈曲，另一侧手臂放于体侧或指向天花板；躯干保持中立位置，髋部挺直，屈膝90°，膝关节和躯干发力支撑身体离开地面；整个过程身体保持不动，听到教练口令后换另一侧。见图12-12。

图12-12

（2）简易肘式侧撑

这个动作加入了肩关节和下肢，是一个整体稳定性的训练，能够有效地激发体侧链上所有的肌肉群都参与工作。由于是多关节肌肉协调工作，教练员一定要注意练习者的动作质量，否则很容易出现肩部、髋部等部位的代偿。

动作要领：练习者肘关节撑于地面，大臂与地面垂直，肘关节90°屈曲，另一侧手臂放于体侧或指向天花板；躯干保持中立位置，上侧腿在前脚内侧支撑地面，下侧腿在后脚外侧支撑地面；整个过程身体保持不动，听到教练口令后换另一侧。见图12-13。

图12-13

（3）标准肘式侧撑

动作要领：练习者肘关节撑于地面，大臂与地面垂直，肘关节90°屈曲，另一侧手臂放于体侧或指向天花板；躯干保持中立位置，双脚并拢放于地面，脚外侧支撑地面；整个过程身体保持不动，听到教练口令后换另一侧。见图12-14。

图12-14

（4）简易式手侧撑

肘撑换手撑后，减小了上肢与地面的接触面积，加大了动作难度，对肩胛稳定性提出了更高的要求，很多练习者反映在做完手撑后肩膀会有明显的酸痛。

动作要领：练习者手掌撑于地面，手臂伸直与地面垂直，另一侧手臂放于体侧或指向天花板；躯干保持中立位置，上侧腿在前脚内侧支撑地面，下侧腿在后脚外侧支撑地面；整个过程身体保持不动，听到教练口令后换另一侧。见图12-15。

图12-15

（5）标准式手侧撑

动作要领：练习者手掌撑于地面，手臂伸直与地面垂直，另一侧手臂放于体侧或指向天花板；躯干保持中立位置，双脚并拢放于地面，脚外侧支撑地面；整个过程身体保持不动，听到教练口令后换另一侧。见图12-16。

图12-16

3.躯干后侧控制训练

人体由爬行位变为直立位，身体后侧肌群的发展对身体的直立平衡起到了重要作用，颈后侧神经肌肉的发展让婴儿学会了抬头，腰背部的神经肌肉发展让人类由四肢着地变为了站立，臀部的发展平衡了身体前后重量的分布，同时臀部力量在人们行走奔跑中发挥了重要的作用。

（1）河蚌式激活臀部

现代人由于工作学习久坐的原因，臀部肌肉功能逐步退化，另外臀部肌纤维受神经控制程度低，在运动中不宜被唤醒，因此教练员在训练开始之前应该有安排地去激活臀部的肌肉，才能使臀部肌群在后续的训练中更多地参与。

动作要领：练习者侧卧于垫上，下侧上肢屈曲枕于头下，上侧手臂自然放于体侧，将弹力带套于大腿处；屈髋屈膝，整个背部和脚底在一个平面上；臀部发力将弹力带逐渐打开，然后慢慢落下；整个动作过程匀速有控制，自然呼吸。见图12-17。

图12-17

（2）双腿式背桥

这个动作是对整个背侧链的训练，竖脊肌、臀肌、腘绳肌以及小腿三头肌等后侧肌群共同配合，等长收缩，控制身体处于稳定状态，有些练习者可能存在肌肉代偿和动作程序紊乱的情况，这种情况下，代偿的肌群会出现过早疲劳的现象，而臀部肌群功能退化在现代人中是非常常见的，这也是为什么背部稳定性的控制训练要先从激活臀部开始。这样在后续的动作中臀部可以更好地参与肌肉工作，恢复肌肉正常的募集顺序，从而减少动作代偿和疼痛的发生。

动作要领：练习者放松仰卧于地面，手自然放在身体两侧，屈膝屈髋，脚后跟点地；练习者臀部发力挺髋离开地面，撑起后躯干呈一条直线，膝关节成90°角；整个过程身体保持不动，自然均匀呼吸。见图12-18。

图12-18

（3）单腿式背桥（屈膝屈髋）

练习者一侧脚离开地面，减小了肢体与地面的接触面积，增大了动作难度，练习者需要更好的关节稳定性和身体控制能力才能维持体态，保持身体平衡。

动作要领：练习者放松仰卧于地面，手自然放在身体两侧，屈膝屈髋，脚后跟点地；臀部发力挺髋离开地面，撑起后躯干呈一条直线，膝关节呈90°角；一侧下肢主动屈髋90°，下肢离开地面；整个过程身体保持不动，自然均匀呼吸，听到教练指令后换侧。见图12-19。

图12-19

（二）动态核心区控制训练

动态核心区控制的训练方式主要指练习者在做动作时躯干始终能够保持一个合理的稳定姿态，这里要指出的是"合理的稳定姿态"并不是说躯干保持一个静止的状态，没有体态的变化，而是强调脊柱在正常位置，躯干保持一个刚性结构，这样才能够使力量更高效地传递，同时避免不必要的运动损伤的发生。例如，一个练习者在做投掷动作时，躯干会出现旋转和前屈的动作，这个动作在旋转时，身体是否能够围绕垂直轴旋转，躯干前屈时背部离心收缩的能力是否能够支持身体不出现过屈或前屈不足，直接决定了投掷的效果和运动损伤发生的概率。核心部位在运动中，动态核心控制的好坏很多时候都反映在躯干的离心收缩上，即核心部位对抗运动趋势的能力，这样可以防止身体出现运动幅度过大的状况，更好地保护练习者的身体。核心部位的主动收缩则更多地强调在运动时围绕脊柱的合理位置，同时结合肩胛和骨盆的合理转动完成动作的能力，任何一个环节出现功能受限或代偿的情况，都会降低动力链的传递效能，影响练习者的运动表现，增加运动损伤的风险。

　　练习者在做动态核心控制训练时，提倡从低级水平开始逐渐增加难度到高级水平，整个训练流程遵循人体发育的过程，从四点跪立、三点跪立、两点跪立、弓箭步逐步过渡到双脚站立和单脚站立的过程。见图12-20。

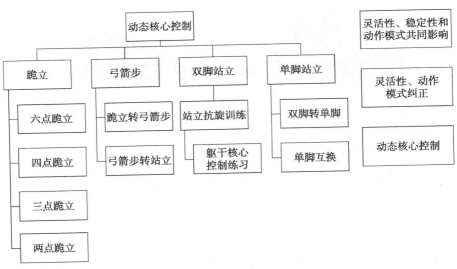

图12-20　动态核心区控制训练整体流程

　　核心区训练的有些动作适用于从跪立到站立整个阶段，虽然动作相同，但由于体位的变化，身体与地面接触面积减小，难度逐渐增加，以下介绍几个经典动作，再分析每个体位的动作特点和动作设计。以下的几个动作都有一些共同特点：一是所有动作都注重向心收缩和离心收缩两个阶段；二是动作主要通过旋转训练的方式同时涉及三个运动平面。

1.下劈动作模式

下劈动作模式是结合了水平面的旋转和矢状面的前屈形成的三维平面的动态动作模式，在整个动作过程中额状面的稳定很关键，教练员首先要重点观察躯干是否在旋转过程中出现身体左右晃动现象，其次制动过程中身体是否晃动，旋转是否围绕脊柱做合理旋转也是教练员需要注意的问题。一个完美的下劈动作模式应该是动作过程中身体围绕脊柱合理旋转，身体没有左右晃动，在下劈过程中肩胛稳定肩关节向对侧髋关节推出，制动时身体稳定没有任何晃动代偿，整个过程骨盆始终保持稳定。

（1）跪立下劈（四点）

动作要领：练习者屈膝跪在地面，髋关节保持伸展，从膝关节到肩关节呈一条直线；TRX棒斜向放于体前，方向和肌筋膜螺旋线一致，下段经过髋关节，上段经过肩关节；练习者先转动躯干，再向斜下段发力伸直肘关节；整个过程身体保持稳定，转动过程稳定流畅。见图12–21。

图12–21

（2）跪立下劈（三点）

动作要领：练习者跪立在地面，前腿屈髋屈膝90°，后腿膝关节着地屈膝90°，脚尖点地；TRX棒斜向放于体前，方向和肌筋膜螺旋线一致，下段经过髋关节，上段经过肩关节；练习者先转动躯干，再向斜下段发力伸直肘关节；整个过程身体保持稳定，前腿膝关节始终朝向前方且没有晃动。见图12-22。

图12-22

（3）弓步下劈

动作要领：练习者跪立在地面，前腿屈髋屈膝90°，后腿膝关节离开地面屈膝90°，脚尖点地；TRX棒斜向放于体前，方向和肌筋膜螺旋线一致，下段经过髋关节，上段经过肩关节；练习者先转动躯干，再向斜下段发力伸直肘关节；整个过程身体保持稳定，前腿膝关节始终朝向前方且没有晃动。见图12-23。

图 12-23

（4）双脚站立下劈

动作要领：练习者双脚前后分开站立于地面，双腿伸直，后脚脚尖点地；TRX棒斜向放于体前，方向和肌筋膜螺旋线一致，下段经过髋关节，上段经过肩关节；练习者先转动躯干，再向斜下段发力伸直肘关节；整个过程身体保持稳定，转动过程稳定流畅。见图12-24。

图 12-24

（5）单脚站立下劈

动作要领：练习者单腿站立于地面，脚尖朝前，大腿抬起90°够脚尖；TRX棒斜向放于体前，方向和肌筋膜螺旋线一致，下段经过髋关节，上段经过肩关节；练习者先转动躯干，再向斜下段发力伸直肘关节；整个过程身体保持稳定，转动过程稳定流畅。见图12-25。

图12-25

2.上挑动作模式

上挑动作模式是结合了水平面的旋转和矢状面的后伸形成的三维平面的动态动作模式，在整个动作过程中额状面的稳定很关键。上挑动作的设计是一个后伸旋转的过程，对于诸如投掷和羽毛球等需要出现背弓的运动项目有很好的实用价值，练习这个动作可以很好地提升动作效率。和下劈动作模式类似，在动作过程中教练员要重点观察练习者躯干是否有身体左右晃动现象，制动过程中身体是否晃动，旋转是否围绕脊柱做合理旋转。一个完美的上挑动作模式应该是动作过程中身体围绕脊柱合理旋转，身体没有左右晃动，在上挑过程中肩胛稳定，肩关节向对侧肩方向推出，制动时身体稳定没有任何晃动代偿，整个过程骨盆始终保持稳定。

（1）跪立上挑（四点）

动作要领：练习者屈膝跪在地面，髋关节保持伸展，从膝关节到肩关节呈一条直线；TRX棒斜向放于体前，方向和肌筋膜螺旋线一致，下段经过髋关节，上段经过肩关节；练习者先转动躯干，再向斜上段发力伸直肘关节；整个过程身体保持稳定，转动过程稳定流畅。见图12–26。

图 12–26

（2）跪立上挑（三点）

动作要领：练习者跪立在地面，前腿屈髋屈膝90°，后腿膝关节着地屈膝90°，脚尖点地；TRX棒斜向放于体前，方向和肌筋膜螺旋线一致，下段经过髋关节，上段经过肩关节；练习者先转动躯干，再向斜上段发力伸直肘关节；整个过程身体保持稳定，前腿膝关节始终朝向前方且没有晃动。见图12–27。

图12–27

（3）弓步上挑

动作要领：练习者跪立在地面，前腿屈髋屈膝90°，后腿膝关节离开地面屈膝90°，脚尖点地；TRX棒斜向放于体前，方向和肌筋膜螺旋线一致，下段经过髋关节，上段经过肩关节；练习者先转动躯干，再向斜上段发力伸直肘关节；整个过程身体保持稳定，前腿膝关节始终朝向前方且没有晃动。见图12-28。

图12-28

（4）双脚站立上挑

动作要领：练习者双脚前后分开站立于地面，双腿伸直，后脚脚尖点地；TRX棒斜向放于体前，方向和肌筋膜螺旋线一致，下段经过髋关节，上段经过肩关节；练习者先转动躯干，再向斜上段发力伸直肘关节；整个过程身体保持稳定，转动过程稳定流畅。见图12-29。

图12-29

（5）单脚站立上挑

动作要领：练习者单腿站立于地面，脚尖朝前，大腿抬起90°够脚尖；TRX棒斜向放于体前，方向和肌筋膜螺旋线一致，下段经过髋关节，上段经过肩关节；练习者先转动躯干，再向斜上段发力伸直肘关节；整个过程身体保持稳定，转动过程稳定流畅。见图12-30。

图12-30

（三）动态核心控制递进

动态核心控制渐进式训练的逻辑来自于人体发展的过程，因此核心渐进式的训练也遵循这样的顺序，在静态核心控制训练中已经纠正了练习者的体态，提高了练习者的基本稳定性和控制能力，在动态核心控制训练中重点是纠正练习者的动作程序、肌肉发力顺序，提高肌肉间协调工作的能力，强化动力链效能。由于每个练习者的身体情况和训练时间不同，在实际教学中，教练员可以根据练习者的实际情况，有方向有目标地调整训练方式。

1. 六点支撑式

手、膝、脚尖接触地面是身体初级的动作模式，手臂、大腿和脚面与地面垂直，躯干与地面保持水平，在这个体位下，练习者根据教练的引导去做各种动作，动作难度随着身体接触地面的面积减小而增加，每个动作的递进都要遵循动作程序正确，没有代偿情况出现，肌肉发力顺序合理，没有肌肉被过早激活或是整个动作过程中肌肉没有被动员的情况出现。六点跪立式的动作递进如下：

（1）跪立抬臂式

这个动作的主要目的是训练上肢抬臂过程中核心的控制能力，检测练习者肩关节灵活程度、肩胛和肩关节的动作程序是否正常、肌肉发力顺序是否合理。练习者在抬臂启动阶段肩胛部位应该保持稳定，肩胛内缘与脊柱呈10°左右的肩角。撑地一侧肩胛肌肉维持肩胛稳定，不出现转动、前伸或后缩，抬起一侧肩关节应该与耳朵齐平，肩胛整个过程稳定，伴随肩部抬起肩胛做上回旋和后缩。

动作要领：练习者跪立于地面，手掌和膝关节触地，脚尖点地，手臂、大腿和脚面垂直于地面；一侧手臂缓缓离地抬起，其他部位保持不动；整个过程躯干稳定，动作过程稳定流畅。见图12-31。

图12-31

（2）跪立抬腿式

这个动作的主要目的是训练下肢伸髋过程中核心的控制能力，检测练习者髋关节的灵活程度、骨盆在动作过程中的稳定情况以及肌肉发力顺序是否合理。练习者在伸髋启动阶段，骨盆应该保持稳定没有旋转或前倾，撑地一侧髋关节保持稳定，在抬起阶段，练习者的腰部不能出现屈曲代偿，腰腹部肌肉收缩维持躯干稳定，抬起一侧臀部发力带动下肢抬起，抬起一侧大腿应该与躯干呈一条直线或略低于躯干。

　　动作要领：练习者跪立于地面，手掌和膝关节触地，脚尖点地，手臂、大腿和脚面垂直于地面；一侧膝关节缓缓离地抬起，其他部位保持不动；整个过程躯干稳定，动作过程稳定流畅。见图12-32。

图12-32

　　（3）鸟犬式

　　这个动作的主要目的是训练上肢、下肢以及核心的协同配合能力，检测练习者上下肢协同配合的能力。在抬起过程中上下肢需要同时发力，同步抬起，其次在抬起过程中肩胛和骨盆维持稳定，肩胛没有过多地回旋，骨盆没有转动，躯干在动作过程中始终保持中立位，没有塌腰现象出现。

　　动作要领：练习者跪立于地面，手掌和膝关节触地，脚尖点地，手臂、大腿和脚面垂直于地面；一侧膝关节和对侧肩关节缓缓离地抬起，其他部位保持不动；整个过程躯干稳定，动作过程稳定流畅。见图12-33。

图12-33

2.四点支撑式

四点支撑式较之前的跪立去除了膝关节两个点的参与，动作难度有所提升，练习者需要有很强的肩胛稳定性、躯干稳定性以及骨盆控制的能力，才能够很好地完成这个动作。练习者在动作过程中经常会出现以下几种情况：首先是塌腰，练习者腹部三层肌肉肌耐力不足会导致做动作时出现腹部慢慢前突的情况；其次是骨盆的左右偏移，有些练习者身体两侧肌力不平衡，会出现做动作过程中骨盆向一侧旋转的现象；最后是胸部的代偿，在做动作时练习者由于上肢肩胛稳定性不足以及腹部控制差，胸部很容易出现胸椎后突的情况。在训练过程中，教练员要关注练习者身体姿态细节，当出现问题时要及时予以纠正。

（1）支撑抬臂式

这个动作的主要目的是训练上肢抬臂过程中核心的控制能力，检测练习者肩关节灵活程度、肩胛和肩关节的动作程序是否正常、肌肉发力顺序是否合理。练习者在抬臂启动阶段肩胛部位应该保持稳定，肩胛内缘与脊柱大约呈15°的肩角。撑地一侧肩胛肌肉维持肩胛稳定，不出现转动、前伸或后缩，抬起一侧肩关节与耳朵齐平，肩胛整个过程稳定，伴随肩部抬起肩胛做上回旋和后缩。

动作要领：练习者跪立于地面，手掌触地，脚尖点地，头、躯干和下肢呈一条直线；练习者一侧手臂缓缓离地抬起，其他部位保持不动；整个过程躯干稳定，动作过程稳定流畅。见图12-34。

图12-34

（2）支撑抬腿式

这个动作的主要目的是训练下肢伸髋过程中核心的控制能力，检测练习者髋关节灵活程度、骨盆在动作过程中的稳定情况以及肌肉发力顺序是否合理。练习者在伸髋启动阶段骨盆应该保持稳定，没有旋转或前倾，撑地一侧髋关节保持稳定，在抬起阶段，练习者的腰部不能出现屈曲代偿，腰腹部肌肉收缩维持躯干稳定，抬起一侧臀部发力带动下肢抬起，抬起一侧大腿应该与躯干呈一条直线或略低于躯干。

动作要领：练习者跪立于地面，手掌触地，脚尖点地，头、躯干和下肢呈一条直线；练习者一侧膝关节缓缓离地抬起，其他部位保持不动；整个过程躯干稳定，动作过程稳定流畅。见图12-35。

图12-35

（3）支撑鸟犬式

这个动作的主要目的是训练上肢、下肢以及核心的协同配合能力，检测练习者上下肢协同配合的能力。在抬起过程中上下肢需要同时发力，同步抬起，其次在抬起过程中肩胛和骨盆维持稳定，肩胛没有过多地回旋，骨盆没有转动，躯干在动作过程中始终保持中立位，没有塌腰现象出现。

动作要领：练习者跪立于地面，手掌触地，脚尖点地，头、躯干和下肢呈一条直线；练习者一侧膝关节和对侧肩关节缓缓离地抬起，其他部位保持不动；整个过程躯干稳定，动作过程稳定流畅。见图12-36。

图 12-36

（4）四点跪姿旋转稳定练习

四点支撑的另外一个动作模式是跪立于地面，膝关节和脚尖触地，挺髋身体直立的一个动作模式，这个动作模式符合人体直立情境，整个躯干核心段需要协同完成动作，可以很好地训练骨盆的控制能力，对臀部能力要求较高。

动作要领：练习者跪立在地面，屈膝90°脚尖点地，挺髋直立身体；TRX棒水平放于体前，双手掌心朝前抓握；练习者先转动躯干，再向手臂正前方发力伸直肘关节；整个过程身体保持稳定，没有晃动。见图12-37。

图 12-37

3.三点跪立式

三点跪立是由跪立向弓箭步转变的一个重要标志，弓箭步是前脚和后脚同时着地的两点式支撑动作模式，三点跪立式多了膝关节与地面的接触，由于肢体与地面接触面积增加，动作难度相应降低，对练习者躯干的稳定性以及骨盆的控制要求不高，因此练习者更易于控制身体。这个动作是进行站立位训练的基础动作，在练习时以核心围绕脊柱纵轴的旋转居多。

（1）矢状面抗旋转动作一

动作要领：练习者三点式跪立于地面，手臂伸直拉弹力带；手臂在水平位做缓慢伸直回收的动作；整个动作过程身体没有旋转晃动，核心保持稳定。见图12-38。

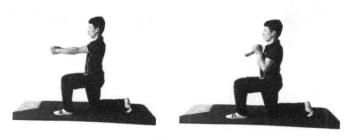

图12-38

（2）矢状面抗旋转动作二

动作要领：练习者三点式跪立于地面，手臂伸直拉弹力带；手臂从水平位开始，有控制地伸臂45°和曲臂45°；整个动作过程身体没有旋转晃动，核心保持稳定。见图12-39。

图12-39

（3）额状面抗旋转动作

动作要领：练习者三点式跪立于地面，手臂伸直拉弹力带，上臂外展90°；手臂从水平位开始，有控制地外展45°和内收45°；整个动作过程身体没有旋转晃动，核心保持稳定。见图12–40。

图12–40

（4）水平面抗旋转动作

动作要领：练习者三点式跪立于地面，手臂伸直拉弹力带，上臂前平举90°；手臂从水平位开始，有控制地水平外展90°和内收90°；整个动作过程身体没有旋转晃动，核心保持稳定。见图12–41。

图12–41

（5）三维面抗旋转动作一

动作要领：练习者三点式跪立于地面，手臂伸直拉弹力带；手臂从斜下方与水平面呈45°角开始，有控制地向肩峰位置拉动；整个动作过程身体没有旋转晃动，核心保持稳定。见图12-42。

图12-42

（6）三维面抗旋转动作二

动作要领：练习者三点式跪立于地面，手臂伸直拉弹力带；手臂从斜上方与水平面呈45°角开始，有控制地向髂前上棘位置拉动；整个动作过程身体没有旋转晃动，核心保持稳定。见图12-43。

图12-43

（7）水平旋转稳定性训练

动作要领：练习者跪立在地面，前腿屈髋屈膝90°，后腿膝关节着地屈膝90°，脚尖点地；TRX棒水平放于体前，双手掌心朝前抓握；练习者先转动躯干，再向手臂正前方发力伸直肘关节；整个过程身体保持稳定，前腿膝关节始终朝向前方且没有晃动。见图12-44。

图12-44

4.弓箭步

弓箭步是跪立进阶的下个阶段，弓箭步只有两只脚接触地面，相对于站立，弓箭步在做旋转和抗旋动作时由于髋关节绞索构造，骨盆并没有参与旋转和抗旋，作为从跪立向站立过渡的中间动作，弓箭步有着非常重要的意义，很多人觉得在做动作时弓箭步要比站立位更难以控制，这是因为在做弓箭步动作时，下肢股四头肌做等长收缩容易疲劳造成下肢酸痛。

在动作的选择上，弓箭步被分为核心抗旋转动作和核心旋转稳定性动作两种类型，动作大体与跪立姿态相近，都是在不同的平面做动作来提高躯干核心的控制能力以及稳定性，唯一的区别在于弓箭步是一个过渡动作，起着承上启下的作用，因此一些动作会根据弓箭步的这个特点进行设计。弓箭步是在三点跪立式基础上使膝关节离地，由于缺少了膝关节的控制，这个动作提高了对骨盆的控制要求，屈膝使腘绳肌收缩无法继续参与躯干的稳定控制，这时神经中枢会更多地调动臀部去参与工作，动作的选择上和三点跪立式动作基本相同，这里不再一一介绍。

5.双腿站立式

这里所叙述的站立式并不是人体正常的站立，而是根据运动中人的起始准备式开始的。在运动中人的起始姿态大部分是屈膝屈髋，重心在两腿之间相对靠前的位置，躯干部位背部始终保持平直，没有弓腰的情况出现，这样的动作构成了一个三角形的稳定结构，同时可以快速启动，开始运动。

（四）核心抗旋转动作进阶

1.站姿弹力带十字拉

这是一个很经典的动作，练习者通过对角线的发力，可以最大限度地调动全身的肌肉协调工作，根据托马斯肌筋膜功能线的理论，对角线运动可以给躯干核心最全面的刺激，使肌间协调能力得到大幅度提高（参考Thomas W.Myers 的 Anatomy Trains）。在这个动作中，练习者拉伸弹力带的同时，要注意身体始终保持在中立位，合理正确的站姿配合躯干核心抗旋能力训练，可以使练习者的动力链传导效能得到快速提高。

（1）十字上拉

动作要领：练习者站立于地面，手臂伸直拉弹力带；手臂从髂前上棘开始，有控制地向肩峰位置拉动；整个动作过程身体没有旋转晃动，核心保持稳定。见图12-45。

图12-45

（2）十字下拉

动作要领：练习者站立于地面，手臂伸直拉弹力带；手臂从斜上方肩峰位置开始，有控制地向髂前上棘位置拉动；整个动作过程身体没有旋转晃动，核心保持稳定。见图12-46。

图12-46

2.接球抗旋训练

这是一个在实际运动中基础的躯干核心快速抗旋转能力的训练，在训练中，练习者可以结合不同平面的运动完成动作。这个动作在训练时要注意药球重量的选择，一开始练习者可以用重量较轻的药球进行训练，当动作控制达到完美时再增加药球重量。在训练中练习者一定要注重对动作质量的保证，在核心训练中动作质量的价值远远高于数量。由于脊柱有记忆性，错误的躯干核心姿态和动作重复只会使练习者的核心能力变得更差，降低整体动力链传递效能。

（1）横向移动接球

动作要领：练习者站立于地面，屈膝屈髋，腰部直立，双手自然放于体侧；同伴将球向一侧抛出，练习者下肢蹬地向同侧移动接球，还原到起始姿态；整个动作过程流畅，核心始终保持稳定。见图12-47。

图12-47

（2）纵向移动接球

动作要领：练习者站立于地面，屈膝屈髋，腰部直立，双手自然放于体侧；同伴将球向一侧抛出，练习者下肢蹬地向前弓箭步接球；整个动作过程流畅，核心始终保持稳定。见图12-48。

图12-48

本节讲的站立位核心旋转稳定性动作指的是在站立姿态下，躯干核心稳定时，身体在不同平面内做的动作，在这个过程中练习者要认真去体会力量在核心的传导以及躯干在运动中所保持的正确姿态。

3.水平旋转稳定性训练

动作要领：练习者站立于地面，屈膝屈髋，腰部保持直立；TRX棒水平放于体前，双手掌心朝前抓握；下肢蹬地发力，转动躯干，手臂向正前方发力伸直肘关节；整个动作过程流畅，核心始终保持稳定。

4.站立位抛球击墙训练

（1）矢状面击墙训练

动作要领：练习者面向墙壁站立于地面，屈膝屈髋，腰部保持直立；双手抱球放于头上；下肢蹬地发力，力量由下向上传递到手臂，手臂快速伸直将球抛出；整个动作过程流畅，核心始终保持稳定。见图12-49。

图12-49

（2）额状面击墙训练

动作要领：练习者侧向墙壁站立于地面，屈髋屈膝，腰部保持直立；双手抱球放于体前；外侧脚蹬地发力，快速旋转身体，当旋转到最高速时，球离手抛向墙面；整个动作过程流畅，核心始终保持稳定。见图12-50。

图12-50

（3）水平面击墙训练

动作要领：练习者面向墙壁站立于地面，屈髋屈膝，腰部保持直立；双手抱球放于体侧；下肢蹬地发力，快速旋转身体，手臂伸直将球抛向墙面；整个动作过程流畅，核心始终保持稳定。见图12-51。

图12-51

【思考题】

1.动力链有哪几种分类？各自的特点是什么？

2.动力链的主要特征是什么?

3.动力链的代偿机制是什么?

4.动力链训练的训练学手段有哪几种?